Wer bin ich?
Grundprobleme menschlicher Existenz

Diana Christina Zisler

Wer bin ich?
Grundprobleme menschlicher Existenz

PETER LANG
Frankfurt am Main · Berlin · Bern · Bruxelles · New York · Oxford · Wien

Bibliografische Information der Deutschen Nationalbibliothek
Die Deutsche Nationalbibliothek verzeichnet diese Publikation in der Deutschen Nationalbibliografie; detaillierte bibliografische Daten sind im Internet über <http://www.d-nb.de> abrufbar.

Gedruckt mit Unterstützung
des Bundesministeriums für Wissenschaft
und Forschung in Wien,
der Wissenschafts- und
Forschungsförderung der Stadt Wien,
MA 7 und der Tiroler Landesregierung,
Abteilung Kultur, in Innsbruck.

Gedruckt auf alterungsbeständigem,
säurefreiem Papier.

ISBN 978-3-631-58429-3

Printed in Germany 1 2 3 4 5 7

www.peterlang.de

INHALTSVERZEICHNIS

II. TABELLEN UND ABBILDUNGSVERZEICHNIS

EINLEITUNG

Unter Handlungstheorie wird die Vielzahl analytisch-empirischer Aussagensysteme in den Sozialwissenschaften verstanden, die individuelles Handeln beschreiben und zum Ausgangspunkt für die Erklärung sozialer Phänomene nehmen wollen. Dabei schränkt der methodologische Individualismus als mögliches Grundprinzip sozialwissenschaftlicher Erklärung nicht auf die Auffassung ein, dass Institutionen und Kollektivphänomene als bloße Aggregation zu sehen sind; weder der soziale Charakter individuellen Handelns noch die Existenz eigenständiger kollektiver Phänomene auf der Systemebene wird geleugnet (Coleman, 1991).

Die prominenteste unter den in der Handlungstheorie gebildeten dichotomen Typologien differenziert zwischen rational und normativ orientiertem Handeln. Für das erstere steht der „homo oeconomicus" Pate, für das letztere der „homo sociologicus". In der ökonomischen Theorie bestimmen seit Simon (1955) verschiedene Ausarbeitungen des Konzepts der eingeschränkten Rationalität die Diskussion.

Das Modell rationalen Verhaltens basiert im Kern auf der Trennung zwischen Präferenzen und Restriktionen und beinhaltet als zentrale Rationalitätsforderung, dass das Individuum

„prinzipiell in der Lage ist, gemäß seinem relativen Vorteil zu handeln, d.h., seinen Handlungsraum abzuschätzen und zu bewerten, und dann entsprechend zu handeln" (Kirchgässner, 1991, S. 17).

Die angemessene Berücksichtigung im Rahmen der Modellbildung erfordert über die Konstruktion inter-dependenter Nutzenfunktionen hinaus Aussagen über die Voraussetzungen einer Stabilität inter-dependenter Präferenzen – also immer auch über die Stabilität und Dynamik von Machtstrukturen konkreter Handlungssysteme. Das Verhältnis von Präferenzen und Restriktionen ist dann also im Sinne einer wechselseitigen Konstitution zu denken. Die Antwort auf die „Identitätsfrage" wird durch eine realistische Einschätzung der eigenen Person und der eigenen Vergangenheit sowie der eigenen Kultur, insbesondere ihrer Ideologien und den Erwartungen der Gesellschaft an die eigene Person, erreicht. Gleichzeitig werden die kulturellen Erwartungen „kritisch hinterfragt" und auch die Berechtigung der sozialen Erwartungen überprüft. Der Prozess des Hinterfragens und der Integration kristallisiert sich um fundamentale Probleme wie die berufliche Zukunft, die Partnerbeziehungen und um religiöse und politische Standpunkte. Er führt zu persönlichen Verpflichtungen in diesen Bereichen und ermöglicht – von einem objektiven Standpunkt aus gesehen – die produktive Integration in die Gesellschaft. Subjektiv vermittelt diese Integration ein Gefühl von Loyalität und „Treue“, sowie ein tiefes Gefühl der Verwurzelung und des Wohlbefindens, der Selbstachtung und Zielstrebigkeit.

Sozialwissenschaft bezeichnet alle mit dem „Sozialen“ befassten Wissenschaften. Was das „Soziale“ ist, darüber besteht allerdings keine Einigkeit in den Sozialwissenschaften: somit kann man das „Soziale“ als umkämpften Begriff mit zentraler strategischer Bedeutung für die Positionierung der Subjekte innerhalb gesellschaftlicher Orte und Institutionen verstehen. Innerhalb der Psychologie übernimmt der Begriff des Sozialen die Funktion, zur Gesellschaftlichkeit des Subjekts eine Brücke zu schlagen: so ist die Sozialpsychologie als Teilwissenschaft der Psychologie kategorisiert, die ihren *„Schwerpunkt bei der Erforschung des Verhaltens und Erlebens des Einzelnen in Interaktionen mit anderen“* (Dorsch, 1987, S. 630) hat. Als Austragungsorte sozialer Konflikte gelten in der herrschenden Psychologie dabei in erster Linie die interpersonalen Beziehungen zwischen Personen und/oder in Gruppen, alles darüber Hinausgehende wird der Soziologie zugewiesen. Subjekt und Gesellschaft (als Ort des Sozialen) werden dabei als völlig unzusammenhängende Größe gedacht.

Psychologie erklärt sich damit selbst zuständig für den einzelnen, sein Erleben und Verhalten; das Zusammendenken gesellschaftlicher Ordnung und subjektiver Lebensweisen und eine damit verbundene Veränderung menschlicher Lebensweisen über den theoretischen Zugriff auf Vergesellschaftlichungsrituale und –muster bleiben in der akademischen Psychologie eine Leerstelle. Heiner Keupp formuliert für eine zukunftsweisende Sozialpsychologie die Fragen, die den Zugriff auf das Gesellschaftliche und Soziale beinhalten:

> *„Es geht in der Sozialpsychologie, wie in allen Sozialwissenschaften, um die Frage: Wie entsteht gesellschaftliche Ordnung und wie verankert sie sich in den Subjekten? ... Wie bilden sich jene alltäglichen Selbstverständlichkeiten heraus, auf deren Grundlage sich Menschen sicher fühlen können bzw. ein Vertrauen in die Voraussehbarkeit von Abläufen und Erwartungen entstehen kann? Die Sozialpsychologie fragt aus der Sicht des Subjekts: Wie wird ein Subjekt im jeweiligen gesellschaftlichen Lebenszusammenhang handlungsfähig? Aber auch: Welche kultur- und gesellschaftsspezifischen Zurichtungen des Subjektes sind unter spezifischen historischen Bedingungen jeweils erforderlich?“* (Keupp, 1993, S. 13).

Die herrschende Psychologie mit ihrer Orientierung an der Methodik der Naturwissenschaften und der damit verbundenen Unfähigkeit, subjektive Handlungen auch nur annähernd zu erklären, hat sich des „Sozialen“ und Gesellschaftlichen entledigt, indem sie es einer Teildisziplin übertragen hat, die ihrerseits versucht, diese Gesellschaftlichkeit erneut aus dem Blickwinkel naturwissenschaftlicher Methodik zu erklären. Alternative Ansätze zu dieser Art, Psychologie zu betreiben, stellen die humanistisch orientierten Psychologien wie auch die Psychoanalyse dar. Beide sehen das Subjekt sehr wohl in einem gesellschaftlichen Zusammenhang, reduzieren jedoch in ihrem jeweiligen Menschenbild die Person auf das „Subjektive“ in dieser Subjekt/Objekt-Konstellation.

Leitbild wie Zielvorstellungen transaktionsanalytischen Handelns ist die autonome Person mit ihren Fähigkeiten zu sinnlicher Offenheit, unmittelbarem Ausdruck und gleichwertiger Beziehung. Ihre psychologische Theorie basiert auf dem Persönlichkeitsmodell der Ich-Zustände (Eltern-, Erwachsenen-, Kind-Ich) als organisierte Einheiten, mit deren Hilfe wir Realität definieren, Informationen über uns und andere gewinnen und auf die Umwelt reagieren.

1 VERHALTENSÖKONOMIE

1.1 ALLGEMEINES

„Ökonomie ist die Sozialwissenschaft, die sich mit den Mitteln und Wegen befasst, durch die Menschen und Gesellschaften versuchen, ihre materiellen Bedürfnisse und Wünsche zu erfüllen" (Albert Reiss, 1968 zit. n. Becker, 1993, S. 1).

„Ökonomie ist die Wissenschaft von der Erfüllung der physischen Bedürfnisse und Wünsche des Menschen" (The Columbia Encyclopedia, 3. Aufl. S. 624, zit. nach Becker, 1993, S. 1).

Die Definition der Ökonomie durch den Bezug auf knappe Mittel und konkurrierende Ziele ist von allen am allgemeinsten. Sie definiert Ökonomie durch die Art des Problems, das sie lösen soll und umfasst weitaus mehr als den Markt-Bereich oder was „Ökonomen tun" (Boulding, 1966). Viele Verhaltensentscheidungen, bei denen es um eine Wahl unter konkurrierenden Zielen bei begrenzten Ressourcen geht, entspricht ja einer gängigen Definition von Ökonomie. Die Entscheidung eines Konsumenten über die Allokation seiner Nicht-Markt-Zeit, seine Entscheidung für eine Religion, für eine Ehefrau, für eine bestimmte Familiengröße, für eine Scheidung, für die Zugehörigkeit zu einer politischen Partei oder für einen „Lebensstil", all diese Entscheidungen haben mit der Allokation knapper Ressourcen unter konkurrierenden Zielen zu tun. Diese Wahlhandlungen beziehen sich jedoch auf nicht-monetäre Faktoren und sie sind daher von Ökonomen vernachlässigt worden (Becker, 1993).

Der ökonomische Ansatz ist offenkundig nicht auf materielle Güter und Wünsche beschränkt, noch allein auf den Marktbereich (Becker, 1993). Adam Smith, der Hauptbegründer des ökonomischen Ansatzes, hat, obschon er eine Reihe von Gesetzen und Gesetzgebungsverfahren in derselben Weise interpretiert, wie er dies beim Markt-Verhalten tat, andere ohne viel Überlegung in unbefriedigender Weise als Ergebnis von Dummheit und Unwissenheit abgetan (Stigler, 1971; vgl. Becker, 1993, S. 12).

Die ökonomische Literatur ist voll von Beispielen dafür, dass Veränderungen der Präferenzstruktur ad hoc unterstellt werden, um unverständliches Verhalten ohne Schwierigkeiten zu erklären. Man sagt, dass Erziehung die Präferenzen – für verschiedene Güter und Leistungen, für politische Kanditaten oder für die Familiengröße – ändert, statt die Auswirkungen auf das Realeinkommen oder auf die relativen Kosten verschiedener Handlungsalternativen zu untersuchen. (Michael, 1972).

Becker (1993) geht davon aus, dass ökonomisches Denken benutzt wird, um genau jenes Verhalten zu erklären, das als irrationales und sprunghaftes Verhalten, traditionales oder „nicht-rationales" Verhalten erklärt wird. Sein ökonomischer Ansatz nimmt weiters an,

„dass es montäre oder psychische Kosten gibt, die mit der Nutzung vieler Gelegenheiten verbunden sind und deren möglichen Gewinn zunichtemachen, Kosten, die möglicherweise von Außenstehenden nicht so leicht „Gesehen" werden." (Becker, 1993, S. 6).

Derselbe Autor ist der Meinung, dass

„selbstverständlich schließt oder „vervollständigt" die Annahme, dass es solche Kosten gibt, den ökonomischen Ansatz in der gleichen, fast tautologischen Art, in der Annahme, dass es (bisweilen unbeobachtete) Nutzungen von Energien gibt, das Energiesystem abschließt und das Gesetz der Erhaltung der Energie absichert, weil die Annahme stabiler Präferenzen eine Grundlage für Vorhersagen über die Reaktionen auf unterschiedlichste Veränderungen bietet." (Becker, 1993, S. 6)

Becker stellt sogar die Behauptung auf, dass

„der ökonomische Ansatz von allen Ökonomen auf jegliches menschliche Verhalten angewandt wird, oder auch nur von den meisten Ökonomen auf den größten Teil menschlichen Verhaltens. Tatsächlich zeigen viele Ökonomen gegenüber allen nicht-traditionalen Anwendungen des Ansatzes eine offene Feindseligkeit. Mehr noch, viele Ökonomen können der Versuchung nicht widerstehen, ihr mangelndes Verständnis durch Hinweise auf angeblich irrationales Verhalten, unnötige Unwissenheit, Dummheit ad hoc-Änderungen der Präferenzen oder ähnliche Tatbestände zu verdecken, womit im Gewand eines begründeten Urteils lediglich eigenes Unvermögen eingestanden wird" (Becker, 1993, S. 12).

Im übrigen unterstellt der ökonomische Ansatz nicht, dass die Entscheidungsträger sich notwendigerweise ihrer Maximierungsbemühungen bewusst sind, oder dass sie in informativer Weise Gründe für die systematischen Muster in ihrem Verhalten verbalisieren oder sonst wie beschreiben können (Friedman, 1953). Der ökonomische Ansatz ist daher vereinbar mit der Betonung des Unbewussten in der modernen Psychologie oder mit der Unterscheidung von manifesten oder latenten Funktionen in der Soziologie (Merton, 1968). Darüberhinaus macht der ökonomische Ansatz keinen grundsätzlichen Unterschied zwischen wichtigen und unwichtigen Entscheidungen (Grossmann, 1972), er unterscheidet nicht grundsätzlich zwischen stark gefühlsbeladenen Entscheidungen und solchen mit geringer emotionaler Beteiligung (Bentham, 1963) und er macht keinen grundsätzlichen Unterschied zwischen Entscheidungen von Personen mit verschiedenen Einkommen, Erziehung oder familiärer Herkunft (Bekker, 1993).

Becker (1993) ist der Auffassung, dass der ökonomische Ansatz so umfassend ist, dass er auf alles menschliche Verhalten anwendbar ist. Seine Aussagekraft stößt jedoch an Grenzen, wenn es um die Erklärung von kooperativem, altruistischem Verhalten bzw. um die emotional-affektive Dimension menschlichen Handelns geht. Ihre angemessene Berücksichtigung im Rahmen der Modellbildung erfordert über die Konstruktion interdependenter Nutzenfunktionen hinaus Aussagen über die Voraussetzungen einer Stabilität interdependenter Präferenzen – also immer auch über die Stabilität und Dynamik von Machtstrukturen konkreter Handlungssysteme. Das Verhältnis von Präferenzen und Restriktionen ist dann also im Sinne einer wechselseitigen Konstitution zu denken (March & Olson, 1975).

Diese tieferliegenden Präferenzen beziehen sich auf grundlegende Aspekte des Lebens wie Gesundheit, Prestige, Sinnenfreude, Wohlwollen, Zeit oder Neid. Ein neidischer oder gehässiger Mensch wird sich wahrscheinlich besser gestellt fühlen, wenn gewisse andere Personen in irgendeiner Hinsicht schlechter gestellt werden. Er würde sich möglicherweise selbst „schaden", d.h. eigene Ressourcen aufwenden, um anderen zu schaden. Da eine Erhöhung dieser Ausgaben für ihn die Kosten der Schädigung anderer erhöhen würde, würde er davon abgehalten, sie zu schädigen. Die wenigen verfügbaren Daten über Ausgaben für Schädigungen unterstützen diese Implikation der Theorie. Aus Verbrechen gegen Personen können gewisse Daten über schädigendes Verhalten gewonnen werden, da die meisten Körperverletzungen und Morde durch den Schaden für die Opfer motiviert sind. Die meisten Fälle von schwerem Raub, Raubüberfällen und Diebstählen sind demgegenüber wahrscheinlich durch die Aussicht auf materiellen Gewinn motiviert. (Becker, 1993)

Im Verlauf der Zeit haben sich selbst scharfsichtige Beobachter der Gesellschaft in ihrer Beurteilung der Rolle von Neid und Hass radikal voneinander unterschieden. Vor 200 Jahren etwa sah Adam Smith diese „Leidenschaften" wohl, aber er schob sie mit dem Kommentar beiseite:

„Neid, Böswilligkeit oder Groll sind die einzigen Leidenschaften, die einen Menschen dazu bringen können, einen anderen in seiner Person oder Ehre zu verletzen. Aber der größere Teil der Menschen steht nicht oft unter dem Einfluss solcher Leidenschaften, und selbst die schlechtesten Menschen sind es, nur gelegentlich. Da ihre Befriedigung, wie angenehm sie gewissen Charakteren auch immer sein mag, zudem von keinem realen und dauerhaften Vorteil begleitet ist, werden sie beim größeren Teil der Menschen in der Regel durch kluge Überlegung gezügelt. Menschen können in der Gesellschaft mit einem ziemlichen Grad an Sicherheit leben, auch wenn es keine öffentliche Einrichtung gibt, die sie vor Ungerechtigkeit, die aus diesen Leidenschaften entspringt, schützt" (Smith 1937, zit. nach Becker, 1993, S. 314).

Demgegenüber sind für Thorsten Veblen, der viele Jahre später schrieb, diese Motive gerade zu Grundlage des Lebens, die alles andere dominiert:

„Der Wunsch nach Wohlstand kann kaum in einem Einzelfall befriedigt werden, und eine Befriedigung des durchschnittlichen oder allgemeinen Wunsches nach Wohlstand kommt offensichtlich fast nicht in Betracht. Wie breit oder wie gleich, oder wie 'unredlich' der Wohlstand auch immer verteilt sein mag, kein allgemeiner Anstieg des gesellschaftlichen Wohlstandes kann auch nur ansatzweise zur Befriedigung dieses Bedürfnisses beitragen, das seine Grundlage in dem Wunsch jedes einzelnen hat, alle anderen in der Akkumulation von Gütern zu übertreffen" (Veblen, 1934, zit. nach Becker, 1993, S. 314).

Nicht viel später kam Jeremy Bentham zu einer ähnlichen Schlussfolgerung:

„Die Freude, die irgend jemand aus dem Anblick des Leides gewinnt, das ein anderer erduldet, ist in keinem Fall so groß, wie das so erduldete Leid" (Bentham, 1952-1954, zit. nach Becker, 1993, S. 314).

Aber auch findet der ökonomische Ansatz im vorliegenden Werk Anwendung auf Intentionen, kontrafaktisches Denken und Leid.

Fast jedes denkbare Verhalten wird auf Unwissenheit oder Irrationalität zurückgeführt, auf Werte und deren häufige, unerklärliche Veränderungen, auf Brauchtum und Tradition, wobei diese Beeinflussbarkeit irgendwie als Ausfluss sozialer Normen, oder des Ich und des Es angesehen wird (Becker, 1993).

Ökonomisches Denken und moderne Psychologie kommen zu ähnlichen Schlussfolgerungen in bezug auf die Gesundheitsvorsorge und wenn es um eine „optimale" erwartete Lebensdauer geht (Becker, 1993).

Negative Emotionen bzw. Leid sind oft Ursache für Fehlhandlungen, da sie den Menschen in seiner Wahrnehmung und in seinem Sein beeinträchtigen.

Harper und James stellen fest:

„Manchmal kann Kompensation mit einem angemessenen Genauigkeitsgrad erreicht werden. Offenkundig trifft dies für viele der Konsequenzen persönlich erlittener Ungerechtigkeiten jedoch nur in einem übertragenen, und im letzten spekulativen Sinne zu. Dennoch hat das Recht das Ziel, zumindest eine annähernde Übereinstimmung zwischen der geleisteten Schadenersatzhöhe und dem Ausmaß des erlittenen Unrechts herzustellen." (Harper und James, 1956, S. 1301).

In dem vorliegenden Werk geht es nicht nur um eine ökonomische Verwendung von Zeit, sondern es werden auch Sachverhalte diskutiert, die zur Lösung von Problemen führen und es werden auch Ansätze vorgestellt, die es dem Leser ermöglichen, sich selbst und andere von einem neuen Standpunkt aus zu sehen. Das Thema Verantwortlichkeit steht inhaltlich im Vordergrund und wird ebenfalls abgehandelt, da jeder Mensch auch ein aktiv Wahrnehmender und Handelnder ist und somit als Urheber von Normen/Rechten/Standards angesehen werden kann.

Mit dieser psychosozialen Ausrichtung ergibt sich die konzeptionelle Anschlussfähigkeit an sozial-wissenschaftliche Debatten und an sozial-pädagogische Theorie und Praxis. Favorisiert werden Handlungsperspektiven psychosozialer Praxis, die lebenswelt- und alltagssensibel organisiert sind, Handlungskonzepte wie Empowerment als Vermittlung von Einfluss- und Selbstbestimmungsmöglichkeiten für Betroffene.

Lebensführung bezieht sich auf das soziologische Konzept der „alltäglichen Lebensführung“, das die Alltagsgestaltung als konstitutive Leistung einer Person hervorhebt und mit dem die Auswirkungen aktueller gesellschaftlicher Entwicklungen auf die Alltagsgestaltung der Personen erfasst werden soll. Anknüpfungspunkt für dieses Konzept ist der Begriff der „methodischen Lebensführung“, den Max Weber zu Beginn dieses Jahrhunderts im Rahmen seiner Studien zur protestantischen Ethik geprägt hat. Damit bezeichnet er eine Rationalisierung der Lebensführung durch bewusstes und planendes Gestalten des eigenen Lebens in Richtung Erfolg und Effektivität. Unter dem Einfluss calvinistischer Ideen traten strategisches Handeln, Zweckrationalität und Selbstverantwortlichkeit als Kern der methodischen Lebensführung an die Stelle einer traditionalen Lebensführung, für die ein „Eingelebtsein“ von Verhaltensweisen auf der Grundlage frageloser Gewohnheiten, Sitten und Gebräuche typisch ist. Was Max Weber an einer relativ schmalen bürgerlichen Elite entdeckt und als historischen Typus benannt hat, zeigt sich allerdings heute erst auf breiterer empirischer Ebene.

Erst die aktuelle gesellschaftliche Situation, die unter anderem gekennzeichnet ist durch Individualisierung, verstanden als Freisetzung aus Traditionen und Pluralisierung von Werten und Normen, ermöglicht und mutet es auch nahezu allen Mitgliedern einer Gesellschaft zu, ihr Leben selbst in die Hand zu nehmen und zu gestalten. Zugleich zeigt sich aber, dass unter Bedingungen von Individualisierung und Pluralisierung eine streng methodische Planung der Lebensführung nicht immer angemessen ist, da die Situationen des Lebensverlaufs ebenso wenig bis ins Detail planbar sind wie der Alltag. Im Gegenteil, vieles muss bewusst offengehalten werden, um im entscheidenden Augenblick die richtigen Entscheidungen und Weichenstellungen treffen zu können. Damit setzt sich als dritte Form eine situativ-reflexive Lebensführung durch, die zwar durchaus rational gesteuert wird, aber nicht im Sinne einer zweckrationalen Planung aller Aktivitäten, sondern einer Rahmenplanung, die im Alltag Offenheit und situatives Handeln gewährleistet.

1.2 PHANTASIE UND INTELLIGENZ

Mit Kant findet sich eine erste moderne Definition einer aus Erfahrung abgeleiteten sog. reproduktiven Phantasie, die Anschauung (Sinnlichkeit) und Verstand (Begrifflichkeit) verbinde.

Dieses Grundvermögen der Imagination liege aller Erkenntnis – auch der naturwissenschaftlichen – zugrunde. Schopenhauer ordnet die Phantasie dem Nacht- und Tagtraum sowie dem Unbewussten zu; Fichte konzipiert den Zusammenhang von Vorbewusstem und Imagination und legt damit Grundlagen für die Kategorie des Noch-nicht –Bewussten bei Bloch.

Die gestaltpsychologischen Theorien beziehen Phantasien in die verhaltensbestimmenden Wahrnehmungen eines Individuums ein: Phantasien gehören dort neben Sehnsüchten, Plänen usw. zu den Repräsentationen von Zukunft und nehmen in diesen Aspekt die aus anderer, materialistischer Sicht getroffene Aussage Oskar Negts vorweg, Phantasie sei nicht nur Ausdruck von Erfahrung, sondern lege sich dysfunktional „quer" zur verwerteten Zeit und schaffe hierüber individuelle Freiräume. In den psychoanalytischen Theorien verweist Phantasie auf den Gegensatz von Imagination und Realitätswahrnehmung bzw. –prüfung, auf die Differenz von Imaginärem und Realem.

In der Topik des psychischen Apparats von Es – Ich – Überich sowie bewusst – vorbewusst –unbewusst lassen sich Phantasien nichteindeutig zuordnen. So sind sie als Tagträume vom Subjekt im Wachzustand ersonnene Szenen, Episoden, Fiktionen. In dem Maße, in dem die Phantasie mit einem Wunsch verwoben ist, wird sie auch Ort der Abwehroperation und ist eine Wunschinszenierung, die bereits das Verbot des – unbewussten – Wunsches enthält. Als „unbewusste Phantasie" verweist Freud auf die postulierte Existenz überindividuell-präexistierender unbewusster Schemata, wie sie von Laplanche & Pontalis als „Urphantasie" ausgearbeitet wurden.

In den individualpsychologischen Theorien werden Phantasien als Ausdruck subjektiver Bedürfnisse begriffen, die in „stellvertretenden Handlungen" latent ausgedrückt werden und sowohl bewusst als auch unbewusst sein können.

Problematisch ist an den Modellvorstellungen, dass Phantasie(n) nicht als aktive Leistung des Individuums begriffen, sondern auf eine sich aufdrängende, verdichtende, imitative Reproduktion von Wahrnehmungs- und Erinnerungsinhalten reduziert werden.

Lediglich einige psychotherapeutische Methoden greifen die imaginativen Fähigkeiten zur Erzeugung und Durcharbeitung von gezielt (eigen-)induziertem Tagtraummaterial als aktives Moment auf. Entsprechend wenig wird die Phantasietätigkeit als Chance zur Schaffung individueller Entlastung und Freiräume wahrgenommen.

Phantasie wird von autoritären Charakteren und Ideologien als egozentrische Rückzugsmöglichkeit, als Fluchtversuch vor Leitungsansprüchen verkannt und disqualifiziert, anstatt ihr sinnlich-kompensatorischen Widerstands- und Lösungsmöglichkeiten in zweckrational bestimmten Lebenszusammenhängen anzuerkennen.

Die westliche Kultur sieht den Menschen in der Lage, mit seinem Verstand die Welt vernünftig zu gestalten. Nach dieser Überzeugung verfährt auch die Psychologie, wenn sie Struktur und Genese der Intelligenz untersucht. Dabei ist es nicht wirklich gelungen, Intelligenz befriedigend zu definieren. So wird sie etwa als Fähigkeit zum schlussfolgernden Denken begriffen.

1.3 MOTIVATION

Motivation ist ein Schlüsselbegriff der Psychologie. Die Domäne der Motivationsforschung liegt in den Bereichen der Marktforschung und der Pädagogischen Psychologie. Unspezifisch und allgmein kann unter Motivation zunächst verstanden werden Aktivität und Stärke, die Richtungsorientierung und Beharrlichkeit bestimmter, bewusster oder unbewusster Verhaltenstendenzen des Organismus in Relation zu bestimmten Umweltfaktoren.

Im Unterschied zum Ausdruck Motiv, der sich auf die inneren Beweggründe des Verhaltens bezieht, impliziert der Motivationsbegriff, dass in ihm sowohl subjektiv-endogene wie auch äußere, das Verhalten bestimmende Faktoren gemeint sind. Je nach psychologischer Schule ergeben sich in Hinsicht auf die Bestimmung des Motivationsbegriffs entweder eine Überbetonung subjektiv-endogener oder äußerer, das Verhalten bestimmender Faktoren oder aber der Versuch einer historisch-genetischen Ableitung der Motivationsentwicklung.

Es lassen sich für die heutige Diskussion des Motivationsbegriffs im wesentlichen fünf Richtungen ausmachen:

Theorien, die von einem Begriff der Defizit-Motivation ausgehen und am homöostatischen Prinzip orientiert sind: Hierunter wird die von dem Lerntheoretiker Hull ausgehende Richtung verstanden, wonach der Organismus, an sich selbst träge und passiv, durch physiologisch bedingte Bedürfnisdispositionen, die als Deprivationen begriffen werden, in einem unspezifischen Sinn aktiviert wird. Hull nennt diese Aktivierung „Drive“, der verstanden wird als unspezifische Energie für mögliche Zielorientierungen. Die Gerichtetheit des Verhaltens selbst ist dagegen ausschließlich Lernprodukt. In der Endhandlung, dem consummatory act, erstirbt die Aktivität, geht der Organismus wieder in seine

Ruhelage zurück, obwohl auch im Fall der Sättigung bestimmter physiologischer Bedürfnisse noch „mit residuellem irrelevanten Drive gerechnet werden muss“ (Graumann, 1977, S. 40).

Nach McClelland (in Thomae, 1975, S. 176) müssen die Motivationen erlernt werden. Lernen wird hier aufgefasst als „eine Folge der Triebreduktion“ (Thomae, 1965, S. 26) und Handlung wird begriffen aus der Relation zwischen der Stärke des als Reiz verstandenen Triebes, d.h. seiner unspezifisch antreibenden Kraft, und der durch Lernschritte vermittelten richtungsorientierten Verhaltenstendenz, die zum Abbau des Reizes führt.

Bei Freud (1975) wird der Trieb als „Reiz für das Psychische“ definiert. Befriedigung erfährt danach der Organismus nur durch Beseitigung solcher als Störung begriffenen Triebreizung.

Die gestalttheoretisch orientierte Feldtheorie Lewins arbeitet mit einem Begriff des Gleichgewichts. Die Störung des Gleichgewichts erfogt hier durch eine Spannungsmehrung „innerhalb eines Systems der Persönlichkeit bzw. Lebensraumes“ (Thomae, 1965, S. 29). Dadurch wird psychische Energie frei. Die Ursache für eine solche Spannungsmehrung ist nach Lewin in der Entstehung eines Bedürfnisses zu suchen, wobei der Begriff des Bedürfnisses synonym mit Motiv verstanden ist. „Beseitigung der spannungsauslösenden Bedürfnisse, Wiederherstellung des Gleichgewichts ist auch hier das Ziel“ (ebd., S. 30).

Aktivitätstheoretische Motivationskonzeptionen werden gegenüber dem in Analogie zu physikalischen Prozessen verstandenen Prinzip der Homöostase nachgewiesen durch physiologische Studien der Eigenaktivität des Organsimus. So betont Hebb (in Thomae, 1975, S. 440f), dass man von zwei verschiedenen Wirkungen des sensorischen Systems auszugehen habe: „Die eine ist die Schlüsselreiz-Funktion, die das Verhalten lenkt, die andere...ist die Erregungs- oder Wachfunktion.“ Diese Konzeption geht nun, im Gegensatz zu der Vorstellung, dass der Trieb als Reiz zu begreifen sei, davon aus, dass der Trieb einen „generellen“, das Verhalten aktivierenden Antriebszustand (in sich selbst anregend) darstellt. Kelly (in ebd., S. 499) geht davon aus, dass die „Aktivität eine wesensmäßige Eigenschaft“ des Menschen ist.

Theorien, in denen Motivation als Richtungsdeterminante des Verhaltens begriffen wird, zum Teil phänomenologisch orientierten Theorien (Lersch, Allport, Thomae) wird auf das Phänomen der ursprünglichen spontanen Gerichtetheit des Organismus selbst verwiesen. Allports Begriff der „funktionelle(n) Autonomie der Motive (ebd., S. 489), den er auf die erwachsene, reife Persönlichkeit bezieht, geht aus von der „Einzigartigkeit der Persönlichkeit“ (ebd., S. 491). Das mit der funktionellen Autonomie verbundene Problem der Wert- und Normbezogenheit des Verhaltens wird dahingehend bestimmt, dass Werte „der Kern der

Dynamik des Verhaltens“ seien, da sie „eine sehr große Rolle in dem Prozess zur Vereinheitlichung der Persönlichkeit“ (ebd. S. 289) spielten.

Bei Lersch, der die Motivationstheorien in „monothematische, polythematische und athematische“ zu unterscheiden versucht (ebd., S. 170), „ist jedes Antriebserleben ein Suchen und Fragen, so ist das Gefragte und Gesuchte das Ziel... Sofern ein Gegenstand oder ein Zustand ein solches Ziel darstellt, seine Erreichung also die Erfüllung eines Bedürfnisses ist, repräsentiert er einen Wert“ (ebd., S. 60).

Eine dritte Möglichkeit, das Werte und Normproblem innerhalb eines motivationspsychologischen Ansatzes zu diskutieren, ist gegeben in dem gestalttheoretische Aspekte mitverarbeitenden „teleologischen Neobehaviorismus“ Tolmans (Rubinstein, 1977, S. 87). Das Verhalten der Individuen wird hier unter dem Gesichtspunkt seiner Bedingtheit durch das Bedürfnissystem, die Überzeugungs-Wert-Matrix und den unmittelbar, konkreten Verhaltensraum zu begreifen versucht (Tolman in Thomae, 1975, S. 448). Die Gerichtetheit menschlichen Verhaltens, die sowohl mit Momenten der Erwartung als auch der Antizipation von Handlungszielen in einem engen Zusammenhang steht, bezieht sich primär auf gegenständliches Verhalten.

Theorien, mit denen ein Begriff der Wachstums-Motivation diskutiert wird, befindet sich im Ansatz von Maslow. Er geht aus von einer Bedürfnishierarchie und sieht den Begriff des Menschlichen zuallererst in einem Prozess realisiert, den er „Selbstverwirklichung“ (Maslow, 1978, S. 89) nennt. Von „Motivationen der Defizit-Bedürfnisse“ nach dem Homöostase-Prinzip unterscheidet er „Motivationen des Wachstums“ (Maslow, 1981, zit. nach Zimbardo & Gerrig, 1999, S. 324f), wobei zur Entwicklung der letzteren die Befriedigung der Primärbedürfnisse vorausgesetzt bleibt.

Dialektisch-materialistisch orientierte Motivationskonzepte sind eingelagert in einen Begriff menschlicher Aktivität, wonach, über evolutionäre Stufen hinweg, für die Ebene der gesellschaftlichen Entwicklung, sowohl in ontogenetischer wie in phylogenetischer Hinsicht von einer „dialektischen Einheit von gegenständlicher Tätigkeit, Herausbildung von Bedürfnissen“ (Holzkamp, S. 1973, S. 186) ausgegangen wird. Das Homöostasemodell wird hier sowohl mit dem Hinweis auf die Eigenart der evolutionären Schwellen der Naturgeschichte als auch unter dem Gesichtspunkt der Eigenart der Individualentwicklung kritisiert und abgelehnt. An Marx orientierte Konzepte gehen überdies davon aus, dass Natur- und menschliche Geschichte sich nicht in einem einfachen Verhältnis der Kontinuität zueinander befinden.

1.4 NARZISSMUS

Psychologiehistorisch ist der Begriff des Narzissmus vielfach erweitert und modifiziert worden. Neuere Aufnahmen der narzisstischen Thematik basieren auf unterschiedlichen Konzepten des Selbst.

Freud unterschied zwischen narzisstischer Ich-Libido und Objektliebe sowie zwischen primärem und sekundärem Narzissmus (1914), später zwischen gesundem und pathogenem Narzissmus (1923). Reich (1989) interessierten die narzisstischen Schutzmechanismen sowie deren Lösungen im analytischen und körpertherapeutischen Prozess. Jung (1951) streifte die narzisstische Problematik indirekt, indem er aus der Ichbezogenheit die Bedeutung der Rückkehr des einzelnen zum eigentlicheren Sein, zum Grunde seines Wesens hervorhob (vgl. Jacoby, 1985). Adler (1920) erörterte die narzisstischen Attribute des Geltungsdranges und Machtstrebens sowie die Rolle der Kompensation und Minderwertigkeit.

Wie der schöne Jüngling Narziß sich in sein Spiegelbild verliebte und dadurch zu Tode kam, so kann die Entwicklung einer Person Einbußen erfahren und scheitern, wenn sich der eigene Lebensvollzug auf der Grundlage eines Mangels an Selbstwertgefühl, an der Realisierung und Aufrechterhaltung eines idealisierten Selbstbildes (Kohut, 1976) orientiert.

Im Zentrum einer narzisstischen Persönlichkeitsentwicklung stehen Krisen des Körperselbst und Selbtwertgefühls. Dem Mangel und der Störung des Körper-, Selbst- und Selbstwertgefühls liegt eine inadäquate empathische Zuwendung sowie eine Frustration der kleinkindlichen Bedürfnisse nach Zuwendung im elterlichen Gegenüber zugrunde. Kinder, die mit ihren Bedürfnissen und ihren eigenen aktiven Potentialen zu wenig gespiegelt, gesehen und beachtet werden, beginnen, das Bedürfnis nach Zuwendung und den Wunsch des Anerkanntwerdens abzuspalten: sie beginnen sich zurückzuziehen von der Welt, von Personen und vom eigenen Selbst (Johnson, 1988).

Als Erwachsene folgen sie den Spuren ihrer früheren Kränkungen auf unterschiedliche Weise (Miller, 1976). Anstatt in der Verbundenheit mit der eigenen und äußeren Gegenwärtigkeit dem Leben einen Sinn zu geben, bleiben sie eher unverbunden, ersehnen das zukünftige Glück und die ideale Liebe, um in der Realität narzisstischen Teufelskreisen von Idealisierung, Kränkung, Enttäuschung, Rückzug, Entwertung, erneuter Idealisierung, Enttäuschung, Rückzug und Kränkung zu verfallen (Busch, 1977).

Narzisstische Menschen leiden unter einem Gefühl des Nichtgeliebtseins, des Nichtangenommenseins; sie kämpfen gegen ein Gefühl der Wertlosigkeit an, welches immer wieder glaubhaft widerlegt sein will.

Menschen mit narzisstischem Lebensstil schwanken zwischen Ichbezogenheit, Selbsteingenommenheit und Selbstüberschätzung auf der einen, zwischen Selbstzweifeln, Versagensängsten und Depression auf der anderen Seite. Sie fühlen sich schnell gekränkt, sind verletzend und entwertend, beherrschen bisweilen die Kunst subtiler Verführung und Vereinnahmung.

1.5 GESUNDHEIT

Die Elementarziele der Psychohygiene sind die Herstellung der seelischen und geistigen Gesundheit sowie der Verhütung von Krankheiten. Psychohygienische Pläne konzentrieren sich erstmals im Rahmen der öffentlichen Gesundheitspflege am Ende des 19. Jahrhunderts und bestimmen fortan die individuelle Gesundheitsgestaltung. Die Protagonisten, im wesentlichen Psychiater, folgen zwar emanzipatorischen Idealen, weil sie Randgruppen wie Arme, Kriminelle und Kranke zu reintegrieren versuchen, jedoch entwickeln sie sich zur moralischen Kontrollinstanz über öffentliche Gesundheit (vgl. Castel, 1983).

In den 20er Jahren erfasst die Mental-Health-Bewegung auch Europa, viele Gesellschaften werden gegründet, und die kurative Psychohygiene erreicht eine Verbesserung der Behandlungsmethoden und Öffnung der psychiatrischen Kliniken. Psychohygienische Absichten spielen im institutionellen Bereich, insbesondere in Kliniken, immer noch eine wichtige Rolle. Experten versuchen, psychische Störfaktoren über Aufklärung und Intervention zu beseitigen (vgl. Brown & Reimer, 1995).

Die Prophylaxe macht sich auch beim Individuum bemerkbar. Es soll zum Zweck der dynamischen Anpassung über effektive Psychotechniken verfügen und Vorschriften für ein gesundes Leben befolgen. Durch die Veralltäglichung psychologischer Kenntnisse entsteht die neueste Form der Psychohygiene. Medizinische Ratgeber und Ratschläge in den Medien sowie die elektronische Vorsorge und Therapie genießen eine hohe Akzeptanz (Schwarz, 1983,; Lenzen, 1991).

Gesundheitspsychologie aus ökologischer Sicht stellt sich die Aufgabe, „die Beziehungen des Menschen zum Gesamt seiner biotischen und abiotischen Lebensbedingungen“ (Fischer, 1994, S. 88) vor dem Hintergrund der globalen Bedrohungen des Ökosystems Erde zu erforschen und zur „Optimierung des Mensch-Umwelt-Verhältnisses“ (ebd.) beizutragen. Sie thematisiert „gesundheitskritische“ Konstellationen zwischen Individuen und ihrer sozialen sowie räumlich-materiellen Umwelt und bemüht sich um einen erweiterten Begriff des Gesundheitsverhaltens, der über die Konkretisierung eines „umweltbewussten“ oder „existenzbewahrenden“ Lebensstils auf die Erhaltung und Förderung gesundheitszuträglicher Umweltbedingungen zielt. Neben der offensichtlichen subjektiven Verantwortungsebene für den Erhalt der Gesundheit bzw. der Verhütung von Krankheiten erlauben Themenbereiche wie „Umweltschadstoffe und ihre psychosozialen Auswirkungen“, „Lärm und Dichte als Umweltstressoren“, „geographische Mobilität und Wohlbefinden“ (Fischer, 1992, S. 88) auch die Einbeziehung sozialpolitischer Aspekte.

Ansonsten leistet eine umstandslose „Wende zum Lebensstil“, welche das Übergewicht von Verhaltensprävention auf Kosten von Verhältnisprävention propagiert, nicht nur einem blinden „Healthismus“ als der individualistischen Ideologie der omnipotenten Alleinverantwortlichkeit für Gesundheit und Krankheit Vorschub, sondern unterstützt mit dem Konzept des geringsten Widerstands einen machtbestimmten Reduktionismus und eine „normative Äthiologie“ (Kühn, 1993). Demnach ersetzen zwar die (psychologischen) Elemente individuellen Fehlverhaltens (besonders in der Freizeit und Konsumsphäre) die ältere (biologische) Stufe genetischer oder pathogenetischer Mikroereignisse im menschlichen Körper als direkter Krankheitsursachen; Faktoren der physischen Umwelt oder soziale und ökonomische Bedingungen haben demgegenüber auf der Rang- und Stufenfolge ätiologischer Ebenen entsprechend ihrer zunehmenden Nähe zum Zentralbereich sozialer Herrschaft in Industriegesellschaften mit erheblichen Erschwernissen und Behinderungen zu rechnen.

Während sich die Psychologie insgesamt mit menschlichem Erleben und Verhalten befasst, ist die Gesundheitspsychologie nach Schwarzer (1997, S. V) „ein wissenschaftlicher und pädagogischer Beitrag der Psychologie zur Förderung und Erhaltung der Gesundheit, Verhütung und Behandlung von Krankheiten, Bestimmung von Risikoverhaltensweisen, Diagnose und Ursachenbestimmung von gesundheitlichen Störungen, Rehabilitation und Verbesserung des Systems gesundheitlicher Versorgung.

Sie befasst sich vor allem mit der Analyse und Beeinflussung gesundheitsbezogener Verhaltensweisen des Menschen auf individueller und kollektiver Ebene“.

Während sich Gesundheitspsychologie nach Schwenkmezger & Schmidt (1994) im engeren Sinn mit der Entwicklung, Aktualisierung, Aufrechterhaltung und Veränderung krankheitsverhütender und gesundheitsförderlicher Erlebnis- und Verhaltensweisen auf der Ebene des Individuums und der Gesellschaft unter Einschluss ökologischer Aspekte befasst, umgreift sie im weiteren Sinn auch Aufgabenbereiche, die traditionell zur Medizinischen Psychologie, Klinischen Psychologie und Verhaltensmedizin zu rechnen sind.

Neben der Grundlagenforschung und ausgewählten Themenbereichen wie Gesundheitskognitionen und –verhalten, Stress, Emotionen und Bewältigungsverhalten bei Gesundheit und Krankheit (Schwarzer, 1997) sowie einer „Vielzahl gesundheitsschädigender Verhaltensweisen“ (Haisch & Zeitler, 1991, S. 8), die sich als relevante Problemstellung und Ansatzpunkte gesundheitspsychologischer Prävention bzw. Intervention ergaben, fragt sie salutogenetisch nach den Bedingungen gesunder Lebensführung, bemüht sich um positive Definitionen seelischer und körperlicher Gesundheit (Dlugosch, 1994) und begreift Laienannahmen über Gesundheit, Krankheit und Vorsorge *„als wichtigen Baustein einer umfassenden Theorie des Gesundheitsverhaltens"* (Bengel & Belz-Merk, 1997, S. 105).

Sie unterstützt die programmatischen Aussagen und Bemühungen der Weltgesundheitsorganisation, bis Ende dieses Jahrhunderts weltweite Maßnahmen zur Gesundheitsförderung und Prävention anzuregen, wobei sie sich primär den gesundheitsförderlichen und krankheitsverhütenden Dimensionen zuwendet, während kurative und rehabilitative Aspekte (noch) in den Hintergrund treten.

Aus einer psychobiologischen Perspektive versucht sie die verhaltenswissenschaftlichen und biomedizinischen Konzepte zusammenzuführen, den Einfluß psychologischer Faktoren auf Entstehung von Gesundheit und Krankheit stärker herauszukristallisieren. So werden beispielsweise bei chronischen Erkrankungen nicht nur anhaltende physiologische und endokrine Fehlanpassungen des Organismus in Erwägung gezogen, sondern stärker die Rolle der psychischen Steuerung des Immunsystems bedacht.

Weitere noch zu erforschende Themenbereiche bieten die homöostatische Regulation vitaler Grundbedürfnisse (Essen, Trinken, Aktivation) und das weite Feld von Stressreaktion, Stresserleben und Gesundheit.

Die entwicklungspsychologische Perspektive der Gesundheitspsychologie (Seiffge-Krenke, 1994) klagt den Einbezug der Entwicklungsdimension bei der Skizzierung von Gesundheits- und Krankheitsmodellen ein. Sie fordert stärker alters-, geschlechts-, schicht- und entwicklungsbedingte Verschiedenheiten in den epidemiologischen Grunddaten und lebenslaufbedingte Unterschiede in gesundheitsbezogenen Einstellungen und Verhaltensweisen zu berücksichtigen, und verweist auf die damit verbundenen Konsequenzen für Prävention und Intervention.

Beachtung erfordern neben unterschiedlichem Aktivitätsniveau und Entwicklungsaufgaben mögliche kritische Lebensereignisse und Lebensübergänge, die gepaart mit soziokulturellen Veränderungen unmittelbare Auswirkungen auf seelische und körperliche Gesundheit zeigen.

Neben Belastungsaspekten treten internale Ressourcen von Individuen und soziale Unterstützungsleistungen diverser Netzwerke sowie die Realisierung gesundheitsbezogenen Verhaltens im Familienverbund in den Blickpunkt der Forschung.

Bisherige Modelle des Zusammenhangs zwischen Persönlichkeit, Krankheit (z.B. Typ A-Verhalten und Herz-Kreislauf-Erkrankungen) oder verweisen auf persönlichkeitsbedingtes Risiko-, Bewältigungs- und Gesundheitsverhalten. Persönlichkeitsdimensionen sind unter prospektivem Gesichtspunkt als auslösende Bedingungen (Vulnerabilität) für Krankheiten oder als Schutzfaktoren (Kontrollüberzeugungen, Optimismus, Widerstandsfähigkeit, Kohärenzsinn) im Sinne persönlicher Ressourcen für die Gesunderhaltung zu verstehen. Nach Beginn einer Erkrankung gelten sie als Bezugspunkte, die den Genesungs- oder Krankheitsverlauf positiv oder negativ beeinflussen können. Generell haftet dieser Perspektive die nicht ungefährliche Sichtweise an, Gesundheit mit vorteilhaften Persönlichkeitsmerkmalen zu assoziieren, in „naiver Weise Persönlichkeit und Krankheit zu verbinden" (Schwenkmezger & Schmidt, 1994, S. 94) und dem Individuum die Schuld und Verantwortung für Krankheitsentstehung und –verlauf anzulasten.

Gesundheitspsychologie aus sozialpsychologischer Perspektive befasst sich mit der „Anlayse von Wahrnehmungen, Erleben, Denken und Handeln von Individuen im sozialen Kontext" (Hornung & Gutscher, 1994, S. 65), mit Transaktionen zwischen Individuen und den umgebenden Meso- und Makrosystemen sowie der Gesamtgesellschaft.

Neben Aussagen zum Orientierungs- und Kausalbedürfnis von Menschen (Attributionstheorien) und kognitionsbezogenen Fragen, nach „welchen Prinzipien organisieren und stabilisieren Menschen Informationen, die sie über sich selbst und ihre Umwelt haben?" (ebd., S. 70), finden sich für eine effektive Gesundheitsförderung höchst pragmatische Anfragen: „Unter welchen Bedingungen setzen sich Einstellungen in Verhalten um?" (ebd., S. 72).

Wie reduzieren beispielsweise Raucher ihre Dissonanz zwischen eigenem gesundheitsschädigendem Verhalten und ihrem Wissen um den Wert von Gesundheit? Welche Transaktionen finden zwischen Individuen und der Umwelt statt? Welche individuellen, internalen, personalen und subjektiven Handlungsressourcen werden durch objektive, kollektive, externe Umweltressourcen gestützt?

Gerade die Psychoanalyse ist in wesentlichen Stücken eine Symboltheorie, deren Anschlussfähigkeit aber nicht selten daran scheitert, dass sie Symbole vorwiegend als Abwehr unbewältigter lebensgeschichtlicher Konflikte und damit als defizitäre Erkenntnis- und Kommunikationsleistungen begreift. Diese Situation hat sich erst im Zuge der ich-psychologischen Kritik von Lorenzer verbessert, indem er Überlegungen von Langer (1965, Kap. 4) – vor allem deren Konzept der „präsentativen symbolischen Formen" – in die psychoanalytische Theorie und tiefenhermeneutische Praxis einbringt.

Über die Individualsymbolik hinaus thematisiert er in der Perspektive einer analytischen Sozialpsychologie „Kultur als Symbolsystem“ (Lorenzer, 1981). Kollektive Symbole verdienen das Forschungsinteresse, weil sie zu den wirksamsten, affektstärksten Mitteln der Identitätsstiftung aller Arten menschlicher Gemeinschaft gehören. Aufgrund dieser regulativen Funktion gehört die politisch-strategische Bildung von Symbolen zu den Herrschaftsstrategien, mit denen versucht wird, Ideologien psychosozial zu verankern.

Die Systemische Therapie wurde zu einer umfassenden Therapieform, die Einzel-, Paar- und Mehrpersonentherapie einschließt und deren Grundlagen auch in andere Anwendungsfelder wie Teamsupervision und Organisationsentwicklung Eingang gefunden haben. Sie versuchte, sich konsequent von einer Pathologie- zu einer Ressourcenperspektive zu bewegen und orientiert sich strikt an den Anliegen und Zielen der Klienten. Konzeptuell lässt sich die Systemische Therapie durch folgende Punkte charakterisieren: Berücksichtigung der Autonomie und Eigendynamik der Klienten; Berücksichtigung der Systemumwelt, d.h. der Behandlungskontexte sowie der persönlichen und materiellen Lebenswelten der Klienten; Veränderung konstruierter Wirklichkeiten; wechselseitiger Bezug zwischen Problem und interpersoneller Kommunikation.

Im Sinne moderner Systemtheorien kann System Therapie als ein Schaffen von Bedingungen für selbstorganisierte Ordnungsübergänge in komplexen biopsycho-sozialen Systemen unter professionellen Bedingungen verstanden werden.

Es gibt nicht eine, sondern mehrere Systemtheorien, die sich nach der verwendeten Begrifflichkeit, dem Formalisierungsgrad und der jeweiligen disziplinären Herkunft unterscheiden. Meist handelt es sich um relativ formale bzw. abstrakte Modelle, die je nach Anwendungsbereich mit unterschiedlichen Inhalten gefüllt werden können und müssen. Gemeinsam ist ihnen die Beschäftigung mit „Systemen“, d.h. mit Elementen, die sich in Wechselwirkungen (einschließlich Rückwirkungen auf sich selbst) befinden oder sich gegenseitig konstituieren (erzeugen), so dass sie ein strukturiertes, von der jeweiligen Umwelt unterscheidbares Gesamt bilden.

Systemtheorien befassen sich nicht nur mit dem Aufbau von Systemen, sondern auch mit ihrer Dynamik, d.h. mit ihrem Verhalten in der Zeit. Insbesondere interessieren Fragen der Strukturentwicklung und des Strukturwandels, der Stabilität und Instabilität, der Steuerbarkeit, Intervenierbarkeit und Vorhersagbarkeit (bzw. der Grenzen entsprechender Bemühungen). Die moderne Chaostheorie stellt ein wichtiges Arbeitsfeld der Theorie nichtlinearer dynamischer Systeme dar.

1.6 KRIMINALITÄT

Unter Kriminalität bzw. unter den weitgehend synonym benutzen Begriffen Delinquenz, kriminelle Handlung, Straftat, Vergehen oder Verbrechen wird jede Form abweichenden Verhaltens verstanden, das gegen kodifizierte Normen des Strafrechts verstößt. Kriminalität meint Verbrechen als soziale Erscheinung. Sie stellt die Summe aller strafrechtlich missbilligten Handlungen dar, die nach Raum und Zeit (z.B. die Verteilung nach nationalen, regionalen und lokalen Gesichtspunkten innerhalb eines bestimmten Zeitraums), Umfang (z.B. die Summe aller Rechtsbrüche), Struktur (z.B. die Differenzierung nach dem Schweregrad oder nach Deliktstypen und Deliktsgruppen) und Bewegung (z.B. Erfassung der Entwicklung der Gesamtkriminalität oder der Teilmengen – bestimmter Zeiträume) klassifiziert und kategorialisiert werden.

Was als Straftat angesehen wird, variiert je nach Gesellschaft und historischer Periode. Neben einer in vielen Gesellschaften außerhalb kriegerischer Auseinandersetzungen oder anderer gesellschaftlicher Krisen weitgehend gemeinsam erachteten Grundmenge ist die Unterschiedlichkeit in der Festlegung von Kriminalität beträchtlich. Zu denken ist beispielsweise an die Liberalisierung im deutschen Sexualstrafrecht oder an die Bemühungen, das Umweltstrafrecht und die Computerkriminalität schärfer zu sanktionieren.

Die vorherrschende juristische Definition des strafrechtlich relevanten Normbruchs vernachlässigt somit den Aspekt des gesellschaftlichen Wandels, der dazu führen kann, dass gleiche Verhaltensweisen zu verschiedenen Zeiten als kriminell oder nichtkriminell gelten können, wobei mit dieser Aussage nicht verkannt wird, dass Strafrechtsnormen – wahrscheinlich nach wie vor für einen großen Teil der Bevölkerung trotz steigender Kriminalität – integrative und vor allem für den Staat und die jeweilige Gesellschaft erhebliche stabilisierende Funktionen haben.

Nach vorherrschender juristischer Sicht ist Kriminalität nicht aus rechtlichen oder ungeschriebenen Kriterien abzuleiten, sondern sie ist ein Produkt und Ergebnis konkreter, d.h. positiver Rechtssetzung, dem das Prinzip der gesetzlichen Beschreibung allen strafrechtlich relevanten Verhaltens zugrunde liegt, das seinem Wesen nach sowohl eine Rechtsgutbeeinträchtigung Dritter als auch die Missachtung der in der Norm liegenden Pflichtverletzung ist. Dabei beinhaltet der Begriff der Rechtsgutbeeinträchtigung die Verletzung oder Gefährdung eines als sozial wertvoll erkannten und deshalb vom Recht durch entsprechende Verhaltensnormen geschützten Lebensgutes (vgl. Schönke & Schröder, 1991).

Zum Umgang mit dem Phänomen Kriminalität gehören mehrere Zielsetzungen, die als Vorbeugung, Durchsetzung des Strafanspruchs des Staates (z.B. Strafverfolgung, Sanktionen) und als Resozialisierung thematisiert werden.

Historisch betrachtet schufen vor allem die Industrialisierung sowie die Etablierung der kapitalistischen Gesellschafts- und Wertordnung und die daraus resultierenden Desintegrationsprozesse (z.B. Aufkommen von neuer Armut, Anwachsen der Städte, grundlegende Veränderungen der Familienstrukturen und Entstehen neuer sozialpolitischer Konflikte) ein Bewusstsein dafür, dass angesichts damaliger vielfältiger, bisher in dieser Art, Weise und Ausprägung augenscheinliche nicht bekannter Störungen der öffentlichen Sicherheit und Ordnung mit staatlichen Sanktionsmitteln unter Zuhilfenahme der im Aufblühen befindlichen Sozial- und Naturwissenschaften, der Medizin und vor allem der Psychiatrie, Psychologie, Pädagogik und Psychoanalyse begegnet werden musste. Diesen Prozess der Ausdifferenzierung der sozialen Kontrolle und der Anwendung „wissenschaftlich ausgewiesener" Verfolgungs-, Selektions- und Sanktionsmittel förderten die ersten Ergebnisse der Kriminalstatistiken, die als eine spezifische Quelle gesellschaftlicher Wirklichkeit bereits vor der Jahrhundertwende in das 20. Jahrhundert ein rasantes Ansteigen der Kriminalität dokumentierten.

Um das Phänomen von Kriminalität zu klären, hat es vor allem in der Vergangenheit nicht an Versuchen gefehlt, in der biologischen Anlage bzw. im Charakter oder in der Persönlichkeit des Individuums, aber auch in den Umwelt-Bedingungen, in den ökonomischen und gesellschaftlichen Bedingungen die Ursachen für abweichendes Verhalten zu suchen (vgl. Kürzinger, 1996).

Dabei untersucht beispielsweise die traditionelle Kriminologie unter der Fragestellung der Kriminalätiologie beim Täter die Ursachen und Entstehungsbedingungen für Straftaten, während die Kriminalbiologie die erbliche Belastung hervorhebt und die klassischen Kriminalitiätstheorien das Wechselspiel von Anlage und Umwelt thematisieren, wohingegen die Kriminalsoziologie meist die Umweltbedingungen als kriminogenen Faktor identifiziert.

Zusammenfassend lässt sich festhalten, dass es nach dem derzeitigen kriminologischen Kenntisstand nicht möglich sein wird, Kriminalitätstheorien zu entwickeln, die umfassend, vollständig und wahr zugleich sind. Vielmehr wird es wegen der Komplexität des Phänomens Kriminalität möglich sein, Kriminalitätstheorien „mittlerer Reichweite" zu entwickeln (vgl. Kürzinger, 1996).

In bezug auf Straftaten folgt der gewählte Ansatz der üblichen ökonomischen Analyse von Wahlhandlungen und unterstellt, dass eine Person eine Straftat begeht, wenn der für sie erwartete Nutzen größer ist als der Nutzen, den sie realisieren könnte, wenn sie ihre Zeit und sonstigen Ressourcen für andere Aktivitäten einsetzen würde. Daraus folgt, dass Menschen nicht deshalb „Kriminelle“ werden, weil sie sich in ihrer grundlegenden Motivation von anderen Menschen unterscheiden, sondern weil ihre Nutzen und Kosten andere sind (Becker, 1993).

Wissenschaftler aus anderen Disziplinen sind da wohl anderer Meinung, da sehr viele Faktoren zu Delinquenz führen können. Zur Veranschaulichung dient ein Beitrag von Hanne-Margret Birckenbach (zit. nach Grubitzsch & Weber, 1998, S. 213):

„Eine große Zahl wissenschaftlicher Arbeiten aus vielen Disziplinen verweist auf die gesellschaftliche Brisanz des Themas Gewalt. Der Gewaltbegriff ist in Politik und Gesellschaft heftig umstritten. Es geht z.B. darum, ob auch jene Gewalt als solche bezeichnet werden soll, die durch einen anerkannten guten Zweck gerechtfertigt wird, so die Schläge erziehender Eltern oder schutzversprechende Militäreinsätze.

Ferner geht es darum, ob alles Gewalt genannt werden soll, was Menschen als solche empfinden, sei es die sexuelle Belästigung oder der Vorenthalt lebenswichtiger Nahrung. Strittig ist ebenfalls, welche Gewaltvorgänge breite öffentliche Aufmerksamkeit verdienen: die Herstellung, Verbreitung und Anwendung von Massenvernichtungsmitteln, Bürgerkriege, die Jugendgewalt oder die Verletzungen, die Menschen sich in Schule, Familie und am Arbeitsplatz alltäglich zufügen. Umstritten ist schließlich, welche Bedeutung die Utopie eines gewaltfreien sozialen Zusammenlebens für Gewaltvermeidung hat. Einerseits gelten die Verinnerlichung der gesellschaftlichen Norm des Gewaltverbotes und die Erhöhung kommunikativer Kompetenz sozialwissenschaftlich als die Barriere gegen Gewalt. Andererseits werden Pazifisten beschuldigt, deren Ausbreitung zu tolerieren oder gar zu fördern.

Als kritischer Begriff zielt der Terminus darauf ab, jede Form von Gewalt – d.h. auch die in scheinbar friedlichen Verhältnissen verborgene – zu erfassen, um sie zu verhindern. Sein Gegenbegriff ist Frieden. Der kritische Gewaltbegriff ist vor allem von Johann Altung und der Friedens- und Konfliktforschung geprägt worden. Anders als beim Aggressionsbegriff, der Täter, Täterinnen und ihre Motive fixiert, stehen beim Gewaltbegriff das leidende Individuum und die Bewahrung seiner körperlichen, geistigen wie psychischen Integrität im Mittelpunkt. Integrität setzt eine Befriedigung der menschlichen Grundbedürfnisse (human needs) voraus. Sie sind historisch bedingt und umfassen heute universal zumindest das Bedürfnis nach Überleben, Wohlfahrt, Identität, Freiheit und ökologisches Gleichgewicht.

Die Entwicklung des internaitonalen Systems der Menschenrechte zielt darauf ab, die so verstandene Integrität des Individuums politisch zu garantieren. Galtungs menschenzentriertes Konzept ermöglicht es, nicht nur „abweichendes“, sondern auch konformes Verhalten als Gewalt aufzudecken, verschiedene Gewaltformen zu unterscheiden, ihr Gemeinsames zu bestimmen, Zusammenhänge zu erkennen und Ansatzpunkte für gewaltminderndes Verhalten zu erarbeiten. Gewalt wird nicht im Rahmen von Zweck-Mittel-Relationen beurteilt. Kriterien sind vielmehr die vermeidbaren Leiden, die Individuen zugefügt werden, wenn Menschen so beeinflusst werden, dass ihre aktuelle somatische und geistige Verwirklichung geringer ist als ihre unter den historisch gegebenen Bedingungen mögliche Verwirklichung.

Von direkter Gewalt wird gesprochen, wenn ein schädigendes Verhalten und das daraus entstandene Leiden ohne besondere methodische Vorkehrungen – wie der obige Teil eines Eisbergs – erkennbar ist. Gewalt wird dann meist sinnhaft als Mittel zum Zweck eingesetzt, wobei dieser nicht bewusst sein muss: Der Wille eines Kindes wird durch Schläge gebrochen, eine Frau wird durch Vergewaltigung in ihrer Würde getroffen, ein Gefangener stirbt an den Folgen der Folter, ein Verbrecher wird hingerichtet, ein Kinder-Soldat wird von einer Mine zerfetzt, die Menschen einer Stadt werden Ziel eines Bombardements oder Objekt eines nuklearpolitischen Experiments.

Strukturelle Gewalt beschreibt den Vorenthalt von Lebenschancen aufgrund sozialer Strukturen, die als nahezu unabänderlich gelten. Die Beteiligten erscheinen als Rollenträger wie Rädchen in einer Maschine. Sie können von den Opfern und von sich selbst nur schwer als verantwortliche Täter und Täterinnen erkannt werden, denn die Beeinträchtigung der Lebenschancen ist nicht im Rahmen eines Zweck-Mittel-Verhältnisses beabsichtigt, bewusst oder sinnerfüllt. Häufig werden die Opfer struktureller Gewalt auch für die Verursacher Ihres Leidens gehalten. Beispiele sind Verdummung der Unwissenden, die Verarmung der Armen, die Infantilisierung von Hilflosen oder Abweisung der Geflüchteten, Vertriebenen und Schutzsuchenden. Kulturelle Gewalt bezeichnet Ideologien, die eine direkte Gewaltanwendung oder sturkturelle Gewaltverhältnisse rechtfertigen, so dass deren Unrechtscharakter erkannt werden kann.

So sichert die Tradition sexuelle Verstümmelung, erzeugt religiöser Eifer Feindschaft gegenüber Menschen anderen Glaubens, und die politisch-philosophische Grundannahme „homo hominilupus" ist Grundlage des modernen Staates, der sich gegenüber den Bügern und Bürgerinnen zu deren vermeintlichem Schutz bewaffnet.

Diese drei Dimensionen von Gewalt werden als ein dynamischer Zusammenhang verstanden. So kann ein Krieg bewirken, dass die Überlebenden unfähig werden, Friedensstrukturen aufzubauen und in Abhängigkeit von Geberländern geraten, aus denen gleichzeitig Hilfsgüter wie neue Waffen geliefert werden. Strukturelle Armut kann dazu führen, dass Staaten anderen Staaten die Wasserressourcen abgraben, um die Ernährungsgrundlagen zu verbessern, oder dazu, dass hungernde Menschen einander ermorden. Kulturelle Überlegenheitsannahmen machen dagegen blind für die von der eigenen Gruppe ausgehende Gewalt. Sie wird auf andere Gruppen projiziert, die bekämpft werden und deren Leiden nicht zählt. Galtung nimmt an, dass die Dynamik der Gewalteskalation in jeder Dimension unterbrochen werden kann. Delegitimierung, Bewusstmachung und Verhinderung von Gewalt sind folglich gleichermaßen die Grundlage friedensorientierten Handelns."

Gewaltberatung ist ein Verfahren zur gezielten Beratung gewalttätiger Menschen. Gewalt wird in diesem Zusammenhang definiert als die Ausübung körperlicher Beeinträchtigung anderer sowie deren Androhung (vgl. Nini et al.,

1994). Dabei ist Gewalttätigkeit intentionales Handeln, d.h., jeder Gewalttat geht die bewusste Entscheidung der landläufigen Vorstellung, dass Gewaltäter von sich aus keine psychotherapeutische Unterstützung aufsuchen und in Anspruch nehmen. Dies wird durch das Angebot von Gewaltberatung und Gewaltpädagogik erreicht, welche speziell für die Arbeit mit Tätern entwickelt wurde.

Ausbildung im psychosozialen Bereich qualifiziert für die Beratung, Therapie, ganz allgemein für die Unterstützung von Menschen in Notlagen. Personen, die aktuelle Schicksalsschläge oder frühe Schädigungen erlitten haben, können durch diese Verfahren Hilfe erhalten. So haben sie die Möglichkeit, dass Schädigungen vernarben oder Defizite ausgeglichen werden können. Dazu werden in verschiedenen psychotherapeutischen Schulen regressionsfördernde Methoden eingesetzt, mit deren Hilfe vermiedene Gefühle wieder erlebbar gemacht werden können.

Im weiteren wird an den vor diesen Schädigungen liegenden Seinsweisen angeknüpft, so dass die geschädigte Person eine Brücke zum früheren, gesunden Leben schlagen kann. Dieses Anknüpfen kann die Heilungschancen fördern. Landläufig werden in der Täterarbeit diese aus der Opfertherapie bewährten Verfahren eingesetzt. Sie basieren auf der unbewiesenen Hypothese, dass aktuelle Gewalttätigkeit ursächlich in früheren Schädigungen – vorzugsweise aus selbst erlittener Gewalt – begründet sind. Erfolge sind bei diesem Verfahren selten.

Im Gegensatz zu herkömmlicher Psychotherapie benutzt Gewaltberatung und Gewaltpädagogik keine regressiven Methoden. Als Auslöser oder Ursachen eigener Gewalttätigkeit werden nicht Traumata angesehen, sondern die männliche Sozialisation, die Gefühle (die mit der Konnotation von Schwäche einhergehen) und als unmännlich und damit als zu vermeiden betrachtet.

Die aktuelle Gewalttätigkeit des Täters bildet das zentrale fokussierte Moment der Beratung. Sein Anliegen an die Beratung besteht in der Aufgabe seiner Gewalt, um seinen sekundären Leidensdruck durch die Folgen seiner Tat zu vermindern. Dies ist Thema und Basis für sein Handeln zu leugnen. Er delegierte sie an die Umstände, zumeist sogar an das Opfer. Dies hätte ihn nicht provozieren dürfen. Mit der Delegation seiner Verantwortung versucht der Täter, erdrückende Schuldgefühle zu vermeiden. Deshalb beschreibt er Gewalt als plötzlich über ihn kommend, als Ausrasten oder als Folge seines Alkoholkonsums. Gewaltberatung konfrontiert den Täter mit seinem Handeln. Nicht die Umstände oder der Alkohol haben zugeschlagen, sondern er. Er lernt, die Verantwortung für sein Handeln zu übernehmen und dabei auftretende Schuldgefühle nicht mehr zu vermeiden. Statt sich als Marionette zu empfinden, die den Situationen ausgeliefert ist, entwickelt er Autonomie über sein Handeln.

Das ökonomische Verhaltensmodell wurde auf die unterschiedlichsten Verhaltensweisen (z.B. Konsum, Kriminalität, Heirat) angewendet (Becker, 1993). Seine Aussagekraft stößt jedoch an Grenzen, wenn es um die Erklärung von kooperativem, altruistischem Verhalten bzw. um die emotional-affektive Dimension menschlichen Handelns geht.

Der ökonomische Ansatz soll nun gezielt genau auf diese Themen Anwendung finden.

1.7 NORMALITÄT

Als Ergebnis kognitiver und emotionaler Erziehungs- und Sozialisationsprozesse und aufgrund der Erfahrungen bei der alltäglichen Interaktion , die zugleich als soziale Herstellung/Konstruktion und Bekräftigung von Normalität wirkt, verfügen die Gesellschaftsmitglieder über ein intuitives Alltagswissen über Normen und Regeln der sozialen Ordnung. Aus diesem gemeinsam geteilten Wissen und der überwiegenden Akzeptanz der darin ausgedrückten Werte, Normen und Anforderungen resultiert ein strukturkonservatives Festhalten der Mehrheit der Gesellschaftsmitglieder und der als „zweite Natur" erlebten Normalität, die Tendenz zur Bekämpfung und Diskriminierung von Abweichung und Andersheit und der Wunsch, selbst nicht aus der Normalität zu fallen und damit soziale Einbindung zu gefährden.

Die sozialen Normen, die die historisch jeweils geltenden Standards von Normalität konstituieren, sind Relationsbegriffe, die in bezug auf religiös oder säkular begründete Wertordnungen sozial folgenreiche Unterscheidungen zwischen „gut" und „böse", in bezug auf politisch durchgesetzte Rechtsbegriffe zwischen „legal" und „illegal" in bezug auf alltägliche Regeln der Interaktion zwischen „angemessen/angepasst" und „unangemessen/abweichend", in bezug auf wissenschaftliche und technische Standards zwischen „wahr/richtig" und „falsch/ unwahr", in bezug auf die Beurteilung individueller Verhaltensweisen und Persönlichkeitseigenschaften zwischen „gesund/normal" und „krank/gestört" treffen.

„Normalität" verweist auf die in einer konkreten Gesellschaft mehrheitlich gewohnheitsmäßig, nach Situationen/Kontexten und sozialen Milieus differenziert erwarteten, in Traditionen eingelebten und gefühlsmäßig relativ stabil verankerten Verhaltensweisen und auf die Befolgung von Regeln der alltäglichen Interaktion. Normalitätserwartungen beschränken sich aber nicht auf Verhalten, sondern richten sich ebenso auf vertraute Zugehörigkeitssymbole, auf Eigenschaften und Merkmale von Personen, auf die „zeitgerechte" Bewältigung von Statuspassagen, auf erkennbare biographische Konsistenz und milieugerecht normale Lebensstile und –formen.

Seitdem die Experten für Gesundheit und Krankheit, vor allem die Psychologen, Pädagogen, Ärzte und Politiker sich verstärkt um Normalisierung bemühen, entwickelt sich Normalität zum zentralen Ordnungsprinzip der bürgerlichen Gesellschaft. Die gesamtgesellschaftliche Durchdringung ihrer Normalitätsvorstellungen stellt die für den modernen Produktionsprozess notwendige Regelmäßigkeit, Gleichförmigkeit und Wiederholbarkeit sicher. Obwohl die Gesellschaft als pluralistisch gilt, existiert in jeder kleinen Lebenswelt ein spezifischer Verhaltenskodex. Diese Normalisierungsprozesse gehen auf die organisierte Aufdeckung der Anormalität durch die Experten zurück.

Indes tragen auch die Subjekte zur Normalisierung bei. Deren Beichten über eigenes abnormales Verhalten liefern zusätzliches Wissen und lassen den normierenden Diskurs der Moderne weiter blühen. Zugleich leiden viele eigensinnige, abweichende, kranke und behinderte Menschen in vielfacher Weise an der als Zwang erlebten Normalität.

Aus einer Perspektive rasant beschleunigter Modernisierungs- und Differenzierungsprozesse moderner Gesellschaften wird die Rede von Normalität problematisch; eher ließe sich von ungleichzeitigen und parallelen Normalitäten in verschiedenen gesellschaftlichen Bereichen (Subsystemen und Subkulturen) sprechen, deren Zumutungen und Bewältigungsprobleme vom Einzelnen als bedrohliche Normalitätsbrüche und Verunsicherungen oder als „riskante Chancen“ (Keupp, 1988) wahrgenommen werden; sie können sich aber auch in der Verstärkung abweichenden Verhaltens, in Lebenskrisen und Krankheit niederschlagen.

Dies bedeutet jedoch weder ein Verschwinden von „Normalität“ noch eine Bedrohung der regelhaften Geordnetheit des gesellschaftlichen Alltags (Wolff, 1976). Vielmehr handelt es sich um Verschiebungen von Normalitätsdispositiven. Kurz: Es gibt viele Möglichkeiten der Abweichung von der Normalität.

2 VERHALTEN

2.1 ALLGEMEINES

Der Verhaltensbegriff stellt einen zentralen wie umstrittenen Begriff in der Psychologie dar. In der anglo-amerikanischen Literatur war der Verhaltensbegriff lange das zentrale Bestimmungsstück der Psychologie, wodurch die Entwicklung der westlichen Psychologie maßgeblich beeinflusst wurde.

1983 definierte Zimbardo den psychologischen Gegenstand noch ausschließlich über das Verhalten:

„Psychologen befassen sich mit dem Studium des Verhaltens lebender Organismen" (1983, S. 3):

In einer neueren Auflage dieses Buches heißt es dagegen:

„Gegenstand der Psychologie sind Verhalten, Erleben und Bewusstsein des Menschen" (1988, S. 4). *„Mit Verhalten sind vor allen Dingen Aktivitäten und Prozesse gemeint, die objektiv beurteilt werden können – d.h. also sowohl die isolierten Reaktionen von Muskeln, Drüsen und anderen Teilen des Organismus wie auch die organisierten, zielgerichteteten äußeren Reaktionmuster, die den Organismus als Ganzes charakterisieren. Beim Begriff Verhalten denken die Psychologen auch an interne Prozesse wie Denken, emotionale Reaktionen etc., die eine Person nicht direkt an einer anderen beobachten kann, die aber dennoch aus Beobachtungen externen Verhaltens abgeleitet werden können"* (1983, S. 25).

Diese offene Verhaltensdefinition, die interne Prozesse einschließt, wurde von den Vertretern des klassischen Behaviorismus (z.B. Skinner) vehement abgelehnt. Sie verstanden sich als Gegenbewegung zur Bewusstseinspsychologie und gaben eine sehr enge Definition des Verhaltensbegriffs vor: Verhalten wurde als beobachtbare oder messbare Reaktion von Lebewesen auf einen gegebenen Reiz betrachtet.

Watson (1919) als wichtigster Wegbereiter des Behaviorismus drückte dies folgendermaßen aus:

„Die Zeit scheint gekommen zu sein, in der die Psychologie jede Bezugnahme auf das Bewusstsein aufgeben muss und in der sie sich nicht länger einem trügerischen Denken hingeben darf, das seelische Vorgänge zum Objekt ihrer Beobachtung macht ... Es ist möglich, eine Psychologie zu schreiben und niemals die Begriffe Bewusstsein, seelischer Zustand, Geist, Inhalt, Wille, Phantasie und dergleichen zu gebrauchen. Sie kann in Begriffen von Reiz und Reaktion, von Gewohnheitsbildung, Gewohnheitsregulation usw. geschrieben werden" (zit. n. Thomae, 1977, S. 51).

Das beobachtbare Verhalten wurde zum zentralen Gegenstand dieser Psychologie, und die geforderte Tabuisierung jeglicher Bewusstseinsinhalte hatte über Jahrzehnte hinweg Bestand. Die lediglich dem Subjekt durch Introspektion zugänglichen Prozesse wurden als „Black Box“ und daher als gegenstandslos angesehen. Diese klassische und mechanistische Betrachtungsweise menschlichen Verhaltens ist als Reiz-Rekations-(S-R)-Theorie und paradigmatisch als klassischer oder auch „radikaler Behaviorismus“ (vgl. Lückert, 1994) in die Psychologieliteratur eingegangen. Grundlegende Postulate des radikalen Behaviorismus sind die Verleugnung aller innerpsychischen Prozesse einschließlich des Bewusstseins, die Reduktion aller Erfahrungen auf Drüsensekretionen und Muskelbewegungen, die fast ausschließliche Bedingtheit menschlichen Verhaltens durch die Umwelt sowie die Orientierung am Modell der Physik (Reduktion auf das Beobacht- und Quantifizierbare).

Der Verhaltensbegriff erfuhr eine Erweiterung indem die inneren psychischen Prozesse (Emotionen, Gedanken, Erwartungen, Motivationen, Phantasien usw.) als verdecktes Verhalten umschrieben und somit begrifflich erfasst wurden. Dabei wurde angenommen, dass das verdeckte Verhalten den gleichen lerntheoretischen Wirkmechanismen wie das offene, beobachtbare Verhalten unterliegt. Die Bedeutung des verdeckten Verhaltens blieb jedoch zunächst gering, da es lediglich als Vermittler zwischen den Reizbedingungen und dem offenen beobachtbaren Verhalten gesehen wurde. Behaviorismus als eine Art des „Glaubensbekenntnisses“ (Wehner, 1990, S. 31) ist heute lediglich von historischem Wert.

Mit der “kognitiven Wende“ in der Psychologie erfuhr der Verhaltensbegriff eine grundlegend neue Standortbestimmung. Bandura (1976) brach mit seinen Ausführungen zum „Lernen am Modell“ mit den Grundsätzen des Behaviorismus. Er stellt die Kognitionen (die Annahme subjektiver Repräsentationen und motivationaler Aspekte) in den Mittelpunkt seiner theoretischen Ausführungen. Allgemein wird der Mensch nicht mehr als passives und auf die Umweltstimuli reagierendes Wesen, sondern aktiv, gestalterisch und dabei als zielorientiert und auf die Umwelt einwirkend betrachtet. Einen Einfluss auf diese Entwicklung hatten auch die Fortschritte der Wahrnehmungspsychologie, wobei nicht mehr davon ausgegangen werden konnte, dass die Umweltrepräsentationen passiv in einer quasi 1:1-Abbildung stattfänden, sondern es sich vielmehr um aktive und konstruktive Prozesse handelt.

In der kognitiven Verhaltenspsychologie wurde so neben dem Verhaltensbegriff das Fühlen und Denken zum festen Bestandteil der wissenschaftlichen Forschung und der Erklärungsansätze menschlichen Verhaltens. In den sich entwickelnden handlungstheoretischen Ansätzen wird Verhalten betont als vom Handelnden zielgerichtet zweckhaft und bewusst eingesetzt betrachtet (vgl. Dörner & Selg, 1996). Die Handlungstheorie sieht den Handelnden und die Umwelt als

Einheit und reduziert die Umwelt sinnvollerweise nicht auf in der Forschung und Therapie zu isolierende Stimuli, die das Verhalten determinieren sollen.

Zur Unterscheidung von *Verhalten* und *Handeln* führen Nolting und Paulus folgendes aus:

„Zwar werden Begriffe vielfach gleichwertig verwendet, doch scheint es sich in der Psychologie zunehmend einzubürgern, lediglich solches Verhalten als Handeln zu bezeichnen, das zielgerichtet und bewusst gesteuert ist. Reflexartige Körperreaktionen oder autonomisierte Gewohnheiten wären danach zwar auch Verhalten, aber kein Handeln. So gesehen ist Verhalten der Oberbegriff, Handeln ein bestimmter Typ des Verhaltens ... Wie erkennbar ist, bezieht sich die Unterscheidung nicht lediglich auf das äußere Verhalten, sondern schon auf die inneren Grundlagen, von denen es gesteuert wird. So liegt denn auch der Akzent der sog. Handlungstheorien auf kognitiven Vorgängen wie den Zielvorstellungen und Erwartungen, dem planenden Denken und dem Überprüfen des Handlungsergebnisses" (Nolting & Paulus, 1990, S. 59).

Kritik erfährt der Verhaltensbegriff in seiner objektivistischen Verwendung und in seinem Stellenwert für die Psychologie aus der Richtung der „Kritischen Psychologie" und der qualitativen Forschungsansätze.

„Es gewinnen zunehmend Positionen an Gewicht, die nicht nur das Verhalten sowie die Bedingungen seines Auftretens und seiner Veränderung als einzig legitimen Gegenstand der Untersuchung betrachten, sondern dessen Bedeutung, also Sinnzusammenhänge und Symbolsysteme thematisieren ... Damit erhält die Subjektivität, nicht nur des Untersuchungsgegenstandes, sondern auch des Forschers, einen zentralen forschungsfördernden – statt wie bisher hindernden – Rang. Die Objektivität wird dabei zunehmender Kritik unterzogen. Es wird die kulturelle Einbettung und Bestimmtheit jeder Fragestellung und damit der Forschungsergebnisse gesehen, ihre vermeintliche Objektivität als ebenso kulturell bestimmt. Forschung wird zunehmend als Diskurs thematisiert" (Bruder, 1993, S. 45).

Hiermit geht eine prinzipielle Kritik an der (vor)herrschenden Psychologie als sog. Mainstream-Psychologie oder auch Variablen-Psychologie (vgl. Zygowski, 1993; Holzkamp, 1986) und des dort geltenden Forschungsverständnisses einher. Diese Kritik greift gleichfalls in Richtung der Bedeutsamkeit des Verhaltensbegriffs in der Psychologie. So wäre nach Holzkamp nicht das Verhalten als zu betrachtendes zentrales Konzept der Psychologie zu sehen, sondern der Handlungsbegriff. Die langjährige zentrale Rolle des Verhaltensbegriffs hätte den Einzug des Handlungsbegriffs als zentralen Gegenstand verhindert, wobei Holzkamp von einer „Unvereinbarkeit der variablen-psychologischen Verhaltenskategorien mit den kategorialen Grundbestimmungen des Handelns" ausgeht (1986, S. 382).

Und:

„Aus dem Umstand, dass im in der Verhaltenskategorie implizierten Bedingtheitsmodell die subjekthaft-aktive Zentralbestimmung des Handelns nicht abbildbar ist, ergibt sich, dass hier auch alle weiteren der genannten Bestimmungen des Handlungskonzepts, wenn nicht eliminiert, so doch ihrer eigentlichen Bedeutung beraubt sein müssen. Sofern hier z.B. in theoretischen Bestimmungen von Verantwortlichkeit, Freiheit, Begründetheit o. ä. der Verhaltensweisen die Rede ist, werden daraus – spätestens bei der ‚Operationalisierung' - lediglich ‚gedachte' psychische Zwischenvariablen zwischen den allein objektiv beobachtbaren Stimulus-Response-Variablen, mithin Einstellungen o.ä., in denen das Individuum auf seine Umwelt reagiert; Freiheit, Verantwortlichkeit, Rationalität etc. als subjektive Beweggründe aktiver Veränderungen von Lebensverhältnissen sind also schon aus ‚kategorialen' Gründen hier nicht denkbar" (Holzkamp, 1986, S. 384).

Eine weitere Kritik ist ebenso grundlegender Art. Die einerseits objektivistische Betrachtungsweise, andererseits das Verständnis von Verhalten als generell fremdkontrollierbar verweisen auf die gesellschaftliche Brisanz dieser Sichtweise von Verhalten. Die Vertreter des Behaviorismus haben das ihre dazu beigetragen, indem sie die gesellschaftsändernden Möglichkeiten durch Konditionierung überschwänglich und nahezu provokativ darstellen.

„Das Universum wird sich ändern, wenn ihr eure Kinder in behavioristischer Freiheit aufzieht ... Werden nicht diese Kinder ihrerseits mit ihren besseren Lebensgewohnheiten und Denkweisen unsere Gesellschaft ersetzen und ihre Kinder in einer noch wissenschaftlich fundierten Weise erziehen, bis die Welt schließlich ein Platz wird, wo wahre Menschheit wohnen kann?" (Watson, 1930; zit. n. Thomae, 1977, S. 51 f).

Ebenso hat Skinner auf die Gestaltungsmöglichkeit der Gesellschaft bei einer uneingeschränkten Kontrollmöglichkeit menschlichen Verhaltens hingewiesen. Er ging soweit, dass er in seinen Beschreibungen von einer Gestaltung des „Himmels auf Erden" spricht und im Roman „Futurum II" (1970) die uneingeschränkte Verhaltenskontrolle szenarisch ausmalt. Die Implikationen und Gefahren derart verstandener Kontrollmöglichkeiten menschlichen Verhaltens liegen offen. Zumal die Möglichkeit eines politisch-philosophischen Diskurses im Behaviorismus und in der heutigen Mainstream-Psychologie nicht aufgegriffen wird. Im Gegenteil – die eigene psychologische Wissenschaft oder auch Tätigkeit wird in der Regel als neutral, objektiv und quasi wertfrei deklariert. Dementgegen verweist insbesondere die kritische Psychologie darauf, dass Psychologie immer, aus ihrer Gegenstandsdefinition heraus, eine politische, gesellschaftliche Dimension beinhalten muss und die Mainstream-Psychologie den „Herrschaftsinteressen" und der Stabilisierung bestehender Machtverhältnisse dient (vgl. Sonntag, 1993; Holzkamp, 1972; 1986).

„Damit ist der Unterschied zwischen der kontrollwissenschaftlichen Variablenpsychologie und dem Entwurf einer subjektwissenschaftlichen Psychologie von den politischen Konsequenzen her nochmals verdeutlicht: Während die Variablenpsychologie mit ihrem (vorgeblich bloß methodischen Notwendigkeiten geschuldeten) Grundschema vom bedingten Menschen (mindestens formell) dem Verwertungsinteresse des Kapitals subsumiert ist, wird in der subjekt-wissenschaftlichen Psychologie prinzipiell der Standpunkt der auf die Überwindung fremdbestimmt-restriktiver Verhältnisse zur Durchsetzung verallgemeinerbarer Lebens- und Entwicklungsinteressen gerichteten individuellen Subjekte eingenommen" (Holzkamp, 1986, S. 399f).

In der Anwendung wird der Verhaltensbegriff in einem modernen Verständnis weiterhin eine zentrale Rolle innehaben. In der Verhaltenstherapie, die weiterhin das Verhalten als zentralen therapeutischen Ansatzpunkt definiert, wird der Verhaltensbegriff sehr weit gefasst. Nicht nur das äußerlich beobachtbare Verhalten, sondern ebenso physiologische, emotional-subjektive, motivational-affektive und verbal-kognitive Prozesse werden als therapeutischer Ansatzpunkt gesehen (vgl. DGVT, 1986), wobei sinnvollerweise nicht das Individuum isoliert, sondern in seinen sozialen und gesellschaftlichen Bezügen gesehen wird. Dabei wäre eine Weiterentwicklung einer modernen Verhaltenstherapie durchaus in Richtung einer „Handlungstherapie" mit einem hohen politischen Bewusstseinsgrad (i.S. der Kritischen Psychologie) denkbar. Ansätze solcher Entwicklungen, einer durchaus parteilichen Verhaltenspsychologie oder besser dann Handlungspsychologie, könnten in der modernen Verhaltenstherapie, der „Verhaltensökologie" und allgemein in der Gemeindepsychologie gefunden werden.

In dem

„populär gewordenen Schlagwort ‚Verhaltensökologie' steht das Bestreben, die menschliche Entwicklung durch Vermittlung von Bewätligungsstrategien zu fördern, das subjektive Kompetenzgefühl und das Selbstwertgefühl zu steigern sowie die Kräfte der Gemeinde und Oganisationen zu mobilisieren und aufeinander abzustimmen, um die Lebensqualität zu verbessern" (McClure et al., 1980; zit. n. DGVT, 1986, S. 11).

Der notwendige politisch-philosophische Diskurs ist dabei sicherlich in der Kritischen Psychologie zu finden. Unabhängig von allen solch wandelnden wissenschaftlichen Betrachtungsweisen des Verhaltensbegriffs bleibt eines gewiss:

„Verhalten hat vor allem eine Eigenschaft, die so grundlegend ist, dass sie oft übersehen wird: Verhalten hat kein Gegenteil, oder um dieselbe Tatsache noch simpler auszudrücken: Man kann sich nicht nicht verhalten" (Watzlawick,et al., 1985).

2.2 IDENTITÄT UND IDEOLOGIE

Nach Sartre ist Bewusstsein immer das Bewusstsein von Etwas. Der philosophische Begriff des Seins, der gesellschaftliches Sein meint, ist Bewusstsein. Ein solches Bewusstsein ist nach Marx richtiges Bewusstsein einer falschen, auf dem Kopf stehenden abstrakten Realiät. Wenn alles gesellschaftliches Sein Bewusstsein ist, dann ist das einzige bewusstseinunabhängige Bewusstsein das unbewusste Bewusstsein, wie es Freud analysiert hat.

Die klassische Ausprägung hat das Rollenkonzept durch T. Parsons (1937; 1968) erhalten. Im strukturfunktionalistischen Modell ist die Rolle der Schnittpunkt zwischen den Handlungsorientierungen der Akteure, den Erwartungen der anderen und den funktionalen Erfordernissen der Gesellschaft. Insofern die institutionalisierten und normativen Handlungserwartungen einerseits, die Bedürfnispositionen andererseits modellhaft zusammenfallen, ist normenkonformes Handeln in sozialen Rollen gewährleistet.

Mit dem Begriff der Rolle wird in der sozialwissenschaftlichen Theoriebildung der Versuch unternommen, das reale Spannungsverhältnis zwischen Individuum und Gesellschaft begrifflich darzustellen. Das in der Theoriekonstruktion sichtbare Interesse an der gesellschaftlichen Stabilität zeigt sich auf der subjektiven Seite im Konstrukt eines „übersozialisierten“ Individuum (vgl. Habermas, 1973).

Nach Dahrendorf (1974) bezeichnet soziale Rolle ein Bündel von normativen Verhaltenserwartungen an den Inhaber einer Position. Mit der Rezeption des symbolischen Interaktionismus (vgl. Mead, 1968) ist eine Handlungstheorie möglich geworden, innerhalb deren die subjektiven Leistungen des Interaktionspartners und dessen Identitätsbildung betont werden. Ausgehend vom Meadschen Grundtheorem der Rollenübernahme („role taking“ und „role making“) werden als Grundfähigkeiten sozialen Handelns Empathie, Ambiguitätstoleranz, Normenflexibilität und Rollendistanz benannt.

In bezug auf die interaktiv gebildete Identität steht das Subjekt vor der Aufgabe, das „Aufgehen“ in der interaktiv zugeschriebenen Identität mit der Behauptung der persönlichen und unverwechselbaren Identität zu vermitteln und so eine „Identitätsbalance“ (Krappmann, 1972) zu entwickeln.

Das Rollenkonzept ist in seiner Reichweit insofern beschränkt, als es einerseits der Ergänzung durch psychologische und biographietheoretische Konzepte bedarf. Andererseits bleiben die „langfristigen gesamtgesellschaftlichen Determinanten des Handelns außerhalb der Reichweite des Rollenkonzepts (Furth, 1991, S. 249).

Die Identität eines Subjekts entwickelt sich ebenso wie das Bewusstsein seiner selbst im sozialen Prozess, im realen Feld sozialer Interaktionen. In diesem Prozess werden über signifikante Symbole Bedeutungen generiert und vermittelt.

Die Konstruktion des individuellen Identitätskonstrukts wird von Bedürfnissen geleitet, die aus der persönlichen und gesellschaftlichen Lebenssituation gespeist sind. Beim Herstellen dieser Identitätskonstruktionen werden zumindest „Normalformtypisierungen" benötigt, (Identifikationen), Normalitätshülsen oder Symbolisierungen von alternativen Optionen, Möglichkeitsräumen oder Utopien.

Identität ist also ein Projekt, das zum Ziel hat, ein individuell gewünschtes oder notwendiges „Gefühl von Idenität" zu erzeugen. Voraussetzungen für dieses Gefühl sind soziale Anerkennung und Zugehörigkeit.

Der Identitätsbegriff ist zu einem alltagskulturellen Begriff mit weiter Verbreitung geworden. Der Identitätsbegriff hat eine lange philosophische und eine eher kurze sozial-wissenschaftliche Tradition. Seit einigen Jahren hat er allerdings die Fachkurse verlassen, und inzwischen bestimmt er den medialen und politischen Diskurs.

Im religiösen Feld tummeln sich „Identity-Churches, im politischen Raum ist von „Identity-Politics" die Rede, die Imagepflege von Warenproduzenten kommt als „Corporate Identitiy" daher, und die Ratgeberliteratur spricht von „Identity Styling" bzw. hält „Identity Cancelling" für erforderlich. Identität bildet ein selbstreflexives Scharnier zwischen der inneren und äußeren Welt. Genau in dieser Funktion wird der Doppelcharakter von Identität sichtbar: Sie soll einerseits das Unverwechselbare Individuelle, aber auch das sozial Akzeptable darstellbar machen. Insofern stellt sie immer eine Kompromissbildung zwischen „Eigensinn" und Anpassung dar.

Identität im psychologischen Sinn ist die Frage nach den Bedingungen der Möglichkeiten für eine lebensgeschichtliche und situationsübergreifende Gleichheit in der Wahrnehmung der eigenen Person und für eine innere Einheitlichkeit trotz äußerer Wandlungen. Das Problem der Gleichheit in Verschiedenheit beherrscht die aktuellen Identitätstheorien.

Für Erik Erikson, der den durchsetzungsfähigsten Versuch zu einer psychologischen Identitätstheorie unternommen hat, besteht

„das Kernproblem der Identität in der Fähigkeit des Ichs, angesichts des wechselnden Schicksals Gleichheit und Kontinuität aufrechtzuerhalten" (Erikson, 1964, S. 87).

An anderer Stelle definiert er Identiät als ein Grundgefühl:

„Das Gefühl der Ich-Identität ist...das angesammelte Vertrauen darauf, dass der Einheitlichkeit und Kontinuität, die man in den Augen anderer hat, eine Fähigkeit entspricht, eine innere Einheitlichkeit und Kontinuität (also das Ich im Sinne der Psychologie) aufrechtzuerhalten" (Erikson, 1966, S. 107).

Identität wird von Erikson also als ein Konstrukt entworfen, mit dem das subjektive Vertrauen in die eigene Kompetenz zur Wahrnehmung von Kontinuität und Kohärenz formuliert wird. Dieses „Identitätsgefühl" (vgl. Bohleber, 1997) oder dieser „sense of identity"(Greenwood, 1994) ist die Basis für die Beantwortung der Frage:"Wer bin ich ?" So einfach diese Frage klingen mag, sie eröffnet komplexe Fragen der inneren Strukturbildung der Person.

Bei seinem Versuch, das Wesen der Psychose zu erfassen, hat Manfred Bleuler eine passende Formulierung für Passungsaufgaben von Identitätsarbeit gefunden:

„Es geht im Leben darum, dass wir die verschiedenen, oft sich widersprechenden inneren Strebungen harmonisieren, so dass wir ihrer Widersprüchlichkeit zum Trotz ein Ich, eine ganze Persönlichkeit werden und bleiben. Gleichzeitig haben wir uns damit auseinanderzusetzen, dass unsere äußeren Lebensverhältnisse nie den inneren Bedürfnissen voll entsprechen, dass wir uns an Umwelt und Realität anzupassen haben" (Bleuler, 1987, S. 18).

Der Identiätsbegriff vermittelt in spezifischen Verwendungsweisen – zumindest unausgesprochen – den normativen Sollzustand „gelungenen Lebens".

Die alltägliche Identitätsarbeit sucht in spezifischen Identitätsprojekten situativ stimmige Passungen im Verhältnis von inneren und äußeren Erfahrungen zu entwickeln. Durch diese Passungen will sich das Subjekt seine gesellschaftliche Handlungsfähigkeit sichern. Dazu werden Identitätsstrategien eingesetzt. Alltägliche Identitätsarbeit hat die Aufgabe, die Passungen, die Verknüpfungen unterschiedlicher Teilidentitäten vorzunehmen. Qualität und Ergebnis der Identitätsarbeit hängen von den Ressourcen (durchaus ein auch verharmlosender Ersatzbegriff für die Machtthematik) einer Person ab, von idividuell-biographisch grundgelegten Kompetenzen, über die kommunikativ vermittelten Netzwerkressourcen bis hin zu gesellschaftlich-institutionell vermittelten Ideologien und Strukturvorgaben.

Der Begriff „Ideologie" ist nicht eindeutig zu definieren. Er trägt eine Unzahl an Bedeutungen mit sich, „die sich zum Teil gegenseitig ausschließen" (Eagleton, 1993, S. 7). Eagleton zählt alleine 16 Ideologiedefinitionen auf, die sich vom umgangssprachlichen Bereich bis in den der Philosophie erstrecken. Entscheidend ist jedoch sein Hinweis, dass der Begriff sich nicht nur auf Wertsysteme oder Überzeugungen beziehen kann, sondern auf „Machtfragen verweist" (ebd., S. 12).

Marx und Engels analysierten erstmals diesen Zusammenhang, indem sie den Staat als „die erste ideologische Macht über den Menschen" (1962, S. 302) bezeichneten: „Ihre Analysen sind zentriert um den Zusammenhang von Staat und Ideologie" (PIT, 1986, S. 19).

Einen für psychologische Fragestellungen bedeutenden Stellenwert nimmt die Frage danach ein, wie die einzelnen Menschen sich als Subjekte in einem staatlichen Zusammenhang vergesellschaften (lassen) und welche Rolle dabei das Ideologische spielt.

Persönlichkeit wurde ursprünglich verstanden als begrifflicher Ausdruck für die gesamte Person; ihr Verhalten, Denken, Fühlen, ihr Auftreten, ihre Fähigkeiten.

Ein „Paradigmenwechsel" in der traditionellen Persönlichkeitsforschung bahnt sich zur Zeit im europäischen Ausland an. Auf der Grundlage einer Neuformulierung systemtheoretischer Grundlagen zu einem „neuen systemischen Paradigma" (Morin, 1991), werden der Persönlichkeit „antagonistische Kräfte" zugesprochen, es wird die Integration sozialwissenschaftlicher Theorien und Forschungsergebnisse in die Psychologie gefordert, und es wird betont, dass das Individuum nur in seinem Zusammenhang, in seiner widersprüchlichen Interaktion mit seiner – natürlichen und gesellschaftlichen – Umwelt richtig verstanden werden kann (Caprara & van Heck, 1992).

„Nur wer von den Interessen und Bestrebungen anderer sich differenziert, sich selbst zur Substanz wird, seine Selbsterhaltung und Entwicklung als Norm etabliert, ist Individuum" (Adorno, 1972, S. 46).

Differentielle Psychologie hat die Aufgabe, Differenzen, also Unterschiede im Denken und Fühlen, im Handeln und Erleben von einzelnen und Gruppen theoretisch und empirisch zu erfassen. Das Ziel der Differentiellen Psychologie besteht darin, die intra- und interindividuelle Variation von Verhaltenseigenschaften, Einstellungen, Gewohnheiten und Dispositionseigenschaften so zu fixieren, dass statistisch gesicherte Regelmäßigkeiten oder Gesetzmäßigkeiten erkennbar werden.

Die Möglichkeit der statistischen Verwertung von empirischen Differenzen zwischen Individuen führt im nächsten konsequenten Schritt zur Herausrechnung von Normen, die schließlich Bezugspunkt der Beurteilung individueller Variationen, also ihrer Normalität und damit zum Kriterium für die Bestimmung von Abweichung von der Norm werden.

Auf diese Weise wird die Differentielle Psychologie zur Basis der Beurteilung, Bewertung und zuletzt der Ausgrenzung von Menschen, die nicht der Norm entsprechen. Konkrete Lebenszusammenhänge spielen in der Differentiellen Psychologie keine Rolle.

Die entscheidenden Fragen, wie Differenzen entstehen, wie sie sich im Laufe einer Biographie entwickeln, welche konkreten Lebensbedingungen sie bewirken, welche Chancen ein Mensch hatte, Eigenschaften, Fähigkeiten usw. zu entwickeln, werden in der Differentiellen Psychologie nicht gestellt.

2.3 INDIVDIUUM UND INDIVIDUALITÄT

Mittels der Ich-Zustände (Eltern-, Erwachsenen-, Kind-Ich) als organisierte Einheiten, mit deren Hilfe Realität definiert wird, Informationen über uns und andere gewonnen werden, lassen sich die Individualität konkreter Personen erklären sowie Merkmale und Regeln sozialer Interaktionen (Transaktionen) einschließlich ihrer Störungen analysieren. Zentraler Begriff ihrer Entwicklungspsychologie ist der bis zum Alter von sechs Jahren beschlossene, vorbewusste Lebensplan.

In der Psychologie wird der Begriff des Individuums zur Bezeichnung einer Person oder Persönlichkeit gebraucht, die als eine nicht bloß zusammengesetzte, sondern ganzheitliche und einzigartige leib-seelische Einheit begriffen wird, welche von anderen Individuen aufgrund unverwechselbarer, idiosynkratischer Merkmale eindeutig abgegrenzt werden kann. Dabei ist unbestritten, dass zahlreiche Aspekte menschlicher Subjektivität soziokulturell konstituiert sind, eine einzelne Person also nicht nur von allen anderen aufgrund ihrer Individualität unterscheidbar ist, sondern wegen der soziokulturellen Grundlage ihrer Identitätsbildung auch Gemeinsamkeiten mit ihren Mitmenschen aufweist.

Das im radikalen Sinn Einzigartige jedes Individuums kann jedoch gerade nicht auf Sozialisations- oder Enkulturationsvorgänge oder gar auf eine anthropologische Ausstattung zurückgeführt werden.

Unter dem Begriff des Individuums ist in der Philosophie und den Sozialwissenschaften eine Definition des Menschen als einmaliges, unverwechselbares und unteilbares Wesen zusammengefasst, das eine konstante und über die Zeit hinweg unteilbare Identität besitzt. Die Konzeption der Individualität ist in diesem Sinn ein Produkt der Aufklärung, die den Menschen in seiner Einzigartigkeit beschreibt, ihn in seinem Tun der Verfolgung seiner Einzelinteressen unterworfen sieht und damit gleichzeitig radikal der Gesellschaft als Antithese gegenüberstellt.

Im Gegensatz zum Subjekt bedeutet der Begriff des Individuums in der Psychologie die Sichtweise eines in sich geschlossenen und gegenüber seiner Umwelt abgrenzbaren Wesens. Dieses Bild eines in seiner Selbstheit gefangenen Menschen kennzeichnet gleichzeitig auch das Dilemma der traditionellen Psychologie: Indem sie sich in ihrer Betrachtungsweise mit Individuen auseinandersetzt und diese als solche zu erfassen trachtet, ist es ihr nicht mehr möglich, diese in Relation zu ihrer nicht physikalischen Umwelt zu setzen. Der einzelne Mensch wird nicht mehr in Sinnzusammenhängen begreifbar, sondern nur noch in scheinbar bedeutungslos nebeneinanderstehende Einzelfunktionen zerlegt.

Im Zentrum steht ein als gegeben angenommenes Selbst, das es durch Introspektion zu erfahren gilt. Der methodologische Individualismus bildet die Grundlage des Psychologismus, dessen Paradigma darin besteht, Psychisches ausschließlich durch Psychologie als autonome Wissenschaft zu erklären.

Die Ausdrücke Individuum/Individualität fungieren auch als Gegenbegriffe gegen die nomologische Konzeption einer Psychologie, die auf die Konstruktion gesetzmäßiger Aussagen abzielt und wegen dieses leitenden Interesses am Allgemeinen von allen individuellen Besonderheiten menschlichen Lebens abstrahiert und absieht.

In der humanistischen Psychologie mit ihrer „ganzheitlichen" Sicht des Individuums erfährt das Individualitiätskonzept eine besondere Ausprägung: hier wird der einzelne radikal auf sich selsbt zurückgeworfen.

Entsprechend weit gefasst sind moderne Definitionen zu einer Individualpsychologie wie etwa bei Hellgart (1989):

„Die Individualpsychologie betont einerseits die Einmaligkeit der Individualität... andererseits...die Bedeutung der überindividuellen Zusammenhänge, in denen der Mensch lebt" (1989, S. 62).

Zentral bei Adler (1870-1937) steht der Begriff der Minderwertigkeit. Das Gefühl der Minderwertigkeit zieht ein Bedürfnis nach Kompensation nach sich, und daraus resultiert Machtstreben.

2.4 MACHT, SOZIALE KONTROLLE UND INTERAKTION

Es ist kennzeichnend für die Moderne, dass der existenzielle Aspekt der Macht als Können, Machen und Gestalten vom politisch-juristischen Diskurs der Macht verdrängt wurde. Dabei geht es um die Machtverhältnisse der Über- und Unterordnung, um hierarchische Machtsrukturen und um die Verteilung der Macht. Diese Form der Macht „über"spiegelt sich in aller Deutlichkeit wider in der Definition Max Webers, dass sie *„jede Chance"* innerhalb einer sozialen Beziehung beinhaltet, *„den eigenen Willen auch gegen Widerstreben durchzusetzen, gleichviel worauf diese Chance beruht"* (Weber, 1976, S. 28).

Mit der Aufhebung der durch Ausbeutung, Unterdrückung und Entfremdung gekennzeichneten kapitalistischen Klassengesellschaften kann sich eine auf Bedürfnisse, Fähigkeiten und das Vermögen der Menschen aufbauende Assoziation freier Produzenten und Konsumenten ergeben.

Ökologisch gesehen wird Macht zwar immer noch als Beziehung oder Verhältnis gesehen, die hierarchische Macht weicht jedoch der auf Gleichheit beruhenden synergischen und funktionalen (Bateson, 1985).

Nietzsche sprach bereits von Macht als Kulturmachen, von ihr als einem „schöpferischen Trieb" (1979, S. 455).

Cixous bezieht sich auf die Macht als der „großen Macht der Möglichkeit" (1980, S. S. 20). Macht wird zur Kunst des Gestaltens. Hier wird die ursprüngliche abendländische Bedeutung des Wortfeldes Macht rekonstruiert. Die Menschen werden nunmehr in ihren Potentialen und nicht länger in ihren Defiziten betrachtet.

Unter sozialer Kontrolle versteht man alle gesellschaftlichen Strategien zur Aufrechterhaltung der jeweils historisch durchgesetzten, durch Politik und Rechtssystem gestützten und in kulturellen Traditionsmustern verankerten sozialen Ordnung.

Gegenstand sozialwissenschaftlicher Forschung zur sozialen Kontrolle sind demnach alle Wissenssysteme, Diskurse, Instanzen, Professionen und Prozesse, die der Aufechterhaltung sozialer Ordnung und ihrer Vermeidung und Vorbeugung, der Überwachung, Erfassung und Diagnose, der Verfolgung und Bestrafung, der Therapie und Resozialisierung abweichenden Verhaltens von Individuen und Gruppen dienen.

Analysen zur Gesellschaftsgeschichte der sozialen Kontrolle von Delinquenz, Krankheit, Wahnsinn, Armut und Sexualität zeigen, wie sich seit Beginn der Moderne ein zunehmend feiner gesponnenes Netz sozialer Kontrollen über die Gesellschaft legt.

Auf der Seite der Individuen finden diese Kontroll- und Disziplinierungsstrategien ihre Entsprechung zivilisationsgeschichtlich in einer Entwicklung vom „Fremdzwang" zum „Selbstzwang" (vgl. Elias, 1980) und zur Selbstkontrolle. Die, die alltägliche Normalität sichernde soziale Kontrolle vollzieht sich in den Netzwerken des unmittelbaren Lebensfeldes der Individuen (persönliche und informelle soziale Kontrolle). Dort werden abweichende und den Alltag störende Verhaltensweisen zunächst entdeckt („primäre Abweichung") und sanktioniert. Die Kenntnis der Abweichungsdynamik ist für psychosoziale Fachkräfte, an die die Diagnose und Behandlung abweichender Personen delegiert wird, von großer Bedeutung, um stigmatisierende Festschreibungen (vl. Goffman, 1967) bei Diagnose und Gutachtenerstellung sowie bei Behandlung und Wiedereingliederung weitestgehend zu vermeiden, und weist auf einen Trend von Einfluss auf Veränderungen und Akzentverschiebungen in den gesellschaftlichen Kontrolldispositiven von „harten", repressiven zu „weichen", psychologischen und pädagogischen Formen der sozialen Kontrolle.

In den Begriff der Interaktion fließen unterschiedliche Grundströmungen wissenschaftlicher Disziplinen ein. Bekannt geworden im sozialwissenschaftlichen Diskurs ist er durch die von Mead entwickelten theoretischen Grundmuster menschlicher Entwicklung.

2.5 VERHALTENSAUFFÄLLIGKEIT/VERHALTENSSTÖRUNG

Die Begriffe der Verhaltensauffälligkeit und der Verhaltenstörung dienen als Oberbegriffe für bestimmtes Verhalten einer Person, das von den Erwartungen anderer Personen oder von Normen abweicht. Beide Begriffe werden in der Regel synonym verwendet; kennzeichnend für ihre Verwendung ist, dass ausschließlich negativ abweichendes Verhalten mit ihnen belegt wird.

Der Begriff der Verhaltensauffälligkeit wird hauptsächlich in Schulen, Erziehungs- und Familienberatungsstellen für erziehungsschwieriges Verhalten von Kindern und Jugendlichen verwendet. Er ist gebräuchlich geworden, weil er als wertneutral gilt. Er ist jedoch unscharf und mehrdeutig, da er zum einen auch auf Kinder und Jugendliche angewendet wird, die durch ihr Verhalten nicht unbedingt auffallen (z.B. ängstlich-gehemmte oder regressive), und weil mit ihm zum anderen nicht alle, die auffallen, belegt werden (z.B. Hochbegabte). Dabei impliziert er, dass es ein gesichertes Vorverständnis von „normalem" und von „auffälligem" Verhalten gäbe, so dass auffälliges Verhalten objektiv gegebene Normen verletze, und dass es Verhaltensauffälligkeiten „an sich" gäbe, obwohl es sich dabei um Zuschreibungen von außen handelt.

Der Begriff Verhaltensstörung hat im administrativen und im wissenschaftlichen Bereich die größte Verwendung gefunden, bisher wurde für ihn aber noch keine für Wissenschaft und Forschung verbindliche Definition akzeptiert (vgl. Myschker, 1993). Dieses spiegelt sich auch in den unterschiedlichen Schwerpunktsetzungen der verschiedenen wissenschaftlichen Disziplinen wider. Im Alltagsverständnis erscheint das als gestört bezeichnete Verhalten als etwas Objektives und konkret Vorhandenes, obwohl es sich dabei um eine rein subjektive Beurteilung handelt.

Allgemein wird unterstellt, dass die Verhaltensstörungen auf Zuständen und Aktivitäten des/der Beurteilten beruhen. Das gilt auch für den Diagnoseschlüssel der Weltgesundheitsorganisation (ICD-10), der im Kapitel F9 „Verhaltens- und emotionale Störungen mit Beginn in der Kindheit und Jugend“ die für dieses Alter spezifischen „Störungen“ aufführt (vgl. Dilling u.a., 1991).

Durch die Operationalisierbarkeit in einer diagnostischen Kategorie bei Ausklammerung des Kontextes werden die „Störungen“ zu individuellen Problemverhaltensweisen. Tatsächlich werden die „Störungen“ zu individuellen Problemverhaltensweisen. Tatsächlich finden sie aber stets im sozialen Bezugssystem statt und werden ausschließlich von anderen als problematisch bewertet und nicht von den Betroffenen selber. Diese werden, weil ihr Verhalten als störend/gestört angesehen wird, attribuierend als „verhaltensgestört“ oder als „Verhaltensgestörte“ bezeichnet; ein situationstypisches Verhalten wird damit zu einer Charaktereigenschaft gemacht.

Bei der Verwendung der Begriffe Verhaltensauffälligkeit/Verhaltensstörung besteht keine Einigkeit darüber, ob die jeweils auftretende Erscheinungsform das Symptom im Sinne eines Merkmals für eine ursächlich wirkende Krankheit, Schädigung oder Störung ist oder ob sie selber als die Auffälligkeit/Störung anzusehen ist.

Forschungen ergaben, dass die Erscheinungsformen eine hohe Geschlechtstypik aufweisen: Jungen zeigen eher extravertierte (nach außen gerichtete) Formen (z.B. motorische Unruhe, Gewaltbereitschaft) und Mädchen eher introversive (nach innen gerichtete) Formen (z.B. Essstörungen) (vgl. Remschmidt & Walter, 1990). Der Zusammenhang einzelner Erscheinungsformen zur geschlechtsspezifischen Sozialisation wird durch die Verallgemeinerung in den Begriffen der Verhaltensauffälligkeit/Verhaltensstörung verschleiert. Die Funktion beider Begriffe soll die Kommunikationshilfe sein, die Fachleuten dazu dient, sich über etwas zu verständigen. Durch die Art ihrer Verwendung gewinnen die Begriffe aber eine Eigenexistenz, so dass sie als (Quasi-) Realitäten verstanden werden.

Der Begriff der Verwahrlosung ist bis heute von hoher definitorischer Unklarheit geprägt. Allgemein wird darunter ein Zustand der Abweichung von einem als „normal“ bewerteten, d.h. sozial akzeptierten körperlichen und psychischen Entwicklungsstand, insbesondere bei jungen Menschen, verstanden. Mit Verwahrlosung wird aber auch Schmutz, mangelnde Hygiene und eine unregelmäßige und unkontrollierbare Lebensführung assoziiert.

Mädchen und Frauen können darüber hinaus als „sexuell verwahrlost gelten (vgl. Peukert & Münchmeier, 1990). Ausgehend vom medizinischen Modell werden Handlungsweisen, die nicht der Normalität entsprechen, als Hinweis auf einen Krankheitsprozess gedeutet. Verwahrlosung gilt dann als Abweichung von Gesundheitsnormen und als psychische Krankheit (vgl. Herriger, 1987).

Sozialpsychologische Ansätze betonen bei der Erklärung von auffälligem Verhalten den Zusammenhang von gesellschaftlich-kulturellen Rahmenbedingungen, familiärer Situation und individuellen Lebensumständen und fragen im Sinne des Labeling Approach (Etikettierungsansatz) auch, welche Bedeutung „Verwahrloste" für die Normalen haben.

Eine juristische Definition bezieht sich auf soziologische und sozialisationstheoretische Ansätze und geht davon aus, dass unter Verwahrlosung ein Abweichen der Entwicklung eines jungen Menschen von der abstrakten Norm einer „gelungenen Sozialisation" verstanden wird, was einen Eingriff in die Erziehung notwendig macht (vgl. Herriger, 1987). Diese Beschreibung wiederum ist die Rechtsgrundlage für staatliche Eingriffe. Die Pädagogik betont Beziehungen in der Herkunftsfamilie als Ursache von Verwahrlosung. Die Zuschreibung Verwahrlosung impliziert, dass Kinder und Jugendliche z.B. von ihren Eltern „verwahrlost wurden", dass sie – quasi als Folge – „verwahrungslos" sind und daher ein akuter Erziehungsnotstand besteht, der durch staatliche Reaktionen im Rahmen der Jugendhilfe behoben werden soll.

Aufgrund der Ungenauigkeit und der negativen Implikationen sollte der Begriff der Verwahrlosung nicht mehr benutzt werden. Er wurde im Kinder- und Jugendhilfegesetz von 1990 durch Begriffe wie soziale Auffälligkeit oder Dissozialität ersetzt, ohne dass definitorische Eindeutigkeiten erreicht wurden. Im Alltagsgebrauch wie auch in pädagogischen, psychologischen, psychiatrischen oder juristischen Kontexten wird der Begriff der Verwahrlosung weiterhin, meist unreflektiert, zum einen als psychopathologische Diagnose, zum anderen als juristischer Legitimationsbegriff für staatliche Eingriffe benutzt. Er legitimiert eine scheinbare Notwendigkeit von Kontrolle und den Zugriff staatlicher Instanzen und hat vor allem ordnungspolitische Funktion.

Der Begriff bezeichnet einen aktiven Prozess der Aufnahme äußerer sozialer bzw. gesellschaftlicher Realität in das Subjekt und bezieht sich sowohl auf frühe Lernprozesse des Säuglings oder Kleinkindes als auch auf Sozialisationsleistungen und –ergebnisse von Jugendlichen und Erwachsenen.

Hierbei werden innere Strukturen wie auch Repräsentationen internalisiert und so zu einem intrapsychischen System adaptiert, dass die jeweiligen Aspekte äusserer Wirklichkeit individuelle Bedeutung erhalten und für das Individuum als erworbene Eigenschaften verfügbar sind.

Die verschiedenen entwicklungs-, kognitions- und tiefenpsychologischen Modelle beschreiben und erklären den Prozess der Verinnerlichung auf unterschiedliche Art und Weise, wobei lerntheoretische Modelle den Verinnerlichungsbegriff nicht benutzen.

In der Entwicklungspsychologie Piagets führen interagierende Vorgänge der Assimilation und Akkomodation zur allmählichen Internalisierung von Handlungen zu kognitiven Strukturen, die er als operative Systeme von zunehmender Komplexität und Abstraktion erklärt. Wie Kohlberg unterstellt Piaget hierarchisch strukturierte kognitive Niveaus mit invarianter ontogenetischer Abfolge, die im Ergebnis die Egozentrik des Säuglings in dezentrierte Denkprozesse überführt.

Der Verinnerlichungsprozess wird als Schaffung intrapsychischer physikalischer und sozialer Objekte im Sinne symbolischer Repräsentationen äußerer Wirklichkeit begriffen. In den psychoanalytischen Modellen werden Verinnerlichungsprozesse der Internalisierung und der Introjektion beschrieben, die eng zuammenhängen:

Introjektion bezeichnet einen Vorgang zwischen Subjekt (Ich) und Objekt (Aussenwelt), in dem das Subjekt in seinen Phantasien äußere Objekte und die diesen inhärenten Qualitäten aus der Außenwelt in die Innenwelt übernimmt und die interpersonalen Beziehungen in intrapsychische Beziehungen von Selbst- und Objektrepräsentanzen überführt. Als Internalisierung werden Prozesse der (oralen) Einverleibung bezeichnet und die zwischen Innen und Außen trennende Körpergrenze betont. Sprachstrukturalistische Psychoanalytiker (Lacan, Derrida) betonen die konflikthafte orale Einverleibung (Inkorporation) als Paradigma der Verinnerlichung präverbaler Sprachstrukturen wie des Erwerbs verbaler Sprache und ihrer Symbole.

Alle Verinnerlichungstheorien sind als individualistisch zu kritisieren: Sie beziehen gesellschaftliche Bedingungen von Internalisierungsprozessen nicht ein und reflektieren weder subjektbezogene Fragen verinnerlichter Gewalt als vermeintliche „innere Freiheit“ (Osterkamp) noch deren sozioökonomische Bedingungen der Herrschaftssicherung, Entfremdung und „Selbstverwirklichung“.

Die zum Teil ahistorischen und asozialen Modelle der modernen Psychologie und Soziologie konstruieren infolge einer analytischen wie theoretischen Trennung von objektiver und subjektiver Wirklichkeit ein paradigmatisches, fiktives Subjekt jenseits der sozio-ökonomischen Realitäten konkreter Individuen.

Als Verhaltenstherapie gelten psychotherapeutische Verfahren, die experimentell bzw. empirisch ermittelte Lerngesetzlichkeiten in den Vordergrund stellen. Die „behavioristische“ Lehre, von der die Verhaltenstherapie ausging, sah beobachtbares Verhalten als wissenschaftlich einzig zulässigen Zugang zu psychischen Phänomenen an. Introspektives Verhalten verwarf sie, ebenso Konstrukte wie „Geist“, „Seele“ oder “Trieb“. Sie trug damit zur Kritik an traditionellen psychopathologischen Konzepten bei.

Psychische Störungen werden in der Verhaltenstherapie als Zusammenhänge von gelerntem Verhalten aufgefasst, bzw. der Anteil von gelernten Vorgängen an einer Störung wird thematisiert.

Biographien werden dementsprechend auf Lernprozesse hin untersucht, die zu problematischem Verhalten geführt haben könnten. Die Interventionen zielen darauf ab, gelernte Verhaltensweisen wieder zu verlernen, sie in veränderter Form neu einzuüben oder Verhaltensalternativen zu finden. Einige in der Verhaltenstherapie häufig verwendete Lernmodelle sind die Verknüpfung einer physiologischen Reiz-Reaktions-Abfolge mit einer neuen, nicht physiologisch vorgegebenen Reaktion („klassisches Konditionieren“) sowie die Wahrnehmung und Bekräftigung des Erfolgs einer Handlung („operantes Konditionieren“), die Instruktion und Nachahmung („Lernen am Modell“), auch gedankliches bzw. phantasiertes Erproben einer Handlung unter begünstigenden („verstärkenden“) Bedingungen, das Erproben neuer Handlungen in realen Situationen, gedachte oder reale Konfrontation mit Gegebenheiten, die zuvor gemieden wurden („Exposition“).

Klassisches und operantes Konditionieren gehören zum historischen Bestand der Verhaltenstherapie und werden oft als seelenlos oder manipulativ kritisiert. Die zunehmende Verbindung von physiologischen sowie neurophysiologischen Forschungen und Verhaltenstherapie, aber auch die Hinwendung zu kognitiven und emotionalen Prozessen haben eine Fülle von Forschungsergebnissen und Interventionsansätzen hervorgebracht (vgl. Fliegel et al., 1989).

Die moderne Verhaltenstherapie überschneidet sich vielfach mit anderen psycho-therapeutischen Richtungen. Fachlich ist sie zwischen psychosomatischer Medizin und klinischer Psychologie angesiedelt (vgl. Meermann & Vandereykken, 1996). Verhaltenstherapie wird häufig von Diplompsychologen mit entsprechender Zusatzausbildung angeboten.

Zu betonen ist, dass die Fundierung der Verhaltenstherapie in experimentell nachgewiesenen Zusammenängen keine subjektunabhängige Wirksamkeit der Interventionen hervorbringt. Auch „objektive“ Zusammenhänge repräsentieren sich in Denkinhalten, Phantasien und Konstrukten von Patient und Therapeut, im Rahmen ihrer komplexen Interaktion.

2.6 RATIONALES UND IRRATIONALES VERHALTEN

Als rational wird eine Entscheidung dann bezeichnet, wenn sie den erwarteten Nutzen des Entscheiders unter den gegebenen Restriktionen maximiert (vgl. Bernoulli, 1738/1996; Eisenführ & Weber, 1994; Cronbach und Gleser, 1965) Als Basis der präskriptiven Entscheidungstheorie wird ein nutzenmaximierendes Individuum (homo oeconomicus) angenommen, das konsistent in bezug auf von ihm akzeptierte Anforderungen an das Entscheidungsverhalten (z.B. die Axiome der Erwartungsnutzentheorie) handelt und dabei für andere einsichtig und nachvollziehbare Entscheidungsmethoden benutzt. In der psychologisch ausgerichteten deskriptiven Entscheidungstheorie wurden seit vielen Jahren empirische Ergebnisse darüber zusammengetragen, wie sich Menschen in Entscheidungssituationen tatsächlich verhalten.

Dabei hat sich im Wesentlichen gezeigt, dass systematische Fehler bei der Einschätzung von Wahrscheinlichkeiten durch Urteilsheuristiken und die Abhängigkeit des Entscheidungsverhaltens von der Problemformulierung (vgl. Kahnemann, Slovic & Tversky, 1982; Kirchler, 1995), aber auch die Unfähigkeit des Menschen, angemessene Lösungsstrategien in komplexen Problemlösungssituationen zu finden (vgl. Dörner,1989), den Rationalitätsanforderungen der präskriptiven Entscheidungstheorie nicht entsprechen. Die begrenzte Informationsverarbeitungskapazität des Menschen führte zum Konzept der begrenzten Rationalität (vgl. Simon, 1995), nach dem Entscheider nicht optimale, sondern lediglich zufriedenstellende Lösungen anstreben und das in neuerer Zeit zu Revisionen der Verhaltensannahmen des homo oeconomicus geführt hat (vgl. Kirchgässner, 1991).

Sowohl die formalen präskriptiven als auch die an Laborexperimenten und einem Informationsverarbeitungsansatz orientierte deskriptiven entscheidungstheoretischen Ansätze gehen im wesentlichen von Alleinentscheidern aus und vernachlässigen den sozialen Charakter menschlichen Handelns. Ansatzpunkte hierfür finden sich lediglich in der mathematischen Spieltheorie (vgl. von Neumann & Morgenstern, 1947) und der Theorie der Gruppenentscheidungen (vgl. Arrow, 1951; Crott, 1979).

Entscheidungen können aber auch als Reaktionen auf die aus den Strukturen sozialer Systeme resultierenden Verhaltenserwartungen gesehen werden (vgl. Luhmann, 1984). Zudem kommt es in sozialen Kontexten im Wesentlichen darauf an zu handeln (vgl. Brunsson, 1982).

Die an der Informationssammlung und alternativen Abwägung orientierten entscheidungstheoretischen Ansätze aber berücksichtigen in der Regel zu wenig die (mikro-)politische Umsetzbarkeit von Entscheidungen.

Durch die Betrachtung von Entscheidungen als Wahlakte und deren analytische Trennung vom Handeln wird die Bedeutung von Intention in rationalem Kalkül sowie die Trennbarkeit von Zielen und Mitteln im menschlichen Leben überbetont.

Entscheidungen lassen sich nämlich auch begreifen als nachträgliche Rationalisierungen (vgl. March, 1990), die unseren Handlungen für andere und für uns selbst sinnhaft und nachvollziehbar machen und damit auch zur Konstruktion der eigenen Biographie und zum Abbau kognitiver Dissonanzen beitragen. Von einer präskriptiven und einer deskriptiven kann daher eine ontologische Betrachtung von Entscheidungen unterschieden werden (vgl. Chia, 1994), bei der Entscheidungen als die nachträgliche Vornahme von Einschnitten in den Strom unserer Handlungen und Erfahrungen interpretiert werden.

Obwohl man lange Zeit der einhelligen Meinung war, dass die traditionelle ökonomische Theorie rationales Verhalten „annimmt", so gab es doch auch einen beträchtlichen Dissens über die inhaltliche Bedeutung des Wortes „rational". Viele dachten bei diesem Wort an eine veraltete Psychologie, an unendlich schnelle Kalkulationsgeschwindigkeit, hedonistische Motivation und ähnliche, offensichtlich unrealistische Verhaltensweisen. Mit der zunehmend klareren und präziseren Formulierung der ökonomischen Theorie verminderten sich die Kontroversen über die inhaltliche Bedeutung ihrer Annahmen erheblich, und heute stimmen alle mehr oder weniger darin überein, dass mit rationalem Verhalten einfach die konsistente Maximierung einer wohlgeordneten Funktion, etwa einer Nutzen- oder Gewinnfunktion gemeint ist (Becker, 1993).

Kritiker behaupteten, dass Präferenzen nicht wohlgeordnet seien und dass die Theorie für die Erklärung des Verhaltens nicht von Nutzen sei. Manche Theoretiker haben darauf geantwortet, dass die ökonomische Theorie nur im Sinne einer allgemeinen Tendenzaussage gültig sei, nicht in jedem speziellen Fall; einige meinten, dass diese Theorie nützliche Voraussagen erlaube, selbst wenn die tatsächlichen Entscheidungen nicht rational zu sein „scheinen"; wiederum andere behaupteten, dass nur rationales Verhalten eine Überlebenschance in einer Welt habe, die durch äußerst harten Wettbewerb gekennzeichnet ist (Bekker, 1993).

Ziel ist es nicht, eine weitere Verteidigung ökonomischer Rationalität zu liefern. Vielmehr soll gezeigt werden, dass die wichtigen Theoreme der modernen Ökonomie aus einem allgemeinen Prinzip folgen, dass nicht nur rationales Verhalten und Überlebensargumente als Spezialfälle berücksichtigt, sondern auch in erheblichem Maße irrationales Verhalten miteinschließen kann (Becker, 1993).

Eine breite Skala irrationalen Verhaltens, Trägheit einerseits, Impulsivität andererseits als Extremfälle eingeschlossen, würde durch ein Modell erfasst, in dem die gegenwärtigen Wahlhandlungen teilweise durch vergangene Entscheidungen und teilweise durch Wahrscheinlichkeitsmechanismen bestimmt wären (Becker, 1993). Eine Depression ist verbunden mit ökonomischer Ungewissheit (Becker, 1993).

2.7 WAHRHEIT UND WAHRNEHMUNG

„Wahrheit“ ist der zentrale Begriff zur allgmeinen Charakterisierung von Sinn und Ziel menschlicher Erkenntnistätigkeit. Er wird nur im Kontext des Alltagserkennens sowie des größten Teils der wissenschaftlichen Erkenntnis verwendet und gegebenenfalls durch Formulierungen umschrieben wie „Eine Aussage ist wahr, wenn es sich so verhält, wie sie es darstellt“ oder durch Kurzformeln wie „Wahrheit ist Überseinstimmung mit der Wirklichkeit“:

Auf diese Weise wird der Grundzug des kognitiven Verhaltens zum Ausdruck gebracht. Missverständnisse hat es in den langen Auseinandersetzungen über „Wahrheit“ zuhauf gegeben.

Zwei Problemsorten müssen auseinandergehalten werden: einerseits Probleme, die die *Bedeutung* des Begriffs *„Wahrheit“* betreffen, andererseits Fragen danach, ob, wie und wieweit wir die Wahrheit erkennen können. Auf die Frage nach der Bedeutung antworten z.B. die obigen Formulierungen. Für diesen Typ von Antwort hat sich die Bezeichnung „Korrespondenztheorie der Wahrheit“ eingebürgert. Sie ist allerdings mehrfach ambivalent. Zunächst ist die Korrespondenztheorie unproblematisch, solange man sie lediglich als das Bemühen versteht in allgemeiner Form das zu umschreiben, was man im konkreten Einzelfall z.B. so ausdrücken würde: „Die Aussage, dass es regnet, ist wahr, wenn es regnet“. Wenn man die Sache „andersherum“ sieht, handelt es sich um den Befund, dass man, um etwas Wahres zu sagen, im Normalfall nicht des Wortes „wahr“ bedarf.

Um etwas anderes geht es, wenn die Korrespondenztheorie über eine bloße Bedeutungsanalyse hinaus mit dem (erkenntnistheoretischen) Realismus assoziiert oder gar identifiziert wird. Dann besagt sie nicht nur, dass wir das Wort „Wahrheit“ in dem und dem Sinn – etwa der obigen Formulierungen – verwenden, sondern zusätzlich, dass wir die so verstandene Wahrheit auch erkennen können, obzwar vielleicht stets nur partiell, annäherungsweise und ohne letzte Gewissheit. Ein solcher Realismus bzw. die so verstandene Korrespondenztheorie besagt mithin, dass unseren Aussagen und Theorien „etwas Objektives“, „etwas in der Wirklichkeit“ entspricht. Es gehört bis heute zu den großen Streitfragen, ob dies plausibel ist oder nicht.

Anti- oder zumindest nicht-realistische Standpunkte gibt es in vielen Varianten, von den klassisch-idealisitschen bzw. transzendentalphilosophischen Auffassungen bis hin zu zahlreichen neueren Positionen, wie sie unter anderem von Konstruktivisten, Interpretationisten und Kulturalisten mit zum Teil sehr unterschiedlichem Radikalitätsgrad vertreten werden (vgl. Schmidt, 1987; Abel, 1993; Hartmann & Janich, 1996).

Antirealisten argumentieren, das Erkannte werde zu großen Teilen oder gar ausschließlich durch die Strukturen des Erkenntnisvermögens bestimmt, die sogenannte Realität sei selbst ein Ergebnis von individuellen sowie kulturell-sozial bestimmten, sprach- und zeichenvermittelten Erzeugungen (vgl. Goodman, 1990). Des Öfteren verbindet sich diese Sichtweise mit einem weitgehenden Relativismus oder bindet sich diese Sichtweise mit einem weitgehenden Relativismus oder „Perspektivismus“, zuweilen tendiert sie sogar zu einer Verabschiedung (oder Dekonstruktion) der Wahrheitsidee als einer nutzlosen, wenn nicht gar schädlichen Illusion (vgl. Rorty, 1994). Nach wie vor gibt es für den Realismus gute Argumente, wenn auch keine strikten Beweise (vgl. Franzen, 1992; Schantz, 1996).

Die Möglichkeit sprachlicher Verständigung etwa, genauso das nur schwer abstreitbare Faktum des wissenschaftlichen Fortschritts, aber auch die Tatsache, dass unsere Theorien scheitern können und oft auch wirklich scheitern – all dies ist unter realistischen Voraussetzungen leichter plausibel zu machen als unter nicht-realistischen, und vor allem bleibt der Realismus die beste Erklärung dafür, dass wir in der Lage sind, unsere Erkenntnisse und Theorien „in die Praxis umzusetzen“, beispielsweise technisch zu verwerten. Unsere Erkenntnisse und Theorien sind jedoch mitnichten schlechte spiegelbild- oder kopienartige Abbilder der Wirklichkeit. Vielmehr kommt im Erkenntnisprozess den selektiven, schematisierenden, interpretativen, konstruktiven und diversen weiteren Faktoren große Bedeutung zu, auf individueller wie auf sozialer, auf natürlich-biologischer wie auf kulturell-geschichtlicher Ebene.

Ein kritischer Realismus bzw. eine solchermaßen aufgefasste Korrespondenztheorie der Wahrheit ist mit dieser aktiven, konstitutiven Rolle des Erkenntnissubjekts durchaus vereinbar, beide Aspekte erweisen sich in der Perspektive einer evolutionären Erkenntnistheorie sogar als zusammengehörig: Gerade dadurch, dass man die Ausbildung des „Erkenntisapparats“ als Anpassungsleistung begreift, kann man erklären, wieso dieser in beeinträchtlichem Maß auf die Wirklichkeit „abgestimmt“ ist (vgl. Vollmer, 1994).

Viele Beiträge zu diesen Debatten treten nicht unter dem gesonderten Namen einer Wahrheitstheorie auf. Wo sie dies tun, handelt es sich hauptsächlich noch um drei andere: die pragmatische, die Konsensus- und die Kohärenztheorie. Bei diesen ist nicht selten unklar, ob sie zur Korrespondenztheorie (bzw. auch dem Realismus) in einem neutralen Verhältnis oder aber in Opposition und Konkurrenz stehen, desweiteren, ob es in ihnen um die Frage nach der Bedeutung von „Wahrheit“ geht oder aber um das Kriterienproblem. Mit der Betonung des Zusammenhangs von Wahrheit und Praxis, die der amerikanische Pragmatismus und der Marximus miteinander teilen, ist ein wichtiger und vielschichtiger Themenkomplex bezeichnet (vgl. Janich, 1996).

Kurzschlüssig wäre es allerdings, wollte man für jeden Einzelfall eines Wahrheitsanspruchs behaupten bzw. fordern, dass über ihn nach dem Kriterium der Praxis oder des puren Nutzens entschieden werde.

Die Konsensustheorie (vgl. Habermas, 1984) besagt, dass eine Aussage wahr ist, wenn ihr alle zustimmen können. Hier stellt sich das Problem, wie man die unumgängliche Unterscheidung zwischen echtem und unechtem Konsens vornehmen will, ohne dass die Aussage wahr, wenn sie in den Zusammenhang einer Reihe oder eines Systems von Aussagen eingegliedert werden kann (vgl. Rescher, 1987; Puntel, 1993).

Da aber ein Aussagesystem intern hochgradig kohärent sein kann, ohne mit der externen Wirklichkeit etwas zu tun zu haben, fragt es sich , ob nicht zumindest einige Stellen desjeweiligen Systems kohärenzunabhängig auf die Realität bezogen und daher in einem nicht-kohärenzialen Sinn wahr sein müssen. Dessen ungeachtet ist jedoch das Abzielen auf Zusammenhang und Verknüpfung zweifellos ein zentraler Bestandteil der Suche nach triftigen Theorien, Erklärungen und Begründungen (vgl. Bartelborth, 1996).

In neueren Diskussionen wird zwischen epistemischen und nicht-epistemischen Wahrheitskonzeptionen unterschieden (von griech. Epistéme = Wissen). Epistemische Theorien machen das Wahrsein selbst in irgendeiner Form unabhängig vom Verifiziertsein oder Als-wahr-(an)erkannt-Werden. Dazu tendieren einige der kohärenzialen Ansätze, meist noch stärker die konsens- oder diskurs-theoretischen bzw. pragmatistischen, etwa auch in Form der Identifizierung von „Wahrheit“ mit „gerechtfertigter Behauptbarkeit“ oder „rationaler Akzeptierbarkeit“ (vgl. Putnam, 1982).

Wahrnehmung bezeichnet den Prozess der sinnlichen Erkenntnis. Er lässt sich hierarchisch gliedern in Sensorik: Reizaufnahme und frühe Unterscheidungen nach einfachen Reizmerkmalen; Organisation: Strukturierung und Klassifizierung der Reize mit dem Ziel der Prägnanzbildung; Interpretation: Erkennen von Bedeutung oder Funktion in den Informationen der Sinnessysteme.

Der Wahrnehmungsprozess ermöglicht eine optimale Orientierung des Individuums in seiner Umgebung und die Produktion angemessener Verhaltensweisen. Wahrnehmung zeichnet sich dadurch aus, dass ihre Inhalte durch tatsächlich gegebene physikalische Objekte oder Ereignisse in der Umwelt des wahrnehmenden Individuums bestimmt sind (externe Faktoren). Die Empfindungen, die den

Wahrnehmungsprozess begleiten, sind lebhaft und frisch: Es ist ein bewusster Prozess. Die Inhalte hängen aber auch von den Erfahrungen und der Entwicklungsgeschichte des wahrnehmenden Individuums ab. Der Wahrnehmungsprozess ist damit an die Funktion der Sinnesorgane und des Nervensystems gebunden (interne Faktoren). Er wird vom Individuum aktiv gestaltet. Wahrnehmungstheorien unterscheiden sich unter anderem dadurch, dass sie interne und externe Faktoren unterschiedlich gewichten.

Die ökologische Wahrnehmungstheorie betrachtet hauptsächlich die externen Faktoren: Wahrnehmung bedeutet die Extraktion von Umwelteigenschaften, die gegenüber Transformationen (z.B. Bewegung der Wahrnehmenden) invariant sind (Gibbson, 1982). Auch einige Gestalttheoretiker halten die internen Faktoren für wenig relevant (Metzger, 1975). In modernen Wahrnehmungstheorien (Marr, 1982) wird jedoch stets die Wechselwirkung zwischen internen und externen Faktoren thematisiert.

Die von den Sinnessystemen in den ersten Verarbeitungsschritten strukturierte und an verschiedene Instanzen weitergeleitete Information ermöglicht Erkenntnis. Selektive Ausfälle von Erkenntisleistungen deuten auf eine modulare Funktionsstruktur des Nervensystems hin.

2.8 WILLE, WISSEN UND ZEIT

Die sprachliche Aktion der Substantivierung des „ich will" führt zur Unterstellung einer psychischen Qualität namens „der Wille" oder „das Wollen". Die Philosophie hat seit ihren Anfängen diesen Begriff untersucht, und die Psychologie widmete sich der innerpsychischen Handlungssteuerung in der Abfolge aller Stadien vom Wunsch zur Aktion.

Auf gesellschaftlicher Ebene ist die Kategorie „Wille" konstitutiv für das Individuum in der bürgerlichen Gesellschaft. Als juristische Kategorie ist sie in jedem Kaufakt präsent. Seit der Französischen Revolution sind mit „volonté générale" (der Wille der Allgemeinheit) und „volonté de tous" (der Wille aller) zentrale Begriffe in den gesellschaftlichen Diskurs getreten, die bis heute das politische Geschehen in den Demokratien kennzeichnen. Die Konstruktion des bürgerlichen Individuums, als einer Person mit der Fähigkeit bewusster Willensbekundungen, basiert auf der Annahme, eines gelungenen innerpsychischen „managements" der personenspezifischen, miteinander konkurrierenden Bedürfnisse.

Die Einbeziehung „unbewusster" Wünsche und Bedürfnisse in das gegenwärtige Menschenbild führt allerdings zu Widersprüchen in den Grundannahmen bewusster Willensbildungen auf personaler und kollektiver Ebene unter anderem zur Einrichtung von Instanzen (Psychotherapie) zur Korrektur der „brüchigen" Individuen. In der Theoriegeschichte hat es verschiedenartige Erklärungsversuche (Willenstheorien) gegeben, die sich in zwei Gruppen ordnen lassen. Wird der Wille als abgeleitete Qualität betrachtet, die von anderen psychischen Faktoren abhängt, spricht man von „heterogenetischen“ Theorien (Plato, Aristoteles, Thomas von Aquin, Descartes, Kant, Hegel, Ebbinghaus u.a.).

Andere Philosophen und Psychologen verstehen Willensprozesse als eigenständige und ursprüngliche - „autogenetische“ – psychische Vorgänge (Würzburger Schule, Gestalttheorie, Lewin u.a.). In der psychologischen Forschung hat es nach einer intensiven Forschungstätigkeit in den 20er und 30er Jahren (Kurt Lewin, Narziss, Ach u.a.) neuerdings im Rahmen der Motivationspsychologie und der Physiologischen Psychologie eine Art Renaissance unter dem Arbeitsbegriff „Volition“ gegeben (vgl. Kuhl & Heckhausen, 1996). Die Arbeitspsychologische Handlungstheorie (Hacker, 1986) bietet ein Grundmodell der psychischen Regulation von Handlungen. Aus Phantasien, teils noch organisch, vorsprachlich und bildhaft symbolisiert, bilden sich Wünsche als Übergang zu potentiell möglichen Handlungen. Mit Ausrichtung auf Realisierungen verbindet sich der Wunsch mit energetischen Komponenten im Begehren und Verlangen und gewinnt schließlich in der Verbindung mit Wertungen und Umsetzungsplänen Handlungsdimension im Willen.

In der Zielbildung, dem Ausgangspunkt einer willentlichen Handlung, wirken situationsbezogene Bedürfnisse und Notwendigkeiten sowie individuelle und kulturelle Wertorientierungen zusammen. Die verschiedenen Komponenten der Handlung werden durch das Ziel koordiniert. Es wirkt als Antrieb des Handelns, lenkt das Vorgehen und dient als Vergleichsmuster, an dem die Annäherung an das Ziel fortlaufend kontrolliert wird. Im Entschluss entsteht das Programm des zu verwirklichenden Handlungsvorgangs. Bei der arbeitsteiligen Verrichtung gesellschaftlicher Produktion oder in der Verwaltung sind dagegen die verschiedenen Stadien zielgerichteter Tätigkeiten unterschiedlichen Personen zugeordnet. Diese verrichten dann nur Teilaufgaben, Teilhandlungen oder auch nur einzelne Bewegungen. Die psychische Regulation der Teilhandlungen wird in dem Maße zum Problem, in dem Zielfindung, Planbildung und Handlungsausführung nicht mehr in der Verfügungsmacht aller Handlungsbeteiligten stehen.

Die Aktivierung von Energien zur Regulierung der einzelnen Tätigkeiten wird dann zum Problem der „Motivierung der Mitarbeiter“, der erzwungenen Herstellung von „Wollen“. Die Frage nach der Willensfreiheit berührt ein Grundproblem der menschlichen Existenz. Ist der Mensch Regisseur seiner Entscheidungen, oder ist er Kräften und Bedingungen ausgesetzt, über die er nicht verfügen kann?

Mit dem Begriff Wissen lässt sich ein Zentralbereich kognitionspsychologischer (vgl. Anderson, 1995) und (in interdisziplinärer Perspektive) kognitionswissenschaftlicher Forschung (vgl. Posner, 1989) abdecken. Die Zentralität des Begriffs resultiert daraus, dass Kognition im Wesentlichen als wissensbasiert definiert wird. Für natürliche wie künstliche Gedächtnissysteme stellen die Wissensbasis, deren Organisation und die Zugriffsmöglichkeiten die zentralen Bestandteile dar. Als Organisationsform ist eine Strukturierung nach taxonomischen Kategorien (verschiedene Teile des Systems repräsentieren Wissen über Objekte aus verschiedenen Kategorien) oder nach Wissensmodalitäten (Komponenten für visuelle, auditive und andere Informationen) denkbar.

Eindeutig lokalisiert die Psychologie Wissen als weitgehend dauerhaften Inhalt im Langzeitgedächtnis (vgl. Collins et al., 1993). Für die Psychologie relevant sind Fragen, wie Wissen erworben, repräsentiert, abgerufen, wie es für Entscheidungen, im Denken und Handeln angewendet wird und wie es sich modifizieren lässt. Die Analyse von Wissensprozessen kann dabei für viele Teilbereiche der Psychologie als relevant angenommen werden, z.B. für die Gedächtnis- die Wahrnehmungs-, die kognitive Entwicklungs- und die kognitive Neuropsychologie. Diese allgemeine Definition erhält eine genauere inhaltliche Ausrichtung, wenn sie in Modellansätze informationsverarbeitender Systeme eingebettet wird.

So definiert der traditionelle kognitionspsychologische Ansatz der Symbolverarbeitung Wissen als Menge mentaler Repräsentationen, das auf der Grundlage von Inferenztechniken (Regeln, Propositionen, Schemata, Konzepte) ein kognitives System zur Lösung von Aufgaben befähigt (vgl. Mandl & Spada, 1988).

Die Künstliche Intelligenz hat derartige wissensbasierte Leistungen in Modelle mit bereichsspezifischem Wissen (z.B. Expertensysteme) überführt. Die Limitationen dieser semantischen Informationsverarbeitungsmodelle haben zu abweichenden Konzeptionen geführt, die stärker von neurophysiologischen Aspekten des Nervensystems inspiriert wurden.

Die begrifflichen Differenzierungen von Wissen erlauben verschiedene spezielle Ausrichtungen. Für die Psychologie sind vor allem die folgenden relevant (vgl. Baddley, 1990):

Deklaratives Wissen (Wissen über Fakten und Ereignisse mit expliziter Abrufmöglichkeit, sog. „wissen was“); *prozedurales Wissen* (Handlungswissen, das an Bewegungen gekoppelt und in der Regel nicht mitteilbar ist, sog. „wissen wie“); *episodisches Wissen* (Gedächtnisinhalte, die mit Ort und Zeitangaben abgespeichert werden und meistens an persönliche Erlebnisse gebunden sind); *explizites Wissen* (bewusstes Wissen, über das bei Abruf direkt Auskunft gegeben werden kann); *implizites Wissen* (verborgenes Wissen das eine Person besitzt, auf das sie aber nicht bewusst zurückgreifen kann); *Expertenwissen* (ein Zusammenschluss aus Kontext- und bereichsspezifischem Wissen, das Begriffe, Relationen und Problemlösemethoden einer Domäne umfasst); *heuristisches Wissen* (Erfahrungswissen, das in bestimmten Problemsituationen Kriterien für alternative Verhaltensstrategien liefert); *Meta-Wissen* (übergeordnetes Wissen, z.B. wie Wissen einzusetzen ist); *Alltagswissen* (kultur-spezifisches Wissen, das im Laufe des Sozialisationsprozesses erworben wird, sog. „common sense"); *unischeres Wissen* (Wissen, das aufgrund von Unschärfen in Wahrscheinlichkeiten oder Fuzzy-Mengen gefasst werden kann).

Neuere Entwicklungen in der Erforschung von Wissensphänomenen fokussieren die besondere Rolle subjektiver (emotionaler) Aspekte, die den Wissensgehalt an den persönlichen Erwerb und die damit verbundene entsprechende Erfahrung koppeln. Im Rahmen symbolischer Modellierung wird zudem Kritik an der Gleichsetzung von Wissen und Wissensrepräsentation geübt. Repräsentation wird vielfach als Grundlage von Wissen angesehen, so dass jedes System auf der Basis interner Repräsentationen agiert. Diese Sicht erscheint allerdings problematisch, denn sie unterstellt, dass die Welt vorgegeben ist und damit auch Merkmale jeglicher kognitiver Aktivität aufgrund von erworbenem Wissen vorgegeben sind.

Ebenso wie aber ein neuronales Netzwerk durch einen Emergenzprozess eine Reaktion lernt, spiegelt das Gehirn Welten nicht einfach wider, sondern legt sie fest und konstruiert sie. Der Grundgedanke dabei ist, dass kognitive Fähigkeiten untrennbar mit der Lerngeschichte und dem Wissenserwerb eines Systems verflochten sind. Die Existenz eines betroffenen Systems macht sich daran fest, in dieser Welt erfolgreich handeln zu können.

Vielen scheinbar disparaten Verhaltensweisen wird eine einheitliche Interpretation gegeben, indem sie einfach als Reaktionen auf Unterschiede in der Bewertung von Zeit betrachtet werden (Becker, 1993).

„Was ist Zeit? Wenn niemand mich fragt, weiß ich es. Will ich es einem Fragenden erklären, so weiß ich es nicht."

Dies ist ein berühmt gewordener Ausspruch von Augustinus (Confessiones XI, 14), der als einer der ersten Zeitforscher über die Differenz zwischen der objektiven Zeit und der subjektiven Zeiterfahrung nachdenkt.

Intensive Ereignisse in der Vergangenheit können lange „präsent" sein, besondere Erwartungen an künftge Ereignisse können die Zeit lang werden lassen, Überraschungen lassen die Zeit wieder schrumpfen. Mit der mathematischen, abstrakten, messbaren Zeit, die man auf einer linearen Achse in gleich große Teile zergliedern kann, ist die psychologische Zeit kaum in Einklang zu bringen.

Als eigene Kategorie ist Zeit erst mit der zunehmenden Strukturierung und Koordination zwischenmenschlicher Aktivitäten ins Bewusstsein der Menschen gelangt. Dies ist die Differenz zwischen mythischer und historischer Zeit (vgl.

Duerr, 1978; Thompson, 1985; Dux, 1989) und damit in Verbindung stehend zwischen mündlicher und schriftlicher Voraussetzungen:

Zum einen muss etwas Berichtenswertes vorgefallen sein, zum anderen dürfen sich nicht alle Mitglieder einer Population am selben Ort und im selben Erfahrungsraum aufhalten, so dass eine raumzeitliche Distanz zu überbrücken ist. Je entwickelter, arbeitsteiliger und organisierter eine Gesellschaft ist, desto mehr Zeitbewusstsein entsteht durch gegebene Ungleichzeitigkeiten. Hier macht sich auch der Einfluss unterschiedlicher Ökonomien bemerkbar (vgl. Heintel & Macho, 1985).

Individuell gesehen gibt es nicht nur eine Art von Zeit, sondern mehrere Formen des Zeiterlebens, die einander überlagern. Teilweise ordnen sie sich individualgeschichtlich nacheinander an, bleiben aber als Erlebnisqualitäten ständig präsent. So gibt es ein Zeiterleben, das sich nach Ereignissen richtet (der letzte Geburtstag, eine erlittene Erkrankung, usw.), unabhängig davon, wie weit entfernt diese Ereignisse „objektiv" auch sein mögen.

Dann gibt es zahlreiche (zueinander oft asynchrone) Körperrhythmen, die meisten davon unbewusst, einige dagegen nicht zu übersehen und psychosozial sehr bedeutsam wie im Fall des Menstruationszyklus der Frauen.

Zum dritten erfolgen ontogenetisch bereits früh Eingriffe der Kultur; je älter die Kinder werden, desto mehr Zeitdisziplinen erfahren sie (Fütterungszeiten, Trennungszeiten, Schulstunden, Kalender, Arbeitszeit, Freizeit).

Fremde Zeitbedürfnisse greifen von außen ein, interferieren mit den eigenen und vermitteln auf diese Weise nachhaltige Entfremdungserlebnisse (vgl. Zoll, 1988). Mit individuellen biologischen Zeitrhythmen beschäftigt sich die "Chronobiologie" (vgl. Meier-Kroll, 1995), die z.B. für die Pharmakologie bedeutsam ist. So weiß man, dass es für die einzelnen Organe des Körpers sensible Tages- und Nachtzeiten gibt, wo diese besonders gut durch Medikamente angesprochen werden können.

Individuen haben ihre „Eigenzeit" (vgl. Nowotny, 1993); je größer der Stellenwert des Individuellen in einer Gesellschaft ist, desto stärker tritt diese Eigenzeit zutage. Auch soziale Systeme (Paare, Familien, Gruppen) haben ihre Eigenzeit, was insbesondere für die moderne Organisationssteuerung bedeutsam ist (vgl. Lackner, 1995; Simsa, 1995). Das Zeitverständnis von Organisationen ist technomorph-linear, und der Konkurrenzvorteil, den Firmen gegeneinander anstreben, besteht heute im Wesentlichen im Beschleunigen von Abläufen. Hier leistet die Informationstechnologie Erstaunliches, man ist online überall gleichzeitig und braucht auf Rhythmen keine Rücksicht zu nehmen. Vieles, jedoch, was in Organisationen geschieht, lässt sich nicht beschleunigen (vgl. Heintel, 1983).

Gruppen z.B. sind zwar „Instrumente“, jedoch keine Menschen-Maschinen, sie brauchen, um als Teams arbeitsfähig zu werden, eine Entwicklungszeit, die nicht eingespart werden kann (vgl. Krainz, 1995).

Konfliktbearbeitung braucht ihre Zeit, und in komplexen Lagen wäre es ganz allgemein günstig, man nähme sich mehr Zeit zum Nachdenken. Dabei auftretende Ängste stimulieren die Neigung zum Aktionismus.

Wer Zeit als potentiell unendlich ausbeutbare Ressource versteht, bezahlt mit dem permanenten Gefühl zu wenig Zeit zu haben. Vielfach wird daher unter „Zeitmanagement“ nur verstanden, wie man in die zur Verfügung stehende Zeit noch mehr hineinpacken könnte, Fehlentscheidungen jedoch werden vor allem durch Zeitdruck begünstigt.

3 DAS SELBST

3.1 ALLGEMEINES

Zum Beispiel zeigt sich der komplexe Charakter der Emotionen „Scham" und „Schuld" unter anderem darin, dass sie erst auftreten, wenn das „Selbst" einer Person einen ausreichenden Entwicklungsstand erreicht hat. M. Lewis (1992) bezeichnet diese Gefühle darum auch als „self-conscious emotions" (direkt übersetzt: „Selbst-bewusste Emotionen", jedoch im Allgemeinen bezeichnet als „Selbst-bewertende Emotionen").

- **Die Entwicklung des Selbst und des intentionalen Handelns**

Im Hinblick auf die genauere Aufklärung der Rolle des Selbstes im Kontext selbstbewertender Emotionen (unter anderem Scham und Schuld) wird an dieser Stelle die Ontogenese des Selbst behandelt. Es wird gezeigt, dass die Entwicklung der Fähigkeit zu intentionalem (absichtsvollem) Handeln im Laufe des Lebens eine zunehmend größere Rolle spielt. Die Intendiertheit eines Verhaltens ist ein wichtiges Kriterium für die Differenzierung von Scham/Peinlichkeit und Schuld. Thematisch orientiert sich dieser Abschnitt vor allem an dem theoretischen Gerüst von Brandstädter (2001) zur „intentionalen Selbstentwicklung", welches schwerpunktmäßig die Entwicklung von sprachlichen Repräsentationen des Selbst und der *Selbstregulation* behandelt. Unter Selbstregulation versteht man Vorgänge, die zur Verwirklichung von Absichten beitragen, indem sie sie gegen Ablenkungen und Hindernisse abschirmen (vgl. Brandstädter, 2001). Selbstregulation bedeutet auch, dass ein bestimmtes Verhalten gezeigt wird, weil man damit ausdrücken will, eine bestimmte Person zu sein (ebd.).

- **Das Selbstwertgefühl**

Erfolg und Misserfolg haben starke Auswirkungen auf das Selbstwertgefühl, weil sie die Erwartungen, ob man akzeptiert oder abgelehnt wird, beeinflussen. Besondere Bedeutung im Kontext von negativen selbstbewertenden Emotionen wie Scham und Schuld kommt dem Selbstwertgefühl zu, da es von diesen Gefühlen mehr oder weniger stark beeinträchtigt wird. Bei dem Selbstwertgefühl handelt es sich um die bewertende (evaluative) Komponente des Selbst (im Gegensatz zum „deskriptiven" Selbstkonzept). Unterschieden wird eine globale (z.B. „ich mag mich") von unterschiedlichen bereichsspezifischen Einschätzungen (z.B. „ich bin ein guter Fußballer"). Interessant im Zusammenhang mit Scham dürfte die Tatsache sein, dass Menschen mit niedrigem Selbstwertgefühl generell eher dazu neigen, sich im sozialen Kontext angepasst und vorsichtig (vgl. Arkin, 1981, zit. nach Schütz, 2000) zu zeigen („nicht negativ auffallen"), während Menschen mit hohem Selbstwertgefühl eher auch Kritik äußern.

Im Hintergrund steht das Motiv, des Schutzes von Selbstwert. Bei hohem Selbstwertgefühl neigen Menschen jedoch häufiger dazu, die Verantwortlichkeit für positive und negative Ergebnisse selbstwertdienlich zu verzerren (Blaine & Crocker, 1993, zit. nach Schütz, 2000).

3.2 SELBSTKONZEPT UND SELBSTWERTGEFÜHL

Die Psychologie bezeichnet psychologische Aspekte der eigenen Person als das Selbst. Dazu gehören als zwei wichtige Bestandteile das subjektive Bild von der eigenen Person, das Selbstkonzept, und die Bewertung der eigenen Person, das Selbstwertgefühl (Asendorpf, 1999).

Man geht allgemein davon aus, dass das Selbst ohne sozialen Kontext nicht entstehen und nicht verstanden werden kann (Oyserman und Markus, 1993). Es besteht eine gegenseitige Beeinflussung von Selbst und Umwelt: Das Selbst verarbeitet die Veränderungen, zu denen es im Lebenslauf kommt, das Selbst beeinflusst und steuert aber auch diese Veränderungen (Staudinger und Greve, 1997).

„Unter dem Selbstkonzept einer Person wird die Gesamtheit (die Summe, das Ganze, der Inbegriff etc.) der Einstellungen zur eigenen Person verstanden" (Mummendey, 1997, S. 281).

Brandstädter geht davon aus, dass das Selbstkonzept zahlreiche unterschiedliche Facetten hat: deskriptive (was bin ich?), normative (was oder wie sollte ich sein?), antizipatorische (wie werde ich möglicherweise sein?) und kontrafaktische (wie könnte ich sein oder werden, wenn ich wollte?) (Brandstädter, 2001).

„Dem personalen Selbstkonzept sind nicht nur die Hier- und Jetzt-Aspekte der Selbstrepräsentation zuzurechnen, sondern im weiteren Sinne alle Meinungen, Wünsche und Erwartungen, die sich auf die eigene Person und deren vergangene, aktuelle und zukünftige Entwicklung beziehen" (Brandstätter und Greve, 1999, S. 273).

Das Selbstwertgefühl wird verstanden als subjektive Bewertung der eigenen Persönlichkeit bzw. die Zufriedenheit mit sich selbst. Früher wurde es als eindimensionales Konstrukt aufgefasst, heute geht man aber von einem bereichsspezifischen organisierten Selbstwertgefühl aus (Asendorpf, 1999).

„Das Selbstwertgefühl stellt als Summe der gewichteten Selbsteinschätzungen auf allen Dimensionen des Selbst eine globale, relativ konstante Größe dar" (Frey und Benning, 1983, S. 180).

Ungeklärt ist, ob sich die bereichsspezifischen Anteile des Selbstwertgefühls aus einem anfänglich diffusen globalen Selbstwertgefühl bilden, oder ob erst durch die verschiedenen Bereiche aufgrund von Generalisierungsprozessen das allgemeine Selbstwertgefühl entsteht (Marsh, 1993, 1996).

Die einzelnen bereichsspezifischen Selbstaspekte sind stabiler als das globale Selbstwertgefühl. Das Selbstkonzept ist ebenfalls stabiler als das Selbstwertgefühl, da dieses Stimmungsschwankungen unterliegt (Asendorpf, 1999).

Auch Astrid Schütz (2000a, b) unterscheidet das Selbstkonzept vom Selbstwertgefühl. Das Selbstkonzept stellt eine deskriptive Komponente, das Selbstwertgefühl eine evaluative Komponente des Selbst dar.

„Das Selbstkonzept kann als subjektives Bild der eigenen Person bzw. subjektive Theorie über die eigene Person oder Summe selbstbezogener Einschätzungen bezeichnet werden. Die ebenfalls subjektive Bewertung dieses Bildes konstituiert das Selbstwertgefühl [...]" (Schütz, 2000a, S. 4).

Ein hohes Selbstwertgefühl ergibt sich aus einer positiven Bewertung des Selbstkonzepts, ein niedriges Selbstwertgefühl entsteht durch eine negative Bewertung des Selbstkonzepts (Greenwald et al., 2000).

Deaux, Dane und Wrightman (1993) verstehen das Selbstkonzept als eine kognitive Struktur, die verschiedene selbstbezogene Schemata beinhaltet. Selbstschemata sind kognitve Generalisierungen über das Selbst, die aus der Erfahrung abgeleitet wurden und die Verarbeitung von selbstbezogener Information in sozialen Situationen organisieren (Deaux et al., 1993).

Situative Selbstwahrnehmung und Selbstbewertungen können über Bereiche und die Zeit hinweg zu stabilen Selbstkonzepten und Selbstwertgefühlen generalisiert werden. Als Bezugsnormen für die Selbstbewertung können der soziale und der individuelle Vergleich dienen. Beim sozialen Vergleich stellen andere Personen die Bezugsnorm dar, beim individuellen Vergleich stellen andere Personen die Bezugsnorm dar, beim individuellen Vergleich stellen eigene Wünsche, Ziele, Vorsätze, usw. die Bezugsnorm dar (Haußer, 1995).

Greenberg et al. (1992) gehen davon aus, dass dem Selbstwertgefühl vor allem eine angstabwehrende Funktion zukommt. Das Selbstwertgefühl wird dabei verstanden als das Gefühl, etwas Besonderes zu sein und sich in einem sinnvollen Universum zu befinden.

„[...] people need self-esteem because it is the central psychological mechanism for protecting individuals from anxiety that awareness of their vulnerability and mortality would otherwise create" (Greenberg et al., 1992, S. 913).

3.3 UNTERSCHIEDE ZWISCHEN PERSONEN MIT HOHEM UND NIEDRIGEM SELBSTWERTGEFÜHL

Psychische Angepasstheit und Gesundheit werden generell mit einem hohen Selbstwertgefühl in Verbindung gebracht, allerdings gibt es Hinweise darauf, dass die Stabilität des Selbstwertgefühls eine wichtige Rolle spielt (Kernis, Cornell, Sun, Berry und Harlow, 1993; Baumeister, Smart und Boden, 1996; Schütz, 2000a, b) und ein übermäßig hohes Selbstwertgefühl psychischer Gesundheit entgegensteht (Colvin, Block und Funder, 1995) und unter bestimmten Umständen zu unrealistischen Einschätzungen der eigenen Möglichkeiten führt (Raskin, Novacek und Hogan, 1991a; Baumeister, Heatherton und Tice, 1993; Farwell und Wohlwend-Lloyd, 1998).

Vor allem hohes, aber instabiles Selbstwertgefühl kann mit problematischen zwischenmenschlichen Verhaltensweisen zusammenhängen. Besonders Personen mit instabil hoher Selbstwertschätzung neigen eher zu Ärger und Feindseligkeit und haben einen aggressiveren Interaktionsstil (Kernis, Grannemann und Barclay, 1989; Kernis, 1993; McCann und Baggio, 1989; Raskin, Novacek und Hogan, 1991b; Bushman und Baumeister, 1998; Schütz, 2000b).

„People, who regard themselves as superior beings might feel entitled to help themselves to the resources of other, seemingly lesser beings, and indeed they might even aggress against these lesser beings without compunction [...]“ (Bau-meister et al., 1996, S. 8).

Bisher wurde angenommen, dass eine positive Bewertung der eigenen Person mit einer positiven Bewertung einhergeht. In einer Untersuchung von Schütz ergab sich allerdings kein positiver Zusammenhang zwischen Höhe des Selbstwertgefühls und Akzeptanz anderer.

„Dieses Ergebnis steht in klarem Widerspruch zum lange vertretenden Postulat, dass hohe Selbstwertschätzung mit hoher Wertschätzung anderer einhergeht [...] sowie zur These, dass positive Selbsteinschätzungen grundsätzlich mit positiven Auswirkungen in den unterschiedlichsten Lebensbereichen verbunden und Korrelate psychischer Angepasstheit sind [...]“ (Schütz, 2000, S. 193).

Baldwin und Sinclair (1996) und Bednar und Peterson (1995) gehen davon aus, dass ein hohes Selbstwertgefühl durch das Gefühl, dass man von anderen akzeptiert wird, entsteht.

Erfolg und Misserfolg haben starke Auswirkungen auf das Selbstwertgefühl, weil sie die Erwartungen, ob man akzeptiert oder abgelehnt wird, beeinflussen. Personen mit niedrigem Selbstwertgefühl bringen Akzeptanz direkt mit Leistung in Verbindung, was darauf hindeutet, dass sie über ein eher von außen abhängiges und verletzliches Selbstwertgefühl verfügen, im Gegensatz zu Personen mit höherem Selbstwert, bei denen davon ausgegangen wird, dass sie eine stabile und unabhängige positive Meinung über sich selbst haben (Baldwin und Sinclair, 1996).

Campbell (1990) geht davon aus, dass Personen mit niedrigem Selbstwert ein Selbstkonzept haben, das weniger klar, zeitlich instabiler und weniger internal konsistent ist, was Personen mit niedrigem Selbstwert empfindlicher für Informationen von außen macht. Das erklärt auch, warum Personen mit hohem Selbstwertgefühl nur positives (konsistentes) Feedback akzeptieren, Personen mit niedrigem Selbstwertgefühl aber sowohl positives als auch negatives Feedback annehmen (Campbell, 1990).

Baumeister und Tice (1985) beschreiben den motivationalen Unterschied zwischen Personen mit hohem Selbstwertgefühl und solchen mit niedrigem Selbstwertgefühl in Leistungssituationen folgendermaßen:

„*[...] the primacy control systems of people with high self-esteem are designed to take them from good to excellent, wheras those of people with low self-esteem are designed to take them from substandard to passable*" (Baumeister und Tice, 1985, S. 451).

In Leistungssituationen neigen Personen mit hohem Selbstwertgefühl allgemein eher dazu, Erfolge als selbstverursacht zu sehen und Misserfolge äußeren Umständen zuzuschreiben, während es sich bei Personen mit niedrigem Selbstwertgefühl umgekehrt verhält: Sie sehen ihr eigenes Verhalten als Ursache für Misserfolg an, nicht aber als Ursache für Erfolg (Brockner und Chen, 1996).

Auch verspüren Personen, mit niedrigem Selbstwertgefühl stärkeren negativen Affekt nach Misserfolg (Dutton und Brown, 1997). Es gibt grundsätzlich zwei Theorien, die erklären, welche Personen in welchen Situationen zu Selbsterhöhungsstrategien greifen (Brown, 1993):

Die Selbsterhöhungstheorie geht davon aus, dass alle Individuen ein positives Selbstkonzept anstreben und deshalb Selbsterhöhung umso notwendiger wird, je eher der Wunsch nach einer positiven Meinung über sich selbst unerfüllt bleibt. So sollten Personen mit niedrigem Selbstwertgefühl in stärkerem Ausmaß Selbsterhöhungsstrategien anwenden.

Die Selbstdiskrepanztheorie geht davon aus, dass Individuen ein konsistentes Bild von sich haben wollen, weil es so möglich wird, vorherzusehen und zu kontrollieren, was in der Welt geschieht. So sollten Personen mit hohem Selbstwertgefühl selbsterhöhende Strategien öfter anwenden, weil sie das positive Selbstbild bestätigen und das negativere Selbstbild von Personen mit niedrigem Selbstwert bedrohen würden.

Brown, Collins und Schmidt (1988) konnten die Annahmen beider Theorien widerlegen und schlagen eine Integration dieser beiden Ansätze vor: Sowohl Prozesse der Selbstkonsistenz als auch der Selbsterhöhung beeinflussen das Verhalten. Bei Individuen mit hohem Selbstwertgefühl steht der Wunsch nach Selbsterhöhung mit dem Wunsch nach Selbstkonsistenz im Einklang. Bei Individuen mit niedrigem Selbstwertgefühl kommt es hingegen zu einem Konflikt, weil sich diese beiden Wünsche entgegenstehen. So kommt es bei Personen mit niedrigem Selbstwertgefühl weniger zur Anwendung von – meist indirektem – Selbsterhöhungsstrategien (Brown, Collins und Schmidt, 1988).

„*[high and low self-esteem individuals share the same desire for a positive image of self, but only those who score high in self-esteem are bold enough to claim it, while those who score low in self-esteem resort to more cautious, indirect tactics*" (Baumeister, Tice und Hutton, 1989, S. 569).

Sowohl übermäßige Selbsterhöhung als auch fehlende Selbsterhöhung scheinen Hinweise auf verschiedene psychische Probleme zu sein. So könnten sich beispielsweise narzisstische Persönlichkeiten durch überdurchschnittliche Selbsterhöhungestendenzen auszeichnen (John und Robins, 1994) und depressive Personen durch Fehlen solcher Strategien. Ein vernünftiges Maß an Selbsterhöhung kann durchaus als Indikator für psychische Gesundheit gelten (Asendorpf und Ostendorf, 1998).

Eine weitere selbstwertdienliche Strategie, die Personen mit hohem Selbstwertgefühl und solche mit niedrigem Selbstwertgefühl unterschiedlich verwenden, ist das „Self-handicapping". Darunter versteht man folgendes:

„*Self-handicappers place barriers in the way of their own success, thereby jeopardizing performance. If they fail, the failure can be blamed on the handicap and not on lack of ability, wheras if they succeed despite the handicap, they receive additional credit for over-coming the obstacle*" (Tice, 1991, S. 711).

Tice geht davon aus, dass sowohl Personen mit hohem Selbstwertgefühl durch „self-handicapping" ihren Erfolg noch vergrößern wollen, versuchen Personen mit niedrigem Selbstwertgefühl, sich durch „self-handicapping" vor drohendem Misserfolg zu schützen (Tice, 1991).

Wood, Giordano-Beech, Taylor, Michela und Gaus (1994) gehen davon aus, dass es grundlegende Unterschiede zwischen Personen mit hohem Selbstwertgefühl und solchen mit niedrigem Selbstwertgefühl bezüglich der Motivation nach Erfolg und Misserfolg gibt. Personen mit hohem Selbstwertgefühl tendieren zu Selbsterhöhung, Personen mit niedrigem Selbstwertgefühl tendieren zu Selbstwertschutz.

Anstatt eine Zunahme an Selbstwertgefühl zu erreichen, beschränken sie sich darauf, Verluste zu vermeiden. Nach Erfolg verwendeten nur Personen mit niedrigem Selbstwertgefühl Strategien des abwärtsgerichteten sozialen Vergleichs, Personen mit hohem Selbstwertgefühl zeigten sich nach Erfolg nicht interessiert an sozialem Vergleich. Personen mit hohem Selbstwertgefühl suchten den sozialen Vergleich vor allem nach Misserfolg, während Personen mit niedrigem Selbstwertgefühl nach Misserfolg keine sozialen Vergleiche zogen (Wood et al., 1994).

Je nach unterschiedlichen Motiven bezüglich Selbstwertschutz oder Selbsterhöhung kommt es zu unterschiedlichen Vergleichsstrategien.

„*Wird das Ziel der Verbesserung angestrebt, ist der Vergleich mit Personen, die bessere Leistungen zeigen („Vergleich nach oben") sinnvoll: Nimmt das Individuum an, eine leistungsbessere Person habe die gleiche Grundfähigkeit, können diejenigen relevanten Attribute gesucht werden, die für den Leistungsunterschied relevant sind (z.B. Training) und gezielt verbessert werden. Insofern kann also der „Vergleich nach oben" im Dienste des Motivs nach Selbstwerterhöhung stehen*" (Frey, Dauenheimer, Parge und Haisch, 1993, S. 99).

Solch ein sozialer Vergleich dient als Rückmeldung, die zum einen motivationalen Charakter hat, indem sie das Individuum zu besseren Leistungen anspornt, zum anderen besitzt diese Rückmeldung auch informativen Charakter, weil sie Informationen darüber liefert, wie das angestrebte Ziel erreicht werden kann (Frey et al., 1993).

So wird angenommen, dass es nach einer Bedrohung zu abwärtsgerichtetem sozialen Vergleich kommt, der einer Person vor Augen führt, der es schlechter geht, was zu einer Verbesserung der eigenen Stimmung führt (Gibbson und McCoy, 1991). Diese Strategie wird vor allem von Personen mit niedrigem Selbstwertgefühl angewendet, sie scheinen daraus einen affektiven Nutzen zu ziehen (Spencer, Josephs und Steele, 1993).

Der abwärtsgerichtete soziale Vergleich dient der Selbsterhöhung, weil das Vergleichsobjekt eine Person ist, der es schlechter geht. Abwärtsgerichteter Vergleich scheint Selbstwertgefühl und positive Emotionen zu verstärken und Angst zu verringern.

Vom aufwärtsgerichteten sozialen Vergleich wird angenommen, dass er zu einer Verschlechterung der Stimmung führt. Aber unter Bedingungen, in denen Selbstbeurteilung und eine Verbesserung angestrebt werden, vergleichen sich Individuen eher mit Personen, denen es etwas besser geht als ihnen.

Buunk, Collins, Taylor, Van Yperen und Dakof (1990) gehen allerdings davon aus, dass es keinen direkten Zusammenhang zwischen der Richtung des Vergleichs und dem daraus resultierenden Affekt gibt. Ihrer Meinung nach können Personen mit hohem Selbstwertgefühl sowohl aus abwärts- als auch aufwärtsgerichtetem sozialen Vergleich mehr Nutzen ziehen, was für Personen mit niedrigem Selbstwertgefühl nicht zutrifft (Buunk et al., 1990).

Auch Aspinwall und Taylor (1993) sind der Meinung, dass der Affekt nicht automatisch durch die Richtung des sozialen Vergleichs bestimmt wird. So kann aufwärtsgerichteter Vergleich auch inspirierend sein, wenn er Informationen über erfolgreiches Coping oder Leistungsverbesserungen beinhaltet, und wenn der Bereich des Vergleichs kontrollierbar erscheint. Abwärtsgerichteter sozialer Vergleich kann auch zu negativem Affekt führen, weil dadurch Beispiele von Misserfolg und Verschlechterung der Situation gegeben werden. Beide Richtungen können also zu positivem und negativem Affekt führen, eine Vermittlerrolle scheint die Stimmung einzunehmen (Aspinwall und Taylor, 1993).

Auch bezüglich anderer Copingstrategien schienen sich Personen mit hohem und Personen mit niedrigem Selbstwertgefühl voneinander zu unterscheiden.

Schütz (1998) kam zu dem Ergebnis, dass Personen in Abhängigkeit von ihrem Selbstwertgefühl unterschiedlich effektive Copingstrategien anwenden. Personen mit hohem Selbstwertgefühl verwenden aktive und problemfokussierte Copingstrategien, während Personen mit niedrigem Selbstwertgefühl passiv auf eine Veränderung warten und Strategien der Selbstverteidigung bevorzugen. Schütz glaubt, dass Personen mit niedrigem Selbstwertgefühl vor allem auf ihren Selbstschutz konzentriert sind und sich auch als unfähig erleben, Veränderungen herbeizuführen, während Personen mit hohem Selbstwertgefühl mehr Vertrauen in sich selbst haben und zuversichtlich an Probleme herangehen (Schütz, 1998).

Es ist zu erwarten, dass sich Personen mit hohem oder niedrigem Selbstwertgefühl im kontrafaktischen Denken unterscheiden, so wie sie sich bezüglich bestimmter Copingstrategien, sozialer Vergleichsprozesse und selbstwertdienlicher Motivation unterscheiden. Diese Annahme wurde bereits in zahlreichen Untersuchungen bestätigt.

Es geht aus der Literatur allerdings nicht klar hervor, in welche Richtung diese Unterschiede gehen sollen. Eine wichtige Rolle könnten spezifische Selbstkonzepte (beispielsweise der Problemlösungsfähigkeit) spielen, die allerdings bisher kaum untersucht wurden.

3.4 SELBSTWERTSCHÄTZUNG

Ähnlich wie bei den Empathie-Emotionen können auch bei den Wertschätzungsemotionen reflexive, auf das eigene Selbst bezogene Emotionstypen unterschieden werden, nämlich die Selbst-Wertschätzungsemotion und die Selbst-Geringschätzungsemotion.

Die Typ-Spezifikation der *Selbst-Wertschätzungsemotion* lässt sich folgendermaßen formulieren: *Sich selbst als wertvolle Person (wertschätzen).* Varianten dieser Selbst-Wertschätzungsemotion sind „Selbstachtung" und „Stolz haben".

Umgekehrt lautet die entsprechende Typ-Spezifikation der *Selbst-Geringschätzungs-Emotion: Sich selbst als unwerthaltige Person (geringschätzen).*

Die prototypische Emotion dieser Selbst-Geringschätzungsemotion ist die „Selbst-Verachtung". Auch diese reflexiven Wertschätzungsemotionen können sowohl in der Form „aktueller Gefühlsregungen" wie auch als „Gefühls-Haltungen" (sich selbst gegenüber) auftreten.

Sind sie Gefühls-Haltungen, also verfestigte Überzeugungen hinsichtlich des eigenen Wertes, so handelt es sich um das sog. *Selbstwertgefühl*, das gewissermaßen das Fazit aus Selbst-Wertschätzung und Selbst-Geringschätzung darstellt: Überwiegt eine positive Selbstbewertung, so ist das Selbstwertgefühl groß; überwiegt die negative Selbstbewertung, so ist das Selbstwertgefühl entsprechend gering.

Das Selbstwertgefühl ist abhängig von den eigenen Eigenschaften, Fähigkeiten und Merkmalen, die man selbst als wertvoll oder aber als unzulänglich einschätzt; dabei ist die soziale Anerkennung eine wesentliche Einflussgröße, vor allem als Jugendlicher, wenn man „noch wenig erreicht hat", und wenn man sich erst noch eine eigene Meinung von den Werten verschaffen muss, die dann später als „quasi objektive" eingeschätzt werden (was selten reflexiv bewusst geschehen dürfte).

Insofern spielen hier die internalen Attributionsemotionen sowie die Selbstzufriedenheits- bzw. Selbstunzufriedenheitsemotionen eine wichtige Rolle: Eine positive Selbstbewertung als Gefühlshaltung (etwa des „Stolz-habens") setzt voraus, dass man zuvor (möglichst viele) aktuelle Gefühlsregungen des „Stolzseins" auf eigene löbliche Taten erlebt hat.

Dabei kann man sich natürlich täuschen, d.h. die als bewundernswert aufgefassten eigenen Eigenschaften/Fähigkeiten/Merkmale bestehen nur in der Einbildung der bewertenden Person.

Umgekehrt setzt eine negative Selbstbewertung als Gefühlshaltung voraus, dass man entsprechende Erfahrungen mit Selbstvorwurfs- bzw. Selbstunzufriedenheits-Emotionen gemacht hat.

In beiden Fällen der positiven wie der negativen Selbstbewertung muss von entsprechenden Taten (einschließlich Unterlassungen) auf „zugrundeliegende", eigene dispositionale Eigenschaften/Fähigkeiten verallgemeinert werden.

Bei der negativen Selbstbewertung kann die Selbstgeringschätzung auch eine *Depression* implizieren: Dabei ist die Person davon überzeugt, dass sie nicht zu verändernde Persönlichkeitsmängel besitzt und niemals die Person werden wird, die sie zu sein wünscht. Die entsprechenden Attributionen sind also stabil, internal und global, d.h. sie betreffen wichtige Bereiche der Persönlichkeit (vgl. Abramson, Seligman & Teasdale, 1978). Diese Tatsache könnte auch Anlass dafür sein, warum so viele Menschen Suchtprobleme haben.

Eine stabile Selbstgeringschätzung im Verbund mit einer Depression kann sich auch infolge eines tiefsitzenden und intensiven Schuldgefühls ergeben, bei dem eigene verwerfliche Taten/Unterlassungen auf moralische Charakterfehler attribuiert werden.

Paradoxerweise kann eine Person mit einem geringen Selbstwertgefühl (als Haltung) häufiger darauf pochen, „Stolz zu haben" als eine Person mit hohem Selbstwert; offensichtlich sieht sich eine Person mit geringem Selbstwertgefühl des öfteren genötigt, ihren „Wert" unter Beweis zu stellen – so etwa, wenn sie moniert, dass man sie „nicht ungestraft ignorieren kann"; dagegen sind Personen mit hohem Selbstwert von der Meinung anderer (und ihrem eventuellen Ignorieren der eigenen Person) unabhängiger.

Die eigene (stabile) Selbstbewertung mit darüber entscheidet, ob beziehungsweise in welcher Häufigkeit bestimmte aktuelle Gefühle wie etwa Ärger (als Ehrverletzung), Stolz (als Selbstzufriedenheitsemotion) und Scham (als Selbstunzufriedenheitsemotion) überhaupt erlebt werden.

Averill (1982, S. 174) analysierte die Beziehung zwischen Selbstwert und Ärger. Er nimmt einen kurivilinearen Zusammenhang zwischen Selbst, dem Niveau des Selbstwertes und der Empfänglichkeit oder „Anfälligkeit" für Ärger an: Personen mit *sehr niedrigem* Selbstwert werden eine Beleidigung als gerechtfertigt ansehen, d.h. als übereinstimmend mit ihrem eigenen Selbstbild; in diesem Fall werden sie keinen Ärger erleben, sondern eher eine weitere aktuelle Selbstgeringschätzung. Dagegen werden Personen mit *sehr hohem* Selbstwert solche Beleidigungen gar nicht als Ehrverletzungen auffassen, da der Beleidigende nicht als jemand betrachtet wird, der sie kränken kann:

Er wird nicht als wirklicher Kontrahent angesehen, seine Meinung ist unwesentlich, da der Beleidigende nicht als jemand betrachtet wird.

Das Selbstwertgefühl beeinflusst also die globale Intensitätsvariable des „Etwas-als-Wirklich-Auffassens“ im Hinblick auf bestimmtes Tun/Lassen von Urhebern (hier; etwas als wirkliche Beleidigung/Kränkung auffassen).

3.5 SELBSTMANAGEMENT

Die Konzeption der Selbstregulation menschlichen Verhaltens wurde aus dem Stimulus-Organismus-Reaktions-Konsequenzen-Modell entwickelt. In diesem Modell wurde insbesondere der Komplex der Organismus-Variablen um psychologische Dimensionen (kognitive Funktionen) ergänzt, so dass das biopsychische System sich zumindest teilweise von Umwelteinflüssen unabhängig machen konnte. Eine umfassende Darstellung des Selbstregulations-Modells findet sich bei Kanfer et al. (1996), die mit diesem Ansatz auch eine umfassende Therapiekonzeption verbinden. Das Selbstregulationssystem tritt an die Stelle der Organismus-Variablen, und umfasst die Schritte der Selbstbeobachtung, der Selbstbewertung und der Selbstverstärkung. Zentral ist im Bereich der Selbstbewertung der Vergleich zwischen „Leistung“ und „Leistungsstandards“, womit eine leistungsorientierte Begrifflichkeit und implizit ein entsprechend nahe an einer calvinistischen Ethik liegendes Menschenbild eingeführt wird (Aktivität, Erfolg, Willensstärke).

Selbstregulation meint „die Tatsache, dass eine Person ihr eigenes Verhalten im Hinblick auf selbstgesetzte Ziele steuert, (wobei) die Regulation...durch eine Modifikation des Verhaltens selbst oder durch eine Einflussnahme auf die Bedingungen des Verhaltens“ erfolgt (Kanfer, 1996), und setzt ein, wenn ein gewohnter Verhaltensfluss unterbrochen wird. Handlungsroutinen sollten dann überprüft werden, mit anderen Worten: Automatisierte sollten in kontrollierte Informationsverarbeitung übergehen, wobei insbesondere die sog. Beta-Variablen (kognitive Prozesse, z.B. Denken, Erinnern, Bewerten, Planen) eine große Rolle spielen. Neben Beta-Variablen enthält das System-Modell noch Alpha-Variablen (bebachtbares Verhalten, externe Umgebungsbedingungen) und Gamma-Variablen (biologische Prozesse und darauf wirkende Substanzen). Verhalten und Verhaltenskonsequenzen lassen sich auf diesen drei Ebenen beschreiben.

Selbstkontrolle wird als Spezialfall von Selbstregulation eingeführt und tritt (eventuell) dann ein, wenn die Verhaltensalternativen für die Person konflikthaft sind (z.B., wenn es gilt, einer Versuchung zu widerstehen oder eine aversive Situation zu ertragen). Weder der Begriff der Autonomie noch der Begriff der Selbstregulation werden bei Kanfer et al. als genuine Systemqualitäten eingeführt, was sie in lebenden, also selbstherstellenden und selbsterhaltenden Systemen eigentlich sein müssten. Autonomie wird vielmehr als Ziel der Selbstmanagement-Therapie vorgestellt, d.h. in einem psychologischen Sinn und nicht als grundlegendes Merkmal lebender Systeme verstanden.

So ist denn *„Selbstregulation"* keine Funktion rekursiver Systemstrukturen, sondern steht eher für eine innere kognitive Instanz, für eine Art „Steuerungszentrale". Die Frage nach dem „Selbst" der Selbstregulation bleibt ungeklärt und der Menchanismus (nach dem Vorbild der TOTE-Einheiten von Miller et al., 1973) einem kybernetischen Ist-Soll-Abgleich verhaftet. Solange die Frage der Sollwertentwicklung bzw. der Entwicklung von Leistungsstandards nicht aus der Systemdynamik selbst heraus eine Antwort finden kann (Haken, 1993), ist eine Nähe zu Homunkulus-Theorien nicht von der Hand zu weisen:

Normen, Werte, Ziele bleiben extern eingeführte „Ordner" des Verhaltens. Die von Kanfer et al. beschriebene Selbstmanagement-Therapie umfasst eine Vielzahl von Einzelschritten und Techniken (z.B. der Verhaltensanalyse, der Zielklärung, der Interventionsplanung). Therapie wird dabei als interaktives Problemlösen verstanden. Wesentlich ist die aktive Beteiligung des Klienten sowie die Ziel- und Zukunftsorientierung im therapeutischen Prozess.

3.6 SELBSTORGANISATION

Kant war der erste, der den Begriff der Selbstorganisation, d.h. der autonomen Strukturbildung in komplexen Systemen einführte – heute ein zentrales Thema moderner Systemtheorien.

Die psychologische Forschung hat in den letzten Jahren deutlich gemacht, welch zentrale Bedeutung selbstorganisierten Prozessen für physiologische und psychologische Funktionen zukommt (z.B. Tschacher, Schiepek, Brunner, 1992).

Die zentrale Idee des Prinzips „Selbstorgansiation" besteht darin, dass die Wechselwirkungen zwischen den Elementen eines Systems zu einem kohärenten Verhaltensmuster bzw. einer Ordnungsstruktur führen, die ihrerseits die Verhaltensmöglichkeiten der Elemente im Sinne des sich herausbildenden Musters einschränkt. Es besteht also ein kreiskausales Zusammenspiel nicht nur zwischen den Elementen eines Systems, sondern auch zwischen Bottom-up und Top-down-Prozessen. Das System erzeugt seine eigenen Verhaltensvorgaben. Wissenschaftlich bedeutsam ist an diesem Prinzip, dass es Antworten gibt auf eine wichtige Frage:"Wer steuert den Steuermann?" Diese Frage ist deshalb so wichtig, weil die Psychologie ohne eine vernünftige Antwort darauf im Stadium von Homunkulus-Theorien stecken bleiben würde.

In klassischen Regelkreismodellen (z.B. dem Selbstregulationskonzept) muss irgendjemand die Sollwerte oder die Leistungsnormen setzen, an denen sich Bewertungs- und Steuerungsprozesse dann orientieren. Dass dies leicht zu infiniten Regressen, zu „Homunkuli" oder zu diffusen Konstrukten wie „letzte Bedürfnisse" oder „die Erziehung" führt, ist leicht einzusehen, aber für eine naturwissenschaftliche Theoriebildung höchst unbefriedigend. Der entscheidende Schritt ist getan, wenn die Funktionsweise eines Systems auch seine eigene Sollwertsetzung, seine eigenen Ordnungsvorgaben erklärt.

Ein entscheidender Schritt wurde von dem theoretischen Physiker Haken (1993) getan, und zwar mit seinem Konzept der Synergetik, der „Lehre vom Zusammenwirken". Es handelt sich dabei nicht um eine physikalische Theorie im engeren Sinn, sondern um eine allgemeine *Theorie der Strukturbildung*, die für unterschiedliche Phänomenenbereiche und Disziplinen spezifiziert werden kann und muss. Gemeint ist das Zusammenwirken von Elementen eines Systems, welches unter bestimmten angebbaren Bedingungen zu kohärenten Verhaltensmustern führt.

Eine dieser Bedingungen besteht darin, dass das System über eine große Zahl von solchen Elementen verfügt, wie etwa die Moleküle in einer Flüssigkeit oder die Neuronen und einem Areal des Gehirns. Natürlich kann man sich auch vorstellen, dass psychische Elementarereignisse (z.B. Gedanken, Gefühle, also Kognitions-Emotions-Einheiten) oder kommunikative Beiträge in einem Arbeitsprozess sich zu umfassenden Mustern oder Prozessgestalten (z.B. dominierende Erlebniszustände, Gruppenklima) formieren. Eine andere Bedingung bezieht sich auf das Verhältnis von System und Umwelt.

Selbstorganisierende Systeme müssen thermodynamisch bzw. energetisch offen sein, um durch Energiezufuhr hinreichend weit vom (thermodynamischen Gleichgewicht ausgelenkt zu werden. Systeme, die Energie von außen aufnehmen und verbrauchen werden dissipativ bezeichnet. Die Gleichgewichtsferne psychischer Systeme lässt sich außer durch externe Anregung auch durch interne Energetisierungen – im Fall psychischer Systeme etwa durch motivationale Prozesse – erreichen. Im Fall psychischer und sozialer Systeme bezieht sich die Umweltoffenheit nicht nur auf die biologisch-energetische Basis, sondern auch auf den sensorischen Input.

Eine dritte Bedingung besteht in der Nichtlinearität der Wechselwirkungen zwischen Systemelementen und in der Folge auch zwischen Mikroebene (kohärentes Systemverhalten). Diese Nichtlinearität der Wirkungen ist ein wesentlicher Grund dafür, dass neue Ordnungszustände in einem System oft spontan und sprunghaft auftreten oder wechseln, obwohl sich externe Einflüsse auf das System nur linear, kontinuierlich verändern.

Im Bereich der Psychologie und des Managements hat man es nicht nur mit der Entstehung von Ordnung aus Unordnung, sondern vor allem mit Übergängen zwischen Ordnungszuständen zu tun. Bestehende und vielleicht – wie im Fall der Psychotherapie oder der Unternehmensberatung – restriktive, dysfunktional gewordene, nicht selten aber sehr stabile Ordnungszustände müssen destabilisiert werden, um neue Ordnungszustände zu ermöglichen. Die Diagnose von und der Umgang mit Stabilität und Instabilität bei der Anregung selbstorganisierender Prozesse gehören daher zu den wesentlichen professionellen Kompetenzen in diesen Bereichen.

Die elaborierteste Selbstorganisationstheorie wurde von Haken entwickelt und wird als Synergetik bezeichnet. Die psychologischen Anwendungen der Synergetik liegen z.B. in den Bereichen der Modellbildung von Wahrnehmungsprozessen, der motorischen Koordination, dem Verständnis von Entscheidungsprozessen, in der Psychotherapie- und Gruppenforschung.

3.7 SELBSTREFLEXION

Menschliches Handeln ist strukturell selbstreflexiv. Die fehlende Instinktregulation, durch die Situationen in ihrer Bedeutung festgelegt und Reaktionen vorprogrammiert werden, muss durch die Interpretation von Wirklichkeit und die Entwicklung von Zielen, Normen und Regeln kompensiert werden. Innere und äussere Wirklichkeit wird daher zu einem handlungskonstitutiven Bild verarbeitet, und das ständig aufs Neue, weil im historischen Prozess unsere Wirklichkeitsbilder dauernd „veralten".

Einerseits ist Selbstreflexion ein aufwendiger Prozess, der nicht permanent betrieben werden kann, andererseits wird sie durch innere und äußere Bedingungen beeinträchtigt. Sie operiert daher nicht immer auf gleiche Weise.

Abstrakt müssen mindestens zwei Formen unterschieden werden:

Funktionale Selbstreflexion steht immer im Dienst der subjektiven und sozialen Reproduktion und teilt daher über weite Strecken die Routine und Blindheit von Instinkthandlungen. Dieser reduzierte Modus dient der Handlungsökonomie und entlastet von unnötigen Problematisierungen. Unter widersprüchlichen Bedingungen verfestigen sich verzerrte Mechanismen der funktionalen Selbstreflexion zu undurchschauten und verdinglichten Formen „falschen" Bewusstseins, die dann als Kitt fungieren und widersprüchliche Subjektivität wie Objektivität zusammenhalten. Sie dient deren Stabilisierung, indem sie Handlungssicherheit auf defizientem Niveau festschreibt. Die dabei zwangsläufig auftretenden Ungereimtheiten werden entsprechend nicht nach Wahrheitskriterien bearbeitet, sondern applaniert. Wirklichkeit ist jedoch nicht vollständig abgedichtet.

Manche intrapsychischen und sozialen Widersprüche provozieren ebenso wie manche Integrationstechniken psychischer und sozialer Art eine Selbstreflexion, die sich darauf beschränkt, meist vorbewusst Situationen/Personen nach Bedarf des eigenen psychosozialen Gleichgewichts zu klassifizieren und die jeweils unhinterfragt zugeordneten Reaktionen abzurufen, beginnt *kritische Selbstreflexion* damit, Kriterien, nach denen klassifiziert wird, und Zusammenhänge, in denen Handlungen stehen, zu hinterfragen.

In ihr vollzieht sich eine Entwicklung von der bloß praktischen Assimilation von Wirklichkeit im Sinne einer blinden Handlungsfähigkeit zur symbolischen Reproduktion mit hoher subjektiver Beteiligung, aber (idealiter) ohne subjektive Verzerrungen. Statt Wirklichkeit auf prämsybolischem Niveau oder in verdinglichter Form zu bewerten und verwerten, zielt kritische Selbstreflexion auf vollständiges Begreifen von Handlungen und Interaktionssystemen.

Damit ändern sich subjektive wie soziale Wirklichkeit qualitativ: Der höhere Erkenntnisgehalt des Bewusstseins lässt die Möglichkeiten und Grenzen von Handeln deutlicher werden, Handeln wird kompetenter, wenn der Handelnde sich der subjektiven und objektiven Bedingungen bewusst ist, Interaktionssyteme werden transparenter (und weiten sich aus), wenn Regeln bekannt und aktiv beeinflussbar sind. Kritische Selbstreflexion als subjektiver Prozess ist in Formen sozialer Institutionalisierung eingebunden.

Die Institutionalisierung von Selbstreflexion ist jedoch auf allen Ebenen der sozialen Realität problematisch: Gruppen, Organisationen, (Sub-)Kulturen und (Sub-)Systeme haben sowohl mit der Implementierung selbstreflexiver Modalitäten als auch mit der Stabilisierung selbstreflexiver Praxis als Thema der Institution erhebliche Schwierigkeiten. Dies liegt daran, dass kritische Selbstreflexion den Status quo bedroht, weil sie manifeste wie latente Konflikte/Widersprüche thematisiert. Ein weiteres Problem ergibt sich aus den spezifischen Institutionalisierungseffekten von Selbstreflexion: Sie belastet den erforderlichen Eigenbedarf von Institutionen und bleibt dauerhaft instabil (Schülein, 1986).

3.8 SELBSTHILFE

Selbsthilfe ist ein Sammelbegriff, mit dem unterschiedliche Formen zusammengefasst werden (vgl. Runge et al., 1993, S. 41 ff):

Tabelle 1: Selbsthilfe (Runge et al., 1993)

1.	Direkte, gegenseitige Hilfe und Unterstützung (z.B. in Form von Nachbarschaftshilfe)
2.	sozialtherapeuthische, themenbezogene Gesprächsgruppen (Selbsthilfegruppen). Selbsthilfegruppen sind an sich meist wenig politisch und verstehen sich als Ergänzung zu den Angeboten der medizinischen Versorgung. Sie kritisieren zwar das ärztliche Versorgungssystem, stellen aber zumeist das professionelle System nicht grundsätzlich in Frage. Sie wirkten sich dennoch politisch aus, da durch Selbsthilfegruppen Herrschaftswissen (z.B. medizinisches Wissen der Ärzte) den Betroffenen zur Unterstützung eigener Entscheidungen verfügbar wird. Aus Selbsthilfegruppen (v.a. im Bereich chronischer Krankheiten) haben sich in den letzten Jahren Interessenverbände zu bestimmten Themen entwickelt, die sich durch eine verstärkte Öffentlichkeitsarbeit erfolgreich um (gesundheits-) politischen Einfluss bemühen und dazu Gesundheitsthemen in den öffentlichen Diskurs einbringen.
3.	Soziale Selbsthilfe, die Aktivitäten von Gruppen entspricht, welche einem größeren Kreis von Betroffen (zu dem sie meist selbst gehören) helfen wollen (z.B. Bürgerinitiativen).

Explizites Ziel ist, sich nicht auf das Handeln des Staates zu verlassen, sondern selbst Abhilfe zu schaffen oder sozio-kulturelle Alternativen für sich und andere zu realisieren. Diese Gruppen vertreten einen explizit politischen Anspruch mit Veränderungspraxis.

Gemeinsame Eigenschaften der verschiedenen Formen von Selbsthilfe sind Autonomie, Solidarität (Sozialengagement), Betroffenheit, Freiwilligkeit und das Prinzip der Selbstorganisation. Selbsthilfe dient der Erhöhung und Stärkung der Eigeninitiative von Personen und Gruppen, was ein Potential gegenseitiger Unterstützung und konkreter Hilfe hervorbringt. Die Kraft und das Empowerment entwickeln sich durch Verknüpfung von Eigennutz und Gruppenfortschritt.

Selbstorganisierte Gruppen sind damit politische und soziale Netzwerke. Als aktuelle Tendenz zeigt sich eine verstärkte Kooperation von Profis und Selbsthilfegruppen – durchaus aus unterschiedlichen Motivationen. Kooperation mit Selbsthilfegruppen ist für Profis in Zeiten des Abbaus sozialer Leistungen eine Möglichkeit, die eigene professionelle Position zu stärken. Dies verlangt von den Professionellen, sich vom bestehenden Defizitblickwinkel (d.h. vom medizinischen Modell) zu verabschieden und stärker an den Kompetenzen, Ressourcen und Stärken der Nutzer anzusetzen.

Seit Beginn der 80er Jahre haben sich Patienten- und Angehörigenorganisationen gebildet, die eine selbstbewusste, kompetente und wirkungsvolle öffentliche Interessenvertretung betreiben. Nutzerorganisationen nehmen oft mit der Unterstützung engagierter Fachleute Einfluss auf institutionelle Vorkehrungen zur Sicherung von Freiheits- und Schutzrechten.

Unter dem Begriff der Nutzerkontrolle fasst man die unterschiedlichen Initiativen und Bestrebungen der Nutzer medizinischer und psyochoozialer Dienste zusammen, die darauf gerichtet sind, Freiheits- und Schutzrechte, Ansprüche auf vollständige Information, Aufklärung und Transparenz sowie Selbstbestimmung und Mitwirkung bei der Planung, Durchführung und Qualitätsbeurteilung von Interventionen gegenüber der „Logik" der Institutionen und dem professionellen Behandlungs- und Definitionsmonopol durchzusetzen.

Darüber hinaus zielt Nutzerkontrolle auf die Anerkennung der Nutzer als gleichberechtigte und suveräne Partner, eine umfassende Berücksichtigung ihrer Subjektivität und Eigenkompetenz und den Schutz vor Ausnutzung krankheitsbedingter Abhängigkeit.

Nutzerkontrolle zielt auf die Bildung von Gegenmacht gegenüber dem Versorgungs- und Behandlungssystem. Nutzerinitiativen verstehen sich als kritisches Korrektiv gegenüber Tendenzen von Medikalisierung, Therapeutisierung, Institutionalisierung und artikulieren ihren Widerstand gegenüber sozial- und gesundheitspolitischen Leistungseinschränkungen.

Nutzerkontrolle wehrt sich gegen wohlmeinend vereinnahmende, gleichwohl patriarchal geprägte fürsorgliche Belagerung durch die „guten" Helfer und gegen vordergründige Harmonisierung und Scheinintegration. Damit waren und sind für Fachkräfte oft schmerzhafte (kränkende) Konflikte im Aushandlungsprozess mit den Nutzern vorprogrammiert. Diese Auseinandersetzungen tragen in produktiver Weise zu einer Stärkung der Nutzerposition bei, wie sich aus der Entwicklung der Selbsthilfe- und Initiativenbereiches und aus ansatzweisen Veränderungen im institutionellen und professionellen Umgang mit Patienten und Klienten ablesen lässt.

3.9 DIE ROLLE DES SELBST FÜR SCHAM UND SCHULD

Das Bewusstsein vom eigenen Selbst - die Fähigkeit, in Erleben und Verhalten bewusst auf sich selbst Bezug zu nehmen - bildet sich in der Ontogenese mit circa eineinhalb bis zwei Jahren heraus (vgl. Lewis, 1999; Bischof-Köhler, 2000). Emotionen wie Schuld und Scham, stellen eine Bewertung der eigenen Person dar und können deshalb frühestens mit einsetzendem Selbstbewusstsein (engl. „self-awareness") auftreten.

Mit sechs Lebensmonaten können Kinder bereits Überraschung, Interesse, Freude, Ärger, Traurigkeit und Ekel empfinden (Lewis, 1987, 1999) – Emotionen, die kein Selbst-Bewusstsein benötigen. Untersuchungen von M. Lewis (1992b, zit. nach Lewis, 1999) zeigen, dass mit zwei Jahren Kinder bereits Empathie, sowie die Gefühle Neid und Verlegenheit (bzw. Peinlichkeit, engl.: „embarrassement") erfahren. Verlegenheit in dieser frühen Form entsteht, wenn sich Kinder auf unangenehme Weise beobachtet fühlen. Diese frühen Emotionen beinhalten nach M. Lewis (1999) noch keine ***Bewertung*** des Selbst.

Um aber auch Scham (bzw. Peinlichkeit) und Schuldgefühle empfinden zu können, ist es notwendig, das eigene Verhalten oder Handeln besser bewerten zu können (Lewis, 1999). Diese von M. Lewis (ebd.) auch als „self-evaluative emotions" bezeichneten Gefühle hängen mit kulturspezifischen Normen („standards, rules and goals (SRGs)", Lewis, 1999) zusammen, ein zumindest einfaches Verständnis sowie ***Internalisierung*** von SRGs und das Entstehen „selbstevaluativer Standards" (Brandstädter, 2001).

Mit zwei Jahren haben Kinder bereits einige SRGs internalisiert. Scham und Schuld treten in der Ontogenese relativ früh auf – eventuell schon im dritten Lebensjahr (Barrett, Zahn-Waxler & Cole, 1993, zit. nach Bischof-Köhler, 2000), möglicherweise aber auch erst mit 3 Jahren (vgl. Lewis, 1999).

Das für die Empfindung von Scham und Schuld nötige „Selbst-Bewusstsein" (das sog. „Mich-Selbst" oder auch „ME") entwickelt sich mit circa eineinhalb Jahren, nimmt jedoch von Geburt bis ins Erwachsenenalter hinein an Komplexität zu und unterliegt ständigen Veränderungen. Diese Variabilität liegt nicht nur in Vorgängen der intentionalen Selbstregulation begründet, sondern auch in der flexiblen Anpassung an die jeweiligen Kontexte (vgl. „Arbeits-Selbstkonzept", „impression management" etc.). Das ***Selbstwertgefühl*** – die evaluative Komponente des Selbstkonzeptes und eine wichtige Komponente des Wohlbefindens – unterliegt mehr oder weniger starken Schwankungen.

Eine stabile Selbstgeringschätzung im Verbund mit einer Depression kann sich auch infolge eines tiefsitzenden und intensiven Schuldgefühls ergeben, bei dem eigene verwerfliche Taten/Unterlassungen auf moralische Charakterfehler attribuiert werden.

3.10 SELBSTDARSTELLUNG UND SELBSTWERTSCHUTZ

In der Emotionsforschung wie in den Ansätzen zur Stressbewältigung ist den unterschiedlichen Absichten, die beim Umgang mit Emotionen verfolgt werden können, bisher wenig Aufmerksamkeit geschenkt worden. Nahezu unbeachtet blieb die Absicht, ein ganz bestimmtes Bild der eigenen Person beim Interaktionspartner hervorzurufen, also den Eindruck zu steuern, den man auf andere ausübt. In vielen Situationen bemüht man sich beispielsweise, Angst oder Ärger nicht sichtbar werden zu lassen, weil dies dem angestrebten Eindruck von Selbstsicherheit und Kompetenz – für viele Personen hoch bewertete Identitätsdimensionen – widersprechen würde.

Solch eine zielgerichtete Eindruckslenkung, meist als Selbstdarstellung bezeichnet, steht im Mittelpunkt verschiedener Ansätze in der Sozial- und Persönlichkeitspsychologie, die bisher nur vereinzelt für die Bewältigungsforschung nutzbar gemacht wurden (Schlenker, 1980). Selbstdarstellung beschränkt sich jedoch keineswegs auf öffentliche Auftrittssituationen, sondern prägt auch entscheidend die Emotionsbewältigung in intimen Beziehungen.

Mit der Vermittlung solcher Selbstbilder will der Handelnde Einfluss darauf nehmen, wie ihn die Interaktionspartner wahrnehmen und behandeln. Die Projektion von Selbstbildern kann dabei gegenüber real vorhandenen, aber auch gegenüber bloß vorgestellten Interaktionspartnern stattfinden. In einigen Ansätzen wird an Stelle des imaginierten Publikums sogar das eigene Selbst als „Publikum" bzw. interner Adressat eingeführt. Häufig berücksichtigen wir bei unserer Selbstdarstellung interne und externe Adressaten gleichzeitig oder wechseln schnell zwischen dem externen und dem internen Publikum hin und her (siehe das Modell der *Ausrede* von Snyder, Higgins & Stucky, 1983).

Selbstdarstellung kann auf viele unterschiedliche Motive zurückgeführt werden (u.a. auf das Bedürfnis nach sozialer Anerkennung; Bemühen, einem Publikum zu gefallen; Streben nach Selbstverwirklichung). Es wurde auch versucht, sämtliche Formen der Selbstdarstellung von einem Macht- oder Kontrollmotiv abzuleiten (Tedeschi & Norman, 1985). Es überrascht daher auch nicht, dass die Kontrolle des Emotionsausdrucks zum Kern eines Persönlichkeitskonstruktes gehört, das interindividuelle Unterschiede in der Selbstdarstellung beschreibt, dem self-monitoring-Konzept von Snyder (1987), der darunter die interindividuell unterschiedlich ausgeprägte Fähigkeit zur Konrolle des emotionalen Ausdrucks versteht.

Diese Fähigkeitsdimension der expressiven Kontrolle ist von außerordentlicher Bedeutung bei der Eindruckslenkung, d.h., beim gezielten Vermitteln von Selbstbildern, denn es besteht ja die Gefahr, dass die Gefühle, die man nicht zeigen möchte, „durchsickern" und die Interaktionspartner daher einen ganz anderen Eindruck formen als der Darsteller vermitteln wollte (Ekmann & Friesen, 1982; Lippa, 1976).

Die Fähigkeit zum Gefühlsausdruck wird auch angesprochen, wenn es darum geht, Gefühle, die man empfindet und die man anderen Personen gegenüber ausdrücken möchte, auch tatsächlich ausdrücken zu können. In diesem Sinne sprechen Buss und Briggs (1984) von Expressivität, Cheek und Hogan (1983) von Selbstinterpretation.

Grundsätzlich würde es sich anbieten, die gesamte Forschungsliteratur zum Thema Ausdruck und Kommunikation unter dem Gesichtspunkt der Emotionsdarstellung zu untersuchen (Buck, 1984; Ekmann, 1984, 1985; Frijda, 1986; Scherer & Wallbott, 1984).

Emotionsdarstellung als Variante der Selbstdarstellung lässt sich als Zwischenschritt auf dem Wege des Selbstwertschutzes, der Emotionsregulation und der Problemlösung ansehen, wobei die Bedeutung der einzelnen Funktion und die Form ihrer Verknüpfung sicherlich interindividuell stark variieren.

Wie beispielsweise die Analyse der Emotionsdarstellung bei Krebskranken, von Wortman und Dunkel-Schetter (1979) zeigt, sieht der Krebskranke seinen Selbstwert durch den Verlust von Beziehungen in Frage gestellt. Der Krebskranke braucht aber die anderen, um sich selbst zu bestätigen, dass er liebenswert und attraktiv geblieben ist. Aus diesem Grund behält er die „abschreckenden" negativen Gefühle für sich und gibt Wohlbefinden vor.

Er versucht durch sein Einwirken auf andere, die soziale Isolation zu überwinden (Problemlösung) und seinen beeinträchtigten Selbstwert zu erhöhen, was im Fall des Gelingens zu positiv getönten Emotionszuständen führt (Emotionsregulation). Die Beziehung zwischen Selbstwert und positiven Emotionen ist empirisch gut belegt (Filipp & Aymanns, 1987; Thoits, 1985a, b).

Selbstdarstellung ist meistens nicht Endziel des Verhaltens, sondern steht im Dienste von Bewältigungsfunktionen wie der Emotionsregulation, der Problemlösung und/oder des Selbstwertschutzes. Daneben kann sich Selbstdarstellung auf Ziele richten, die über die Bewältigung von Emotionen hinausgehen wie Selbstwerterhöhung, Aufbau einer bestimmten Identität oder Reputation wie Glaubwürdigkeit, Attraktivität, Kompetenz, Macht etc. Die jeweilige Reaktion soll dann mehr leisten als „nur" Problemlösung, Emotionsregulation oder Selbstwertschutz. Diese Auffassung deckt sich mit heterostatischen Ansätzen, bei denen Bewältigung nicht nur als Ausgleich einer Störung gesehen wird (regulative Thematik nach Thomae, 1968), sondern als Chance zu Wachstum, Weiterentwicklung, Daseinssteigerung oder Lebensbewältigung (Oerter, 1985; Olbrich, 1985).

3.11 SELBSTBEHINDERUNG

Emotionsdarstellung und defensive Bewältigungsformen können gemeinsam zum Schutz des Selbstwertes eingesetzt werden, wie sich bei der von Jones und Berglas (1978) beschriebenen Selbstbehinderung (self-handicaping) veranschaulichen lässt. Wegen der getrennten Entwicklung von Bewältigungs- und Selbstdarstellungsforschung ist diese komplexe Form der Selbstdarstellung in der Literatur zur Emotionsbewältigung noch gar nicht zur Kenntnis genommen worden.

Kerngedanke ist, dass jemand eine vergleichsweise geringe „Behinderung" eingesteht, um sein Selbstbild hinsichtlich zentraler Bereiche wie Kompetenz und Intelligenz zu schützen. Er versucht damit, die Attributionen anderer Personen, so weit sie seine eigene Leistung betreffen, zu steuern. Der Einsatz von Selbstbehinderung ist immer dann wahrscheinlich, wenn die zu erbringende Leistung sich auf selbstwertrelevante Bereiche des Individuums bezieht und die Möglichkeit eines schlechten Abschneidens gegeben ist wie im Falle von Bewertungsängsten (z.B. soziale Angst oder Prüfungsangst).

Besonders bei habituellem Einsatz ist self-handicapping mit Kosten für das Selbstkonzept der betreffenden Person verbunden, da sie nun als hochängstlich gilt und – schlimmer noch – möglicherweise diese Einschätzung im Laufe der Zeit übernimmt. Es ist denkbar, dass der Selbstbehinderer am Anfang die empfundene Angst absichtlich übertrieben darstellt. Dies schließt nicht aus, dass er sich selbst am Ende als hochängstliche Person betrachtet, weil wichtige Bezugspersonen seine Darstellung eines Hochängstlichen akzeptieren und ihn entsprechend behandeln:

„Self-presentations are not only effective in fooling an audience; they also often deceive the actor as well" (Schlenker, 1980, S. 199).

Hieraus lässt sich für die Stressforschung eine neue, über den Einzelmechanismus "Selbstbehinderung" hinausgehende Interpretation der Chronifizierung von Bewältigungsformen ableiten (Laux, 1986): Möglicherweise bewirkt erst das "self-defining feedback" wichtiger Personen des Publikums die Chronifizierung des Einsatzes dieser Bewältigungsformen.

Habituelle Selbsttäuschungen, wie sie sich z.B. in sog. „Lebenslügen" (Lazarus, 1983) manifestieren, wären als Ergebnis eines solchen wechselseitigen Beeinflussungsprozesses anzusehen. Extrem formuliert: Die Selbstdarstellung beginnt mit dem bewussten Versuch, das Publikum zu täuschen, am Ende hat man jedoch über die Wirkweise des „self-defining feed-back" sich selbst getäuscht.

Angesichts der potentiellen Kosten beim Einsatz von self-handicapping liegt es nahe, dass man im Fall von Selbstwertbedrohungen zunächst einmal versucht, weniger ruinöse Selbstschutzmechanismen einzusetzen. Hier bietet sich ein reichhaltiges Repertoire von Erklärungen an, die Schlenker und Leary (1982) als selbstwertdienliche Erklärungen zusammengefasst haben.

Sie werden ebenfalls eingesetzt, um Selbstbilder zu schützen, die auf zentralen Bereichen des Selbstwertes basieren. Wenn jemand z.B. befürchtet, in einem Vorstellungsgepräch schlecht abzuschneiden oder bereits tatsächlich schlecht abgeschnitten hat, kann er Gründe aufführen, die mit der Situation zusammenhängen oder mit einem temporären persönlichen Zustand. Damit soll den relevanten Interaktionspartnern verdeutlicht werden, dass die schlechte Leistung nicht repräsentativ ist für die wahre Leistungsfähigkeit des Betreffenden. Gelingt es, diesen Eindruck zu vermitteln, werden seine öffentliche Einschätzung und sein Selbstwert nicht beeinträchtigt.

3.12 SUBJEKT

Philosophiegeschichtlich taucht der Begriff in der frühbürgerlichen Gesellschaft als Aneignung von Welt auf. Für den nach wissenschaftlicher Wahrheit suchenden Philosophen Descartes war das Subjekt das in seinem Fürwahrhalten übriggebliebene Unzweifelhafte.

Die Wahrheit einer den Erkenntisprozessen zugrunde liegenden Entität eines Subjekts („Ich denke, also bin ich") war für Descartes so eindeutig, dass auch *„die überspanntesten Annahmen der Skeptiker sie nicht zu erschüttern vermochten"*, er konnte sich seinem *„Dafürhalten nach als das erste Prinzip der Philosophie, die ich suchte, annehmen"* (1969, S. 31).

Bei Kant wird das denkende Subjekt als das alle Erkenntisprozesse bestimmende Subjekt erschlossen /(1965, III). Nicht nur erkenntistheoretisch, auch moralisch wird dem Alltagshandeln des Menschen dieses freie Subjektsein zugrunde gelegt, das durch seine Handlungen zur Gemeinschaft freier Subjekte beitragen soll. An Descartes' frühbürgerlichem Denken und Kants aufklärerischen Vorstellungen wird deutlich, wie die der bürgerlichen Gesellschaft zugrunde liegende Idee des Subjekts eine aus den gesellschaftlichen Bedingungen herausgelöste Denkfigur war, die frei auf die Welt einwirken und sie bestimmen konnte. Für die Mehrheit der Bevölkerung entsprachen die kapitalistischen Produktions- und Reproduktionsverhältnisse nicht der bürgerlichen Denkfigur des freien, autonomen Bürgers.

Differenziert ausgearbeitet ist sie in der phänomenologischen Philosophie, wo der Mensch nicht durch gesellschaftliche Verhältnisse konstituiert wird, sondern eine durch Intentionalität gekennzeichnete konstitutive Rolle einnimmt (Husserl, II, 1950).

Auch Sartres Existentialismus ist im Denken Descartes verwurzelt. Es kann für ihn keine andere Wahrheit geben als diese:

„Ich denke, also bin ich. Es ist dies die absolute Wahrheit des Bewusstseins, das zu sich selbst kommt" (Sartre, 1986, S. 25).

Über Descartes hinausgehend konzipiert Sartre das menschliche Subjekt nicht nur als „sich selbst absolut wahr erkennend, sondern auch alle anderen" (ebd. S. 26).

Viele subjektzentrierte Psychologien sind auf diese Art von Subjektivität bedacht, dass der gesellschaftliche und geschichtliche Kontext verloren geht. Hier setzt die marxistische Kritik des bürgerlichen Subjektbegriffs an: Eine gesellschaftlich verwurzelte Subjekttheorie muss von den „wirklichen Voraussetzungen" ausgehen.

„Sie verlässt sie keinen Augenblick. Ihre Voraussetzungen sind die Menschen, nicht in irgendeiner phantastischen Abgeschlossenheit und Fixierung, sondern in ihrem wirklichen, empirisch anschaulichen Entwicklungsprozess unter bestimmten Bedingungen" (Marx & Engels, 1969 S. 27).

Für die Marxisten entwickelten sich unter den kapitalistischen Bedingungen die Ausgebeuteten dieses Systems zum Träger revolutionärer gesellschaftlicher Umgestaltungen. In den Konzeptionen der kritischen Theorie schwindet die Chance des Proletariats, sich zum revolutionären Subjekt herauszubilden, da die neuen Formen sozialer Kontrolle Befreiung immer unwahrscheinlicher machen (Marcuse, 1978).

Mit dem Positivismus und dem Poststrukturalismus wird der „Tod der Subjekte" heraufbeschworen. Den Positivisten zufolge kann der Begrifff Subjekt nicht verifiziert oder falsifiziert werden, so dass die Aussage über eine der Erkenntnis und dem Handeln zugrunde liegende beharrliche und substantielle Instanz „sinnlos" ist. Aber ist nicht „leiden, ändern und entwerfen ohne Subjekt ein Unding?" (Czapiewski, 1975, S. 188).

Der Poststrukturalismus konstruiert einen kontextualisierten Subjektbegriff. Der dabei ins Spiel gebrachte Nietzsche kritisiert bereits im 19. Jhd. das in sich identische Subjekt als „Fiktion". Will man am Begriff Subjekt festhalten, dann ist dies nur möglich, wenn das Subjekt als „Vielheit" konzipiert wird (Nietzsche, 1979, IV, S. 63). Auf der Vielheit des Subjekts beruht die Schaffenskraft, die jeder Mensch braucht, um sich selbst zu überschreiten bzw. zu überwinden. Vielheit geht bei Derrida Hand in Hand mit Differenz:

„Es gibt kein Subjekt, das Agent, Autor oder Herr der différance wäre und dem sie sich möglicherweise empirisch aufdrängen würde. Die Subjektivität ist – ebenso wie die Objektivität – eine Wirkung der différance, eine in das System der différance eingeschriebene Wirkung" (1986, S. 70).

Im Denken der gestreuten Vielfalt können nach Foucault (1986) neue Formen der Subjektivität mit dem Recht auf Differenz und Variation entstehen, indem die Subjekte nicht länger Untertanen der Macht- und Wissenssysteme bleiben, sondern die sozialen, politischen und ökonomischen Strukturen aufbrechen. Auch im Postfeminismus werden solche Widerstandsmomente offensichtlich, denn das Subjekt, das weder Ursprung noch Produkt ist, ist

„die stets vorhandene Möglichkeit eines bestimmten Prozesses der Umdeutung" (Butler, 1993, S. 47).

Lebensweltforschung, qualitative Sozialforschung, narrative Interviews und Biographieforschung sind in der Lage, die Vielheit und Differenz des Subjekts unterstützend zu begleiten. Selbsthilfeprojekte könnten im Widerstreit gegen Macht-, Wissens- und Ordnungssysteme Wissensarten auferstehen lassen, die in formalen Systematisierungen untergingen. Neue kontextualisierte Formen von Subjektivität könnten sich so entwickeln (Foucault, 1987). Die Vorstellung, eines ungesellschaftlichen Subjekts wird obsolet, es setzt sich das Bild eines in Macht- und Wissensordnungen eingebetteten Subjekts durch.

Mit der Renaissance des Subjekts entstand zu Beginn der 80er Jahre das Forschungsfeld „Subjektive Theorien" in den Sozialwissenschaften. Als Protagonisten gelten N. Groeben und B. Scheele, die die Erforschung subjektiver Theorien zum Gegenstand der Psychologie machten. Ihre Definition, subjektive Theorien als ein Aggregat von Kognitionen der Selbst- und Weltsicht aufzufassen, dass wissenschaftlichen Theorien gleicht und im Dialog mit anderen Personen rekonstruierbar ist (1988), bleibt indes bis heute umstritten und wirft etliche Fragen auf (vgl. Flick, 1991).

Trotz vieler theoretischer Probleme gelang es dieser Forschungsrichtung, die vor allem in der pädagogischen und klinischen Psychologie sowie in den Gesundheitswissenschaften zu Hause ist, die Funktionen subjektiver Theorien näher zu bestimmen. Der Alltagstheoretiker setzt subjektive Theorien ein, um eingetretene Ereignisse zu erklären und künftige Ereignisse vorherzusagen. Zudem benutzt der Mensch sie dazu, Handlungen zu entwerfen und durchzuführen. Folglich basieren diese auf persönlichen Erfahrungen, und daher werden subjektive Krankheitstheorien häufig erst nach Beginn einer Erkrankung entwickelt, die sich im weiteren Krankheitsverlauf verändern.

Dieses prozessuale Geschehen ist zugleich von der Krankheitswahrnehmung abhängig. Je stärker die Subjekte emotional betroffen sind, desto eher rekurrieren sie auf angstvermeidende Krankheitstheorien (vgl. Faller, 1990). Die Inhalte subjektiver Gesundheits- und Krankheitstheorien sind äußerst vielschichtig. Neben psychosozialen Krankheitsursachen dominieren religiöse und biologischemedizinische Theorien. Ferner entwickeln die Menschen mehrere Krankheitserklärungen. Für das therapeutische Handeln hat das erhebliche Bedeutung: Arzt und Patient sollten über anschlussfähige Theorien verfügen. Jedoch gewinnen professionelle Theoriemodelle bei der Zusammensetzung subjektiver Theorien zunehmend an Bedeutung (vgl. Raab, 1996).

Subjektivität meint einerseits die empirischen Subjekte einer Gesellschaft, andererseits deren kognitive Reproduktion im Begriff, der dieses empirische Verhältnis reflexiv spiegelt und normativ evaluiert. Realer Zustand, praktische Alternativen, Ideal und strukturelle Aspekte von Subjektivität sind im historischen Prozess vermittelt. Subjektivität im Sinne von autonomer, selbstbewusster Identität fußt auf einem bürgerlichen Konzept. Dessen Enstehung hängt zusammen mit der grundlegenden Umstrukturierung, die der Übergang zur bürgerlichen Gesellschaft mit sich brachte. Die kapitalistische Produktionsweise und die Technisierung der Produktion führten ebenso wie die Veränderungen der materiellen und sozialen Lebensbedingungen zu völlig neuen interaktiven Anforderungen, aber auch Möglichkeiten. Da sich der Interaktionsspielraum durch den Abbau hemmender Traditionen intellektuell wie praktisch immens ausweitete, bedurfte es der Entwicklung jeweils problemspezifischer Interaktionsstrategien:

Der einzelne musste persönliche Kompetenzen entwickeln, um nicht mehr vollständig konventionell geregelte Situationen bewältigen zu können. Handeln wurde in der bürgerlichen Lebenswelt relativ verfügbar und dadurch subjektiviert. Das schlug sich im Denken nieder: Mit Descartes und seiner Unterscheidung con res cogitans (dem Ich-Bewusstsein des Subjekts) und res extensa (der materiellen Welt) wurde Subjektivität zum ichbezogenen Begriff.

Medien der sich entwickelnden bürgerlichen Subjektivität waren, neben der Freiheit der Ökonomie, vor allem die Produktion und der Austausch von Wissen sowie die Herausbildung einer Privatsphäre, in derem öffentlichkeitsfreiem Raum individualisierte Beziehungen möglich wurden. Ihre Emanzipation war allerdings keine kurzfristige Angelegenheit, sondern dauert, immer wieder von restaurativen Tendenzen verzögert, Jahrhunderte. Ziel war eine Gemeinschaft freier Subjekte, deren individuelles Handeln eine kollektive Solidarität und Gerechtigkeit konstituiert, die wiederum die volle (sittliche) Entfaltung der Subjektivität garantieren sollte. Dies ist auch das Leitmotiv der klassischen bürgerlichen Philosophie/Theorie.

In der Tat blieb die bürgerliche Idee Utopie; Realitiät waren dagegen die „Betriebskosten“ von Subjektivität: Es zeigte sich, dass die Emanzipation des Subjekts aus traditioneller Herrschaft in Form von „rationalisierter“ Subjektivität, die ihrerseits auf wenig reflektierter „Innerlichkeit“ basierte, wohl einen Fortschritt bedeutete, aber massive Folgeprobleme mit sich brachte (vgl. Fromm, 1966).

Entsprechend kritisiert wurde die Subjekttheorie. Marx' historisch-materialistische Analyse der bürgerlich-kapitalistischen Gesellschaft zeigte, dass die sich als autonom verstehenden Handelnden in Wirklichkeit Marionetten eines Systems sind. Freud zerstörte die Illusion der inneren Autonomie des bürgerlichen Subjekts, indem er nachwies, in welchem Ausmaß unbewusste (bzw. durch unbewältigte Konflikte unbewusst gewordene) psychische Imperative Denken und Handeln bestimmen. Der Übergang zum organisierten Kapitalismus hat die Ambivalenz der Entwicklung noch verstärkt. Die Eigendynamik der industriellen Revolution führte zu einem radikalen Strukturwandel der Arbeitsprozesse: Die Ausdifferenzierung komplexer Produktionsprozesse verkehrte das Verhältnis Mensch-Machine immer mehr in Richtung auf größere Abhängigkeit der Arbeitenden von der Produktionslogik. Zugleich werden immer spezifischere subjektive Kompetenzen erforderlich: Die Indienstnahme von Subjektivität im Produktionsprozess verschiebt sich von der körperlichen zur psychischen Verausgabung. Auch der gesellschaftliche Reproduktionsprozess verschiebt sich von der körperlichen zur psychischen Verausgabung. Auch der gesellschaftliche Reproduktionsprozess wird abstrakter.

Das führt tendenziell zur Entsubjektivierung von Praxis: Subjekte werden zu Exekutivorganen, zu Elementen eines Systemkalküls. Auf der anderen Seite eröffnet die potenzierte Technik völlig neue Dimensionen subjektiven Handelns, sie veränderte die Lebensbedingungen grundlegend.

Technisierung und Rationalisierung der Gesellschaft führten zu einer erheblichen Ausweitung von Handlungsspielräumen: Einerseits reduzierten sich die Klassenunterschiede, und immer mehr soziale Gruppen konnten an den verfügbaren Ressourcen teilhaben – nicht zuletzt, weil der Übergang zum „Konsumkapitalismus" eine entsprechende Zahl von von Konsumenten voraussetzt – andererseits expandierten die Handlungschancen, weil die Technik Kommunikation, Interaktion und Lebensweltstruktur revolutionierte und die Herauslösung aus primären sozialen Bedingungen den einzelnen mehr Möglichkeiten der subjektiven Lebensgestaltung erlaubte (vgl. Beck, 1986). Damit änderten sich die Konstitutions- und Reproduktionsbedingungen von Subjektivität erheblich. Die Herauslösung der Primärbeziehungen aus externen Zwängen führte zu einem Strukturwandel der Sozialisation, durch den ein wesentlich höheres Maß an Anerkennung kindlicher Bedürfnisse und Zentrierung auf die kindliche Entwicklung gekennzeichnet ist. Dadurch nehmen die klassischen „Repressionsschäden" der Sozialisation tendenziell ab. Auf der anderen Seite führt das Risiko der unzureichenden Balance des durch wesentlich aufwendiger gewordenen Sozialisationsmilieus zu einer Zunahme an strukturellen Defiziten der Selbstwert- und Objektbeziehungssteuerung (vgl. Horn, 1990).

Diese Veränderungen der Bedingungen und Struktur von Subjektivität sind doppeldeutig. Traditionelle Unterdrückung löst sich weitgehend auf, dafür entstehen neue Anpassungszwänge an abstrakte Systemimperative (die nun von einzelnen individuell zu bewältigen sind). Die Konstruktion der normativen Vorstellung von Subjektivität wird erheblich erschwert. Der Zerfall starrer, abgegrenzter Identitätsstrukturen hat auch einen intensiveren Austausch mit der Innen- und Außenwelt der Subjekte ermöglicht: Bedürfnisse können besser wahrgenommen, Realitäten besser auf ihre Legitimität hin befragt werden. Insofern liegen hier Chancen für eine Emanzipation von den sekundären sozialen Zwängen, den Imperativen der abstrakt technisierten Lebenswelt (vgl. Schulze, 1992).

Der Begriff „Subjektivität" ist aus dem Sprachgebrauch der akademischen Psychologie, der Rational-Choice-Theorie, der Systemtheorie usw. verschwunden. Zugleich entwickeln sich jedoch eigene Diskurse, die selbstbewusst subjekt-bezogene Themen zum Ausdruck bringen. Die Bilanz ist daher zwiespältig: Noch nie gab es soviel Ausdrucks- und Emanzipationsmöglichkeiten für Subjekte wie in modernen Industriegesellschaften, aber zugleich haben die Probleme der Entwicklung und Balance subjektiver Identität und, damit verbunden, angemessener Selbst- und Weltbilder erheblich zugenommen.

4 INTENTIONALITÄT

4.1 ALLGEMEINES

In der Psychoanalyse ist das Ich die zentrale Instanz der Persönlichkeit. Dieses Zentrum wird von zwei weiteren Instanzen direkt unter Druck gesetzt: vom Es (wo die triebhaften Grundbedürfnisse des Menschen deponiert sind) und dem Über-Ich (von wo aus gesellschaftliche Normen und das sog. Gewissen wirksam werden). Freud hat sich eher sporadisch zum Ich geäußert.

Erst Eagle versucht in einer neueren Schrift, die Theorie zum Ich produktiv zu erweitern. In seinem „Ich in neuer Sicht“ (1994) gibt er plausible Hinweise, Überlegungen der Selbstpsychologie als Erweiterung der klassischen Psychoanalyse anzusehen. Bisher galt die Aufmerksamkeit der klinischen Theorie des Ich. Darüber hinaus stellt sich die Frage, was es mit dem Ich, eingebettet in unsere Kultur, auf sich hat. Schon Freud setzte nicht auf den Widerstand des Ich. Er traute den Ichkräften nicht und sprach von der „Verarmung des Ichs durch den großen Verdrängungsaufwand, den die Kultur von jedem Individuum fordert“ (Freud, 1911, S. 109).

Inzwischen scheint es ausgemacht, dass die gegenwärtige Gesellschaft keinen gesteigerten Wert auf Menschen mit entwickeltem Ich legt. Die Kritiker der Massengesellschaft sind sich darin einig, dass das, was als Autonomie oder Ichstärke des Menschen zu bezeichnen wäre, aus dem gesellschaftlichen Leben beinahe verschwunden ist.

Der einzelne mit ausgeprägten Bedürfnissen fällt kaum mehr ins Gewicht; denn zunehmend drückt Fremdbestimmung dem menschlichen Leben seinen Stempel auf, wird Selbstbestimmung lästig, ja überflüssig:

„Das ohnmächtige Ich klammert sich um so mehr an die abstrakte Fiktion seiner Autonomie, je mehr es durch die Außenlenkung... tatsächlich fremdgesteuert wird“ (Kilian, 1971, S. 191).

Mit der Betonung der Kulturbedingtheit von Ungleichheit unter den Menschen und der Entwicklung eines Bewusstseins für die Armen, Geisteskranken und Kriminellen leitete Rousseau die romantische Kritik an der Aufklärung ein. Deren Überwindung fand in den bürgerlich-idealistischen Strömungen statt, die jedem Menschen ein autonomes „unteilbares“ und von Natur aus gutes Wesen zugrunde legten, welches durch die Anleitung zum besseren Verbrauch seiner Vernunft seine „Versittlichung“ erfahren sollte (z.B. Kant, Fichte, Schelling). Dieses Menschenbild fand über die von Wilhelm von Humboldt zu Beginn des 19. Jhds. durchgeführte preußische Universitätsreform wesentlichen Eingang in die Konzepte von Wissenschaft und Lehre und ist als Ideologie auch heute noch vorhanden – wenngleich nicht real einlösbar.

Das Menschenbild der humanistisch-psychologischen Strömungen ist den idealistischen Modellen am nächsten verwandt.

Die starre Realität zwischen Mensch und Umwelt wurde in der Dialektik Hegels erstmals durchbrochen. Als Bindeglied fungierte bei ihm die tätige Veränderung der Welt. In den dadurch geschaffenen Werken erkenne sich der menschliche Geist (der allerdings metaphysisch begründet ist) wieder. Das bürgerliche Menschenbild wurde vor allem durch die Ansätze von Marx und Freud heftig in Frage gestellt. Beide kritisierten, dass der in der Gesellschaft lebende Mensch kein autonomes Naturwesen sei bzw. sein könne, sondern gesellschaftlichen, also ökonomischen bzw. kulturellen Zwängen unterworfen wäre. Marx bezeichnet diese als „zweite Natur", innerhalb deren das Subjekt in „Charaktermasken" agiere. Er sieht den Menschen als Teil der Natur und ihr zugleich auch entgegengestellt. Zentrales Moment des Menschseins ist bei ihm die Vergegenständlichung der Subjekte durch die Arbeit, mittels deren sie die Bedingungen schaffen, unter denen sie zugleich leben. Diese Bedingungen sind nach Marx daher nicht metaphysisch, sondern materialistisch begründet und somit veränderbar.

Freud formulierte die gesellschaftlichen und kulturellen Bedingungen als „Realitätsprinzip", welches sich im „Über-Ich" manifestiert, während sich die Naturzugehörigkeit des Menschen als „Lustprinzip" im „Es" ausdrücke. Dem „Ich" als Zwischeninstanz kommt dabei die Aufgabe der Integration dieser beiden antagonistischen Kräfte zu. Die Menschenmodelle von Freud und Marx wurden wiederholt miteinander verbunden, unter anderem in den freudo-marxistischen Ansätzen von Bernfeld bis Brückner oder in der kritischen Theorie der Frankfurter Schule (Adorno, Horkheimer, Fromm), deren Vertreter ebenfalls zu radikalen Kritikern des bürgerlichen Menschenmodells zählten. In der „Dialektik der Aufklärung" (Horkheimer & Adorno, 1988) wird die Ideologie des selbstbestimmten Subjekts dessen gesellschaftliche Instrumentalisierung gegenübergestellt und die Aufhebung der Subjekt-Objekt-Trennung auch in der Wissenschaft gefordert (Adorno, 1966).

Da wissenschaftliche Theorien nicht „vom Himmel fallen", sondern von Menschen gemacht werden, gehen deren jeweilige Menschenbilder nicht nur in deren Denkansätze ein, sondern sind auch wesentlich an deren Begründung beteiligt; denn sie haben „repräsentierende und selegierende Funktion" (Herzog, 1984, S. 295). Damit ist gemeint, dass sie unsere Aufmerksamkeit auf bestimmte Abschnitte der Wirklichkeit lenken, während andere Bereiche weniger bzw. nicht beachtet werden.

In weiterer Folge bedeutet dies, dass die Frage, was als Problem erkannt wird, innerhalb welchen Rahmens nach einer Lösung gesucht wird, in hohem Maß von dem jeweils zugrunde gelegten Menschenbild abhängig ist. Dies gilt vor allem für die Sozialwissenschaften, wodurch hier die Möglichkeit des Aufstellens objektiver und paradigmatischer Wissenssätze höchst problematisch erscheint – eine Frage -, die in den 60er Jahren in die als „Positivismusstreit“ um die Logik der Sozialwissenschaften bekannt gewordene Debatte zwischen den Vertretern der kritischen Theorie und jenen des kritischen Rationalismus mündete (Adorno et al, 1976).

Schülein (1986) spricht in diesem Zusammenhang von der Intrasubjektivität der Sozialwissenschaften, womit jene Problematik gemeint ist, die durch die Verschränkung entsteht, in der das Subjekt der Erkenntnis zugleich von deren Objekt nicht zu trennen ist. Für die Psychologie ist diese Frage in besonderer Weise bedeutsam, werden doch hier Subjekt und Objekt miteinander identisch. Für Herzog kommt den Menschenbildern im Fall der Psychologie somit eine weitere, spezifische Wirkungsfunktion hinzu, die er als konstituierende bezeichnet.

„Die Menschenmodelle in der Psychologie sind weniger Abstraktionen oder Selektionen von Wirklichkeit; vielmehr schaffen sie Wirklichkeit, indem sie eine Sichtweise freilegen, unter der das Pychische für Theorie und Forschung griffig wird“ (Herzog, 1982, S. 13).

Anders ausgedrückt stellt sich die Frage, ob die Psychologie nicht letztlich den Gegenstand konstruiert, den zu erkennen sie vorgibt, dass also wissenschaftliche Aussagen der Psychologie vor allem unter einem heuristischen Aspekt zu verstehen sein müssten. Dazu kommt, dass eben dieser Gegenstand der Psychologie vor einem Raster von Faktoren gesehen und beschrieben wird, welche ebenfalls wieder zumindest mittelbar durch subjektive Menschenbilder begründet sind.

Darunter fallen beispielsweise Dimensionen wie gesund – krank, normal – abnormal etc., die keine invarianten Größen an sich darstellen, sondern kulturellen, epochalen oder gesellschaftspolitischen Schwankungen unterworfen sind. Jeweils veränderbare Menschenbilder fließen so beispielsweise in die Klassifizierungen eines DSM-Schlüssels ein, und konsequenterweise werden diese letztlich auch durch Abstimmung festgelegt. Der Bruch zwischen Theorie und Praxis der Psychologie zeigt sich dann, wenn naturwissenschaftlich begründete Testverfahren, die allen mathematischen Kriterien standhalten, Dimensionen messen sollen, die das Produkt je subjektiver Menschenbilder darstellen.

Diese Sichtweise steht allerdings im krassen Widerspruch zu dem naturwissenschaftlichen Selbstverständnis der Mainstream-Psychologie. Durch die Herauslösung der Psychologie aus ihren geisteswissenschaftlichen Wurzeln und der damit verbundenen Entkoppelung von der Philosophie geriet auch die Beschäftigung mit den ihren verschiedenen Ansätzen zugrunde liegenden Menschenbildern mehr und mehr in den Hintergrund. Dabei stellte sich die Frage, ob es eine Wissenschaft, deren Aufgabe per definitionem die Beschäftigung mit dem „Wesen“ des Menschen in seinen unterschiedlichen Ausprägungen ist, möglich sein kann, auf die Reflexion bezüglich ihres ureigenen „Forschungsgegenstandes" zu verzichten.

Selbst Wilhelm Wundt, dem zumeist die Begründung der „wissenschaftlichen Psychologie" zugeschrieben wird, zählte diese vorrangig zu den Geisteswissenschaften und warnte 1913 davor, dass die Psychologen durch den Mangel an philosophischer Ausbildung mehr und mehr zu Handwerkern würden.

Bereits 1900 hatte William Stern eine anstehende Entscheidung zwischen einer „subjektlosen Psychologie" und einer „Subjektpsychologie definiert, und Karl Bühler meinte noch 1927, dass selbst der Behaviorismus auf Dauer nicht umhin könne, menschliches Verhalten in Sinnzusammenhänge zu stellen (Staeuble, 1984, S. 16).

Mit der Dominanz eines naturwissenschaftlichen Selbstverständnisses der Psychologie wurde ihr Gegenstand schließlich nur noch methodologisch begründet, womit sich die Frage stellt, was in einer so definierten Wissenschaft vom Menschen eigentlich noch Gegenstand der Betrachtung sein kann; denn nach naturgesetzlichen Prinzipien lassen sich wohl bestimmte, auf physiologische Korrelate basierende Teilfunktionen erfassen, es lassen sich jedoch keine Sinnaussagen über die Stellung des Menschen in seiner sozialen, gesellschaftlichen und kulturellen Umwelt daraus ableiten.

Die erkenntnistheoretische Durchdringung des Gegenstands der Psychologie muss unweigerlich ein naturwissenschaftliches bzw. empirisches Selbstverständnis dieser Wissenschaft in Frage stellen. Tatsächlich bildet ja Psychologie keinen in sich geschlossenen Ansatz, wie dies die Mainstream-Psychologie häufig vermitteln will, sondern zeichnet sich durch enorme Heterogenität hinsichtlich der Theoriebildung aus, welche wiederum als das Produkt unterschiedlicher Menschenbilder erklärt werden kann.

Einige Autoren fordern daher, dass das jeweilige Menschenmodell von Wissenschaftlern bzw. wissenschaftlichen Ansätzen deren Publikationen vorangestellt werden müsste. Umgekehrt seien Personen, die sich mit wissenschaftlichen Theorien beschäftigen oder aus ihnen begründeten Methoden anbieten, gefordert, sich mit den zugrunde liegenden Menschenbildern auseinanderzusetzen.

Pongratz (1977) schlägt dazu als Methode den „regressiven Fortschritt" zu den Quellen einer Theorie vor. Dies bedeutet unter anderem die Betrachtung der Biographie des Begründers, einschließlich der sozialen, epochalen, kulturellen und gesellschaftlichen Bedingungen, durch die diese geprägt war bzw. ist.

Als weitere Quellen können Publikationen, die sich innerhalb der Tradition eines bestimmten Ansatzes verstehen, mündliche Mitteilungen des Begründers, aus der Theorie abgeleitete Praxeologien oder Literaturverzeichnisse und Querverweise in den jeweiligen Veröffentlichungen herangezogen werden (Hagehülsmann, 1985). Ein solches Vorgehen soll weniger einer vorschnellen Bewertung oder „Schubladisierung“ bestimmter Theorien dienen, sondern eine subjektiv begründete Reflexion darüber ermöglichen, wie weit eine Theorie mit den jeweiligen eigenen Modellen korrespondiert, ob sie zur Bearbeitung der jeweiligen Fragestellungen tauglich ist und ob daraus Lösungen abgeleitet werden können, die relevante Antworten auf die jeweilige Frage geben.

Gleichzeitig bedeutet die Forderung, der heuristischen Begründung der Psychologie Rechnung zu tragen, nicht, ihr den wissenschaftlichen Status abzusprechen. Unter den gegebenen Umständen erscheint es jedoch wesentlich sinnvoller, die intradisziplinären Kontroversen weniger in Form von Methoden, sondern vielmehr als Modelldiskussionen auszutragen. Als richtungsweisender Ansatz erscheint in diesem Zusammenhang auch die Forderung von Parker (1997) nach der Etablierung einer diskursiven Psychologie.

Jede (psychologische) Theorie ist durch Menschenbilder begründet und stellt somit letztlich den Versuch dar, eine Antwort auf die Frage zu finden, „was ist der Mensch“. Da Menschenbilder immer auch Aussagen zu jeweiligen Vorstellungen in bezug auf Verantwortlichkeit, Freiheit, Entscheidungsfähigkeit etc. beinhalten, sind sie letzlich Wertaussagen und eignen somit auch einer politischen Dimension.

Dies bedeutet, „dass ein Begriff vom Menschen ohne ein Vorverständnis von Gesellschaft nicht gedacht werden kann“ (Geulen, 1977, S. 17). Menschenbilder stellen also Vorannahmen über das „Sosein“ des Menschen in der Welt dar. Als solche entziehen sie sich jeglicher empirischen Fassbarkeit und sind daher je subjektiv begründet. An ihrem Zustandekommen ist eine Reihe von Faktoren beteiligt, z.B. Geschlecht, Klassenzugehörigkeit, Kultur, Epoche, Religion, soziales Umfeld, wissenschaftliche Sozialisation etc.

Das heißt, dass Menschenbilder einer Variabilität unterworfen sind, die sich intersubjektiv, interkulturell, intrasozietär und temporär darstellt. So zeigt sich am Beispiel der Arbeitspsychologie recht deutlich, wie die Veränderung gängiger Menschenbilder über die Zeit hinweg (vom „homo oeconomicus“ bis zum „self-actualizing man“) mit den jeweilig gegebenen äußeren gesellschaftlichen und wirtschaftlichen Bedingungen und Anforderungen korrespondierte und also keineswegs unabhängig von diesen „in der Natur“ zu finden war.

Menschenbilder stellen einen Versuch der Selbstthematisierung des Menschen dar. Als subjektiv begründete Vorannahmen gehen sie über jede Empirie hinaus und sind somit zunächst unmittelbar der Philosophie zuzuordnen. In der Literatur wird die Beschäftigung mit Menschenbildern oftmals mit Anthropologie gleichgesetzt (Hagehülsmann, 1985; Czuma, 1988). Menschenbilder existieren jedoch auch außerhalb der philosophischen Anthropologie. Sie sind Produkte jeder Auseinandersetzung des Menschen und können dabei durchaus auch auf historische oder gesellschaftliche Variablen reflektieren. Dies stellt insofern eine unscharfe Definition dar, als die philosophische Anthropologie, die damit zumeist gemeint ist, Vorannahmen über „Eigenart", „Natur", „Wesen" oder „Ziel" des Menschen anstellt, die sich auf eine scheinbar unveränderbare Erscheinung, einen „Menschen an sich" beziehen. Zumeist ist damit ein Idealbild, zumindest jedoch ein Soll-Zustand verbunden. Der Mensch erscheint in diesem Licht als abstraktes und ahistorisches Wesen. Als Vorläufer der philosophischen Anthropologie gelten Kierkegaard und Nietzsche, ihre programmatische Ausprägung erfuhr sie in den Schriften von Scheler und Jaspers.

In jeder Wissenschaftsdisziplin vermischen sich Menschenbilder mit empirischen Erkenntnissen und prägen die gesamte Wissenschaftsgeschichte.

„Sie bilden die Basis, auf der Theorien entwickelt werden, und haben in diesem Sinne regulative Funktionen" (Herzog, 1984, S. 81).

Menschenbilder, die geeignet sind, einer Psychologie als Gegenstand der Beschäftigung zugrunde zu liegen, bedürfen der Auseinandersetzung mit „Ich-Identität" im weitesten Sinn. Eine solche impliziert immer auch eine Reflexion des Verhältnisses des Menschen zu einer – wie auch immer definierten – Umwelt. Zentrales Thema hierbei ist zumeist die Frage nach der Möglichkeit der Erkenntnis von „äußeren" Phänomenen. Mithin ist die Erkenntnistheorie jener Ansatz, der die Beschäftigung mit Menschenbildern am explizitesten zu seinem Inhalt gemacht hat.

In den Mythologien der Antike wurde eine Mensch-Umwelt-Unterscheidung zunächst nicht getroffen. Das Ineinandergreifen von Götterwelt, Kosmos, Natur und Gesellschaft wurde erstmals bei Archilochos (ca. 7. Jahrhundert v. u. Z.) durchbrochen und der Mensch seiner Außenwelt radikal gegenübergestellt. Von nun an war vor allem die Besonderheit des Menschen gegenüber dem Tier als reinem Naturwesen Hauptthema der griechischen Philosophie.

Sokrates definiert das Verhältnis des Menschen zur Natur als dualistisches – er ist über seine Physis ihr zuzurechnen und durch seine Vernunft (Logos) über sie erhaben – und spricht damit erstmals auch das Leib-Seele-Problem an.

Aristoteles nennt in diesem Zusammenhang die Kategorien der Vernunft, der Sprache und der Politik als zentrale Wesensmerkmale. Mit der Durchsetzung des Christentums und der Ausbreitung der Augustinischen Heilslehre herrschte in Europa vom 4. bis zum 13. Jahrhundert ein durch die Theologie geprägtes

Menschenbild vor, in dem die Lehre von der Prädestination (der Mensch sei in seinem Tun von Gott vorausbestimmt) das zentrale Paradigma dar.

In bezug auf die Möglichkeit der Erkenntnis wurde von der Antike bis in die Spätscholastik ein im Erkenntnisgegenstand vermutetes „Wesen“ dafür verantwortlich gemacht, dass dieser überhaupt erkannt werden konnte. Die Reflexion der Stellung des Menschen gegenüber seiner Umwelt wird in diesem Gedankengebäude sekundär und fällt vor allem in der Hochscholastik historisch gesehen hinter die sokratischen und aristotelischen Ansätze zurück. Diese werden erst in der Spätscholastik (v.a. bei Albertus Magnus und Thomas von Aquin) wieder in die christliche Philosophie integriert.

In der Sicht der Aufklärung ist der Mensch als Subjekt radikal aus der Natur herausgerissen und diese ihm als Objekt der Erkenntnis gegenübergestellt. Erst hier wird in der neueren Geschichte der Mensch als selbständiges und erkenntnisfähiges Wesen begriffen, das in der Lage ist, eigenverantwortlich und auf sich selbst und seine Umwelt Einfluss zu nehmen. Dabei gab es von Beginn an eine Spaltung in Empiristen (z.B. Locke, Hume), die jede Erkenntnis der sinnlichen Erfahrung zuschrieben, und Rationalisten (z.B. Descartes, Leibniz), die das Denken bzw. die Vernunft als wesentliche Eigenschaft des Menschen sahen („cogito ergo sum“ bei Descartes, Monaden als eingeborene kleinste Einheiten von Erkenntnis bei Leibniz).

„Lernen“ rückte mit dem Funktionalismus/Behaviorismus in den Mittelpunkt psychologischen Forschungsinteresses und dient seither als Zentralbegriff zur Erklärung relativ überdauernder Veränderungen von Verhaltens- und Erlebnisweisen, soweit sie aus Aktivitäten des Organismus in Anpassung an eine Umweltsituation und nicht aus angeborenen Reaktionstendenzen, Reifungsvorgängen oder psychophysischen Zuständen wie Ermüdung resultieren.

Mit der „kognitiven Wende“ verlor das Lernkonzept seine Vorrangstellung an andere „Leitthemen“ und –begriffe. Der Schluss, dass sowohl in „thematischer“ Hinsicht die gesellschaftlichen wie subjektiven Erscheinungsformen und Bedingungen des Lernens als auch in „operativer“ Hinsicht seine Funktionsmechanismen differenziert bestimmt seien, wäre indessen übereilt.

Das mit der funktionalistisch-behavioristischen Wendung von der Selbstbeobachtungsmethode der Bewusstseinspsychologie zur Verhaltensbeobachtung anderer Menschen vom Außenstandpunkt (Watson, 1919) verbundene abstrakte Schlüsselkonzept des „Lernens“ sieht nicht nur von den Bedeutungsbezügen menschlich-gesellschaftlicher Lebenstätigkeit ab: Es nivelliert auch alle biologischen Bestimmungen von Artspezifika individueller Umweltanpassung in der „physikalischen“ Konstruktion eines „gleichartigen Norm-Organismus“, dessen

Verhalten/Verhaltensänderungen (abhängige Variable) als Funktion variierender Reizbedingungen (unabhängige Variable) studiert werden.

Die methodisch-theoretischen Grundansätze der S(timulus)-R(esponse)-Psychologie des Lernens gehen auf das Modell von I. P. Pawlow (1955) und E. L. Thorndike (1913; 1932) zurück:

Beim *Lernen gemäß „klassischer Konditionierung"* wird der „unbedingte Stimulus" als Auslöser eines „unbedingten Reflexes" durch einen damit wiederholt gepaarten – ursprünglich neutralen – „bedingten" Stimulus ersetzt, man spricht daher auch von einem Prozess der „Reizsubstitution".

Augenscheinlich hat es in seiner „normalen" Umwelt für einen Organismus einen Anpassungswert, bereits auf einen den „unbedingten Stimulus" „ankündigenden" Reiz zu reagieren. Insofern lässt sich beim „klassischen" Konditionieren von „Signallernen" reden. Allerdings ist damit eine (so gebräuchliche wie selten reflektierte) Ausweitung des ursprünglichen behavioristischen Konzepts vollzogen, indem der „bedingte Stimulus" nicht mehr lediglich mechanisch „autonome" Reflexe auslöste, sondern dem Organismus auf „kognitiver" Vermittlungsebene als „Hinweis" auf lebenswichtige Ereignisse diente, die er in antizipatorischer Umweltorientierung mit Aktivitäten der „quergestreiften" Skelettmuskulatur (wie Flucht/Vermeiden durch Weglaufen) als „unbedingter" bzw. „bedingter Reaktion" beantworten könnte.

Bei der *„instrumentellen Konditionierung"* interessiert primär Lernen aus den Folgen des Verhaltens: Laut Thorndikes „Effektgesetz" tritt eine Verhaltensweise umso häufiger, länger etc. auf, je öfter hierdurch ein „befriedigender" Endzustand erreicht werden konnte.

Die in der klassischen Standardanordnung unterbundene Eigenaktivität ist beim „Lernen am Erfolg" gerade die Voraussetzung für die „Verstärkung" und damit den Lerneffekt. In beiden Fällen hängt die Lernleistung aber von der Ausprägung des Miteinander-Vorkommens (mindestens) zweier Elemente – der „Kontiguität" zwischen neutralem und „unbedingtem Stimulus" bzw. der „Kontingenz" von Verhalten und Verhaltenskonsequenz – als „Verstärkerbedingungen" ab.

Im Interesse inhaltlich-psychologischer Relevanz wurden in der klassisch-behavioristischen Lernforschung die experimentellen Geltungsbedingungen der (behaupteten) linearen S-R-Kausalität theoriesprachlich immer wieder stillschweigend in Richtung auf komplex vermittelte Wechselbeziehungen des Organismus mit seiner Umwelt überschritten. Die Kritik solcher Uneindeutigkeit mündete in ausgefeilte Entwürfe systematischer „molarer" Verhaltenstheorien (Tolman, 1932; Hull, 1943), die wissenschaftstheoretisch durch den „logischen

Positivismus“ gedeckt – verschiedenartige Konstruktionen „intervenierender“ kognitiver oder motivationaler Prozesse enthielten.

Als folgenreich sollte sich Tolmans Unterscheidung zwischen „Verhaltenserwerb“ und „-ausführung“ erweisen: Nur letztere sei verstärkungsabhängig, die Lernaktivitäten selbst regulierten sich durch das „Testen“ von aufgrund vorgängiger Erfahrung herausgebildeten kognitiven Erwartungen bezüglich eines gegebenen Orientierungsfeldes: sog. „Zeichengestalten“. Gegenüber beiden „neo-behavioristischen“ Ansätzen behauptete Skinner (1938) die Entbehrlichkeit von nicht-beobachtbaren Vermittlungsvariablen für die Verhaltenserklärung und –vorhersage. In seiner „Minimaltheorie“ unterscheidet er nach dem „klassischen“ Schema konditionierbare „Respondenten“ und „spontan“, ohne erkennbare Auslöser, abgegebene „Operanten“, deren Stärke sich erhöhe bzw. vermindere, je nachdem, ob ihrem Auftreten „kontingent“ ein verstärkender Stimulus folgt oder nicht. In Abwesenheit unabhängiger, inhaltlicher Verstärkerhypothesen definiert Skinner zirkulär alle Reize, die zu einem Anstieg der Auftretenswahrscheinlichkeit führen, indem sie zu einer Situation hinzukommen bzw. aus ihr eliminiert werden, als „positive“ bzw. „negative Verstärker“ (1953, S. 73).

Abgeleitete Konzepte wie „sekundäre“ bzw. „generalisierte Verstärker“ sollen die Verstärkungstheorie des Verhaltens auch da plausibel machen, wo, wie beim menschlichen Spracherwerb, „primäre Verstärker“ nicht ausmachbar sind. Skinners Ansatz einer „funktionalen“ Verhaltensanalyse und seine experimentell gewonnenen „Verstärkungspläne“ – „kontinuierliche“ versus „intermittierende Verstärkung“, diese weiter aufgeteilt in „fixierte“ oder „variable Formen einer Quoten-„ versus „Intervallverstärkung“ (Ferster & Skinner, 1957) – zogen eine beispiellose Entwicklung von Technologien für verschiedene praktisch-psychologische Anwendungskontexte nach sich: als programmierter Unterricht und insbesondere als klinsich-psychologische Verhaltenstherapie bzw. Verhaltensmodifikation in der Schule (Kanfer & Philipps, 1970).

Die behavioristische Doktrin, der theoretischen Interpretierbarkeit humaner Lernprozesse in Termini universeller, in exakten Tierexperimenten fundierter, organismischer Lernmechanismen ist durch eine Fülle empirischer Befunde über S-R-psychologische nicht einzuordnende „Verhaltensirregularitäten“ (Breland & Breland, 1966) und prinzipielle theoretische Einwände (Lorenz, 1978) nachhaltig erschüttert. Sie verkennt, dass „Lernfähigkeit“ ein Resultat der naturgeschichtlichen Entwicklung ist, in der je nach der inhaltlich-biologischen Eigenart der jeweiligen Verhaltensdimensionen unterschiedliche artspezifische Organismus-Umwelt-Beziehungen die Ausbildung von Lernmechanismen vorantreiben.

Dementsprechend lässt sich historisch-empirisch rekonstruieren, wie sich im Zuge der Anthropogenese die Überlagerung und schließliche Dominanz der gesellschaftlich-ökonomischen Lebensgewinnungsform über den evolutionsgesetzlich bestimmten Arterhaltungsprozess in der Herausbildung einer genuin „gesellschaftlichen Natur“ des rezenten Menschen funktional widerspiegelt. Diese biologische Potenz zur individuellen Vergesellschaftung unter konkret-historischen Verhältnissen ist psychologisch als spezifisch menschliche Lern- und Entwicklungsfähigkeit in ihren relevanten Dimensionen und Funktionsaspekten bestimmt worden (Holzkamp, 1983; Osterkamp, 1975; 1976). Aus der historischen Kategorialanalyse der Reflexivität des menschlichen Welt- und Selbstzugangs folgt auch, dass menschliches Handeln – entgegen dem psychologischen Usus, es aus äußeren Bedingungen zu erklären und vorherzusagen, und in wissenschaftlicher Aufhebung unseres lebensweltlichen Vorverständnisses – als unter den Prämissen gegebener Umstände und Bedürfnis- und Interessenlagen vom Standpunkt des Subjekts „begründet“ und dementsprechend intersubjektiv „verständlich“ zu entschlüsseln ist (Maiers, 1996).

Bei der empirischen Analyse der – kritisch-psychologisch als „restriktive“ versus „verallgemeinerte Handlungsfähigkeit“ (Holzkamp, 1983) kategorisierten – grundsätzlichen Alternative, sich dadurch handlungsfähig zu machen, dass man sich entweder mit den Beschränkungen der gesellschaftlich nahegelegten Praxis- und Gedankenformen arrangiert oder deren Unmittelbarkeit und scheinhafte Selbstverständlichkeit durchbricht, gilt es, insbesondere die emotionalen Wertungen auszudecken, aus denen es subjektiv „vernünftig“ scheint, sich „defensiv“ zu verhalten. Dabei spielt die Abwehrfigur der motivationsförmigen Verinnerlichung von Fremdbestimmtheit eine entscheidende Rolle.

Bezogen auf Lernen geht es demgemäß darum, Lernhandlungen in ihrem gesellschaftlichen Situations- wie subjektiven –Interessenbezug zu begreifen. Folgt man der sog. „awarenes“-Forschung (Brewer, 1974), so tritt „Konditionierung“ beim Menschen bis auf ausgezeichnete Fälle nicht außendeterminiert-„bewusstlos“, sondern nur dann ein, wenn das Versuchsobjekt der Tatsache und der Art der Verstärkung „gewahr“ wird.

In den „klassischen“ und „instrumentellen“ Konzeptualisierungen automatischer Konditionierungseffekte wird also mystifiziert, dass das in den verstärkungstheoretischen Lerngesetzen angesprochene menschliche Verhalten ein „Verhalten“ zu Bedingungen relativen Orientierungs- und Kontrollverlusts ist:

Konstellationen äußeren Zwangs, in welchen dem Individuum in Ansehung seiner Interessen begründetermaßen nichts anderes übrig bleibt, als „nach Anordnung“ zu „reagieren“ – oder Intransparenz- und Unsicherheitssituationen, in denen es mangels eindeutiger Information nur auf Regelhaftigkeiten in den Bedingungs-Ereignis-Abfolgen achten bzw. über Prämissen sozialer Interaktionen spekulieren kann und hieraus eigene Handlungsvorsätze extrapolieren muss.

Holzkamp bezeichnet diese Residualform des Lernens als „induktives Lernen" (1993, S. 58 f.).

In den S-R-Theorien, deren Begrifflichkeit subjektiv erfahrbare bedeutungsvolle Weltzusammenhänge lediglich als bestimmte Verknüpfungen isolierter – vom Standpunkt des Subjekts zufälliger – Gegebenheiten vorsieht, kann der Fall, solche „assoziative" Orientierung „normalerweise" durch einsichtige Restrukturierung der sachlichen bzw. sozialen Zusammenhänge zu überwinden, nicht einmal gedacht werden, und es wird hingegen die Sondersituation entfremdeten Handelns reifiziert. (Auch die modernen kognitivistischen „Erwartungstheorien des Lernens" von Rotter, Seligman oder Bandura bleiben letztlich in den Beschränkungen „induktiven Lernens" befangen; Holzkamp, 1993, S. 94 ff.).

Der alltagspraktisch offensichtliche Umstand, dass man von Erfahrungen anderer Individuen lernen kann, fand im Rahmen S-R-psychologischer Theoriebildung erst mit deren kognitiver Erweiterung gezielt Beachtung. Bandura (1976) erklärt die Übernahme der Verhaltensweisen eines Modells durch einen verstärkungs-unabhängigen, verborgenen Prozess des „Beobachtungslernens".

Ob die Folgen der Modellaktivitäten in positiven oder negativen Sanktionen Dritter oder in objektiven Aus- und Nebenwirkungen auf von den Intentionen der Akteure unabhängigen Sachzusammenhängen bestehen, bleibt unthematisiert. Für den lernenden Beobachter macht dies aber einen erheblichen Unterschied aus: Kann er hier über das Modell verallgemeinerte Einsichten darüber gewinnen, „was wohin führt" bzw. „wie man etwas macht", so ist dort ja nur, wenn er durchschaut, aus welchen Gründen ein Außenstehender das Modell „belohnt" oder „bestraft", entscheidbar, ob und inwiefern er „vernünftigerweise" sich dem Modellverhalten angleicht. Insoweit bei Bandura der Beobachter, in passiver Außensicht auf das Modell, nur „still für sich" Rückschlüsse aus den beobachtbaren Verhaltens-Verhaltensfolge-Kontigenzen auf Handlungs- und Lerngründe des anderen ziehen kann, anstatt das Modell im Zuge intersubjektiver Verständigung – etwa durch Rückfragen – in die eigenen Lernbemühungen einzubeziehen, ist er systematisch an der Erweiterung des für seine „lernende" Urteilsbildung relevanten praktischen Realitätsaufschlusses gehindert. So wird auch in den theoretischen Grundbegriffen des „Beobachtungs-„ bzw. „Modell-Lernens" eine durch mangelnde Prämissen-Einsicht bestimmte defizitäre Situation des Lernens universalisiert.

Zur Klärung der subjektiven Voraussetzungen motivierten Lernens vermag die – orthodoxe wie kognitiv erweiterte – S-R-Theorie, selbst wenn man sie „begründungstheoretisch" reformuliert, nichts beizutragen: Gründe zu lernen erwachsen danach dem Individuum aus der Antizipation heteronomer, dem subjektiven Vollzug und inhaltlichen Resultat des Lernprozesses gegenüber äußerlicher Effekte des Lernens.

Der objektivistischen Gleichsetzung von „Lernen“ mit Verhaltens-/Urteilsänderungen unter Kontrolle äußerer Bedingungen und Instanzen in der Allgemeinen Psychologie korrespondiert die in der Praxis gesellschaftlicher Bildungs- und Erziehungsprozesse und in zugehörigen pädagogisch-psychologischen Theorien verbreitete Tendenz, Lernen und Belehrtwerden in eins zu setzen („Lehr-Lern-Kurzschluss“).

Demgegenüber gilt es, eine Theorie zu entwickeln, die nicht länger die Subjektivität der Lernenden verleugnet und ihnen ihre Lernakte „enteignet“. Diese sind so zu fassen, dass nicht fremdgesetzte Lernanforderungen bzw. deren subjektive Übernahme unhinterfragt vorausgesetzt, vielmehr die jeweiligen „typischen Prämissenlagen“ aufgeklärt werden, unter denen Menschen begründetermaßen entweder ein starkes Lerninteresse entwickeln und dieses womöglich mit großer Ausdauer verfolgen oder aber Lernaufgaben und –angeboten ausweichend begegnen. Es bildet hierzu keinen Widerspruch, wenn eine Konzeption vom verallgemeinerten Standpunkt der Lernsubjekte eingedenk der „Weltlosigkeit“ traditioneller Psychologie von den unabhängigen materiellen und symbolischen Weltgegebenheiten ausgeht: Es sind ja die in den gegenständlichen Bedeutungsstrukturen sich bietenden objektiven Handlungsmöglichkeiten, die das Individuum lernend als seine subjektiven Möglichkeiten aneignet und die letzlich die je spezifischen Prinzipien bestimmen, nach denen die subjektive Ausgliederung aktueller aus der natürlich-gesellschaftlichen Totalität potentieller Lerngegenstände vollzogen wird. Dabei ist der aktiven Einwirkung auf die subjektiv relevanten sachlich-sozialen Lebenszusammenhänge – also der Handlungsausführung – als dem zentralen Motor lernender Erfahrungsbildung theoretisch Rechnung zu tragen.

Von den systematischen Fragestellungen einer subjektwissenschaftlichen Konzeption des Lernens (Holzkamp, 1993) sei hier nur die nach der emotionalen Qualität solcher Lernhandlungen aufgegriffen, die im Falle einer vom Individuum aufgrund gewisser Diskrepanzen zwischen seinen Verfügungsinteressen und personalen Handlungskompetenzen selbst erlebten „subjektiven Lernproblematik“ „vernünftigerweise“ intendiert werden – und insofern von Prozessen beiläufigen „Mitlernens“ zu unterscheiden sind. (Die kategoriale Differenzierung von Lernbegründungen zielt nicht auf „Lerntypen“, sondern soll der Analyse der Prämissen-/Intentionsstruktur empirisch je konkreter Lernproblematiken dienen). „Motiviert“ sind Lernhandlungen mitsamt den zu erwartenden Anstrengungen und Risiken vom Subjektstandpunkt nur dann realisierbar, wenn als Folge eine Erweiterung individuellen Wissens und Könnens und damit Erhöhung von Lebensqualität erfahr- oder zumindest antizipierbar ist. Solch „expansiv“ begründetes Lernen bedeutet mitnichten „intrinsisch motiviertes“ Lernen um „seiner selbst“ willen (Holzkamp, 1993, S. 72 ff.).

Angesichts einer gegebenen Lernproblematik kann man indessen auch dann Gründe für Lernhandlungen haben, wenn zwar die Voraussetzungen fehlen, um sie motiviert zu verfolgen, aber bei ihrer Unterlassung oder Verweigerung eine Beeinträchtigung der gegebenen Handlungsfähigkeit droht. Derart „defensiv" begründetes Lernen zielt primär auf äußerliche Situationsanpassung und, zumal in machtförmigen Konstellationen, auf Abwendung negativer Sanktionen. Es wird also in dem Maße überflüssig wie die Lernnötigung anders umgangen werden kann, und ist insofern von Beginn an zersetzt. Der von Holzkamp (1987 und 1993) als „widerständiges Lernen" beschriebene selbstschädigende „Kompromiss" zwischen lernender Aufgabenerfüllung und Versuchen, sich ihr zu entziehen, entsteht insbesondere dann, wenn man sich den äußeren Lernzwang nicht bewusst macht, sondern in realitätsabwehrender Weise sich der „Dynamik" defensiven Lernens überlässt. Man verstellt sich damit jegliche Perspektiven, entweder fremdbestimmtes Lernen zu verweigern oder, unter veränderten Umständen, einen fundamental neuen Zugang zum Lerngegenstand zu gewinnen. Expansiv-engagiertes Lernen – soweit es in einem „qualitativen Lernsprung" defensiv-bewältigungs-orientierten Lernstrategien als neues Aneignungsniveau abgerungen wird, auf dem die „Unmittelbarkeitsverhaftetheit" der Erfahrung in Richtung auf die Erfassung „vermittelter" gesellschaftlicher Bedeutungsstrukturen/Handlungsmöglichkeiten sich durchdringen lässt – erfordert also eine bewusste (mindestens gedankliche, wo nicht offene) Auseinandersetzung mit jenen Disziplinarordnungen und Machtinstanzen, die (wie gebrochen auch immer) Lernen als produktiven Welt- und Selbstaufschluss entmutigen und in einer verwahrlosten Lernkultur Lernwiderstände „normalisieren".

Eine Begrenzung der Theorien, wie etwa der Theorie des geplanten Verhaltens besteht darin, dass sie sich auf die Bestimmungsfaktoren der *Motivation* einer Person bei der Ausführung eines bestimmten Verhaltens konzentrieren und annehmen, Menschen handelten im Einklang mit ihren Absichten. Die Tatsache, dass die Verhaltensabsichten die besten Prädiktoren für Verhalten sind, hat die Gültigkeit dieser Annahme gestützt. Die Forschung zum Gesundheitsverhalten liefert jedoch viele Beispiele für Inkonsistenzen zwischen Absicht und Verhalten.

Aktuell beschäftigt sich die Forschung zum Thema Einstellung und Verhalten mit Fragen wie: Unter welchen Bedingungen gibt es einen hohen Zusammenhang zwischen Einstellung und Verhalten? Wie gut lässt sich Verhalten vorhersagen unter Berücksichtigung anderer relevanter Variablen?

Zur Beantwortung so gearteter Fragen, bietet die Korrespondenzhypothese von Ajzon und Fischbein (1977) aufschlussreiche Möglichkeiten:

Handlungsaspekt	Um welches Verhalten geht es überhaupt?
Zielaspekt	Auf welches Ziel hin ist das Verhalten ausgerichtet?
Kontextaspekt	Es kommt auf den Kontext an, indem das Verhalten stattfindet.
Zeitaspekt	Zeitspanne zwischen Einstellung und Verhalten

Abbildung 1: Korrespondenzhypothese von Ajzon und Fischbein (1977)

Nach Ajzon und Fischbein gibt es eine enge Beziehung nur dann, wenn man Einstellung und Verhalten ähnlich detailliert erfasst hat. D.h., Einstellungsmaß und Verhaltensmaß müssen in ihrem Spezifikationsgrad übereinstimmen.

Über die Absicht fließen zwei Merkmale auf das Verhalten ein:

Über Einstellung zu bestimmtem Verhalten: Die Erwartung ist die subjektive Wahrscheinlichkeit, dass ein Verhalten bestimmte Konsequenzen hat. Die Bewertung ist der Wert der Konsequenzen. Und die Summe der Produkte aus Erwartung mal Wert ergibt die Einstellung gegenüber bestimmtem Verhalten.

Über subjektive Normen: Wie weit fühlt sich jemand verpflichtet, Verhalten auszuführen? Aus der Meinung, dass bedeutsame Personen bestimmtes Verhalten von einem erwarten, resultiert die Bereitschaft, dieser Erwartung Folge zu leisten. Die subjektive Norm ergibt sich aus der Summe der Produkte aus Meinung und der Bereitschaft dieser Erwartung zu folgen.

4.2 EINSTELLUNG

Die Einstellung ist „eine Disposition, auf einen Gegenstand, eine Person oder ein Ereignis positiv oder negativ zu reagieren" (Ajzen, 1988, S. 4).

Wesentliche Bestimmungsstücke des Einstellungskonzepts (vgl. Hanft, 1991) sind: Inhalte von Einstellungen sind subjektive Bewertungen der sozialen Realität. Einstellungen sind verinnerlichte Wertstrukturen einer Person, die sich in und durch Interaktionsprozesse ausbilden und auf diese Weise zurückwirken. Weshalb nicht selten in ontologisierender Weise den Subjekten „falsche" Einstellungen angelastet werden, die es zu ändern gilt. Einstellungen beziehen sich auf konkrete Objekte oder abstrakte Sachverhalte aus der Erfahrungswelt der Menschen. Als in der psychischen Struktur einer Person verankerte subjektive Bewertungen gelten Einstellungen als relativ überdauernd. Langfristig zwar veränderbar, aber konsistent gegenüber kurzfristig wechselnden Handlungsbezügen. Einstellungen beinhalten neben verbalen Bewertungen gleichermaßen Handlungsdispositionen.

Noch immer ist zum Zusammenhang zwischen Einstellung und Verhalten kein überzeugender Nachweis erbracht. Zahlreiche Untersuchungen erbrachten, dass die gemessenen Einstellungen zur Erklärung nur eines geringen Teils am Verhalten herangezogen werden können (Mummendey, 1979).

Eine Neuformulierung ihres zueinanders versuchen Ajzen & Fishbein (1977), indem sie Einstellung und Verhalten als Ergebnis des Zusammenspiels von Handlung, Ziel, Situation und Zeit betrachten. Zwar konnten sie ihr Modell anhand vieler empirischer Einzeluntersuchungen zur Konsistenz von Einstellung und Verhalten weitgehend bestätigen, jedoch unter Inkaufnahme eines Verlustes der präzisen Vorhersage des Verhaltens einzelner Individuen. Aber genau dieses war ursprüngliches Ziel der Erforschung von Einstellungen: die Vorhersage des konkreten Verhaltens einer Person gegenüber einem Bezugsobjekt auf der Basis der bei ihr erfassten Einstellungen (Markard, 1984).

In Ablösung dieser weitgehend erfolglosen Erklärungsversuche wird in neuen Forschungsbemühungen unter bezug auf kommunikationstheoretische Sichtweisen angestrebt, das Individuum als aktives, sein Handeln bestimmendes Subjekt zu sehen, das Situationen jeweils neu interpretiert und sein Handeln an dieser Sinngebung orientiert. Solche Einstellungstheorien zeichnen sich durch ihre kognitive Grundposition aus. Analysiert wird, wie Individuen Einstellungen verarbeiten sowie emotional und kognitiv organisieren.

Zentrales Anliegen aller Einstellungsforschung war und ist die Frage nach der Beeinflussbarkeit von Einstellungen.

4.3 NEUGIER UND INTERESSE

Je mehr Wissen jemand im Laufe seiner Entwicklung erwirbt, desto neugieriger wird er, da er viel häufiger kognitiven Konflikten ausgesetzt ist. Er entdeckt nämlich, bei Konfrontation mit Ereignissen Unstimmigkeiten, die nicht oder nicht vollständig in sein Wissensystem passen. Wer andererseits wenige und umstrukturierte Wissenssachverhalte gespeichert hat, ist infolge seines „übervereinfachten" Wissens nur wenigen kognitiven Konflikten ausgesetzt.

Neugier und Exploration haben eine neurophysiologische Grundlage, die schon in den ersten Lebensmonaten funktionstüchtig ist: orientierender Reflex und Habituierung. Bei Reizwechsel kommt es zur orientierenden Reaktion (OR), die komplexe physiologische Prozesse beinhaltet und die Funktion der Aufmerksamkeitszuwendung hat. Erst jetzt kann der Reiz aufgenommen und verarbeitet werden. Bleibt der Reiz längere Zeit konstant erhalten, so klingt die OR wieder ab und erlischt (Habituierung). Die Habituierung kann unterschiedlich lange dauern (Bruchteile von Sekunden bis Minuten).

Das Neue ist nur innerhalb einer Mittelregion attraktiv. In der Mittelregion der Vertrautheit ist das aufsuchende Verhalten am größten. Ist es zu vertraut, wird es langweilig, ist es fremd, flößt es Angst und Unbehagen ein. So lässt sich auch das Neugiermotiv aus dem Wechselspiel von Hoffnung und Furcht verstehen: Hoffnung (Erwartung) auf Neues und Interessantes, Furcht vor unangenehmen oder erschreckenden Ereignissen (Konflikt zwischen Aufsuchen und Meiden). Der Konflikt zwischen Aufsuchen und Meiden ist bei kleinen Kindern besonders deutlich zu beobachten. Sobald die kognitive Entwicklung soweit vorangeschritten ist, dass Inhalte repräsentiert werden können, entsteht die Möglichkeit zur Erkenntnis, dass verschiedene kognitive Inhalte nicht zusammenpassen.

Berlyne (1960) nennt unter anderem folgende Arten von kognitiven Konflikten:

Zweifel: Konflikt zwischen der Tendenz zu glauben und der Tendenz, nicht zu glauben. Beispiel: Ein Kind bekommt Zweifel an der Existenz des Osterhasen.

Verwirrung: Mehrere Überzeugungen, die man zugleich hat, sind gleichwahrscheinlich oder gleichsicher. Beispiel: Ein guter Freund, mit dem man viele Interessen teilt und gemeinsam Unternehmungen durchführt, äußert politische Überzeugungen, die konträr zu den eigenen Überzeugungen sind. Die Diskrepanz von gemeinsamen Zielen auf der einen und widersprechenden Zielen auf der anderen Seite führt zum kognitiven Konflikt.

Begriffliche Inkongruenz: Wenn Eigenschaft A und Eigenschaft B als nicht zusammengehörig erlernt wurden, erzeugt ein Ereignis, das beide Merkmale zugleich aufweist, einen kognitiven Konflikt. Beispiel: Der Beruf des (katholischen) Geistlichen (Eigenschaft A) wird in der Regel nur von Männern ausgeübt, nicht aber von Frauen (Eigenschaft B). Ein weiblicher Priester führt daher zunächst zur begrifflichen Inkongruenz.

Neugier ist eine treibende Kraft in der menschlichen Entwicklung und Grundlage für ein allgemeines Explorationsverhalten. Es geht dabei um die Befriedigung einer Lust oder einem Interesse an Neuem. Neugier und Interesse bestimmen das Leben des Menschen zeitlebens.

Wird ein Mensch im Alltag neugierig genannt, beinhaltet dies in der Regel eine ablehnende, mindestens aber ambivalente Wertung, obwohl Neugier die Basis für Entwicklung, Erkenntnis und Intelligenz ist. Als Basis für Neugierverhalten wird üblicherweise die sog. Orientierungsreaktion angesehen, in der mit gesteigerter Aufmerksamkeit sowie der physiologischen Vorbereitung auf Flucht- oder Abwehrreaktionen auf neue Umweltreize reagiert wird.

Neugier dient der Reduzierung eines genuinen „Neugiertriebes“, ist ein Verhalten, das auf die Darbietung neuer Reize erfolgt und entsteht aus dem Willen zum Wissen, also aus der Inkongruenz von neuer Information und Erkenntnismöglichkeit (Keller & Voss, 1976).

Berlynes Unterscheidung (1974) in Wahrnehmungs- und epistemischer Neugier ist besonders bezogen auf gesellschaftliche Anforderungen interessant: Wahrnehmungsneugier ist auf unmittelbare Triebbefriedigung gerichtet und findet an konkreten Objekten statt. Die Neugier wird quasi „entschärft“ und in ihrer kritischen Potenz beraubt, indem sie auf eine passive Aufnahme sensationeller Bilder und Reize reduziert wird, ohne dass es zu einer wirklichen Vertiefung von Wissen kommt und damit einhergehend zu einer Infragestellung bestehender Gewohnheiten. Letzteres geschieht eher mit Hilfe epistemischer Neugier die neben der Beobachtung auch das gerichtete Denken beinhaltet.

Im Alltag ist die Neugiermotivation wie die Leistungsmotivation selten in Reinform gegeben; viele andere Motivkomponenten spielen in aktuelle Handlungsvollzüge hinein.

Dennoch lassen sich allgemeine Strukturmerkmale festhalten:

Suche nach Neuem: Neugierverhalten ist in einer Situation generell durch die Suche nach Neuem gekennzeichnet. Gewinnen Merkmale der Situation die Qualität des Bekannten und Vertrauten, wendet sich das Verhalten anderen, unbekannten Aspekten zu. Aus dieser Suchrichtung resultieren mindestens drei Verhaltensklassen:

Explorieren: Das Umfeld bzw. Objekt wird systematisch oder planlos durchsucht und erforscht.

Variation des Verhalten: Oft wechselt das räumliche Suchfeld nicht, sondern der Gegenstand der Aufmerksamkeit bleibt der gleiche.Variiert wird in diesem Fall die Art des Umgangs mit dem Gegenstand, um ihm neue Seiten abzugewinnen.

Umdeuten des Gegenstands bzw. der Situation: Wenn der Handlungsvollzug in einer bestimmten Situation mit einem bestimmten Gegenstand keine neuen Aspekte bringt, können beide umgedeutet und völlig neu erlebt werden.

Neugierverhalten und Interessen sind nicht dasselbe. Während Neugierverhalten nur eine kurze Phase der Zuwendung bzw. Exploration auslöst, sind Interessen längerfristige und relativ stabile Beziehungen zu Objekten bzw. Objektklassen, dies gilt natürlich vor allem für soziale Objekte.

Als weiterer wichtiger Antrieb für Interesse gilt der Austausch. Die Freude an der Aktivität, der Prototyp der sog. intrinsischen Motivation, findet sich als erstes auf der Stufe der sensumotorischen Intelligenz, dann aber genauso beim vorsprachlich-symbolischen Denken und bei allen höheren Formen der geistigen Entwicklung. Ein typisches Merkmal von intrinsisch motivierten Aktivitiäten ist ihre Wiederholung und Ritualisierung, es stellt sich ein gesteigertes Gefühl der Freude ein, wenn Aktivitäten ritualisierten Charakter bekommen.

In den bisher genannten Komponenten des Interesses ist das Selbst und das mit ihm verbundene Selbstbewusstsein noch kaum enthalten. Es bildet aber auch bei der Interessenentwicklung eine zentrale Rolle. Sobald ein Kind ein Selbstkonzept entwickelt hat, was spätestens im zweiten Lebenjahr der Fall ist (Bischof-Köhler, 1989; Lewis & Brooks, 1979), ist das Selbst organisierender Akteur, der Aufsuchen, Explorieren und bearbeiten des Interessensobjekt bewerkstelligt. Spätestens von nun an zeigt sich bei der Interessenbildung wie generell bei selbstmotiviertem Handeln ein korrumpierender Effekt externer Einflüsse. Wenn z.B. bei einer Tätigkeit, die intrinsisch motiviert ist, zusätzlich materielle Belohnungen oder Lob erteilt wird, so verliert der Handelnde leicht das Interesse am Gegenstand (Deci, 1975; Deci & Ryan, 1985, 1990; Lepper & Greene, 1978).

Das Interessenkonzept hat eine lange Geschichte, die ihre Wurzeln in der Philosophie hat und frühzeitig in der Psychologie aufgegriffen wurde. Neuendorff (1973) vermittelt einen Überblick über die Geschichte des Interessenbegriffes und Mierke (1958) unterscheidet zwischen einem phänomenologischen, einem funktionspsychologischem, einem genetischen und einem strukturpsychologischen Aspekt des Interesses.

Berlyne (1949) kritisiert den Interessenbegriff, weil er zugleich weit und eng sei.

Interesse leitet und reguliert intentionale Akte in einer flexiblen Weise (Berlyne, 1949, S. 74). Deci und Ryan (1990) sehen im Interesse noch eine fundamentalere Komponente. Sie bezeichnen es als basalen Affekt, der Kontakt zwischen Emotionen und Bedürfnissen auf der einen und externen Eingaben auf der anderen Seite darstellt.

4.4 SUBJEKTIV WAHRGENOMMENE VERHALTENSKONTROLLE

Wie mühelos Verhalten ausgeführt werden kann, hat Einfluss auf Absicht und Verhalten. In der Medizin und Psychologie wird Angst als Teil der „condition humaine" bezeichnet (Hoffmann, 1994).

Laucken und Mees (1987) unterscheiden zwischen *inhaltlichen* und *formalen Normen:* Inhaltliche Normen können nun in verschiedener Art und Weise missachtet werden. Laucken und Mees (1987) differenzierten drei solcher Formen, *formaler Normen oder Intentionsmodi A, B, C:*

Intentionsmodus A = Gedankenlosigkeit:
Dem Täter/Verantwortlichen wird unterstellt, dass er in der Lage und – wenn man ihn darauf anspräche, auch bereit – wäre, den möglichen Leidbezug seines Tuns zu sehen und zu bedenken, doch im Vollzug seines Tuns hat er eben dies nicht getan. Er hätte mögliche Gefahren bedenken müssen, aber er war leichtsinnig. Er hat sich bestimmte, ihm mögliche und von ihm verlangbare Gedanken nicht gemacht, er war gedankenlos.

Intentionsmodus B = Rücksichtslosigkeit:
Dem Täter/Verantwortlichen ist, so wird unterstellt, durchaus bewusst, dass sein Tun bzw. Lassen anderen Leid bereitet. Er weiß dies, etwa weil man es ihm gesagt hat, oder weil es zum Allgemeinwissen gehört. Aber obwohl er dies weiß, nimmt er das Leid betroffener Mitmenschen in Kauf. Er stellt sein Eigeninteresse über das Wohl seiner Mitmenschen, er ist rücksichtslos. Als Unterlassender verletzt der Verantwortliche z.B. seine Pflicht.

Intentionsmodus C = Böswilligkeit:
Etwas Böses, nämlich anderen Leid zufügen, wird hier nicht nur hingenommen, sondern vom Täter/Verantwortlichen gewollt, er ist böswillig. Als Unterlassender ist der Verantwortliche absichtlich untätig aus niederen Motiven heraus, z.B. aus Schadenfreude, Rachsucht o.ä.

Ein Intentionsmodus bezieht sich also auf den intentionalen Rahmen, in den das Tatbedenken des Verantwortlichen durch den Beurteiler bzw. Betroffenen gestellt wird. Wenn man z.B. will, dass sich eine bestimmte Person freut, so muss man offensichtlich etwas für sie „Erwünschtes" ermöglichen; wenn sie sich dann doch nicht darüber freut, hat man nicht den (analytisch wahren) Zusammenhang zwischen „Erwünschtheit" und „Freude" falsifiziert, sondern hat sich lediglich darin geirrt, was genau diese Person für erwünscht hält. In dieser Weise funktioniert auch das bekannte *„empirische Effektgesetz"* bzw. das *„Gesetz des operanten Konditionierens"* sensu Skinner (z.B. 1953), wonach operantes Verhalten durch seinen Effekt erworben und aufrechterhalten wird. Es lässt sich zeigen, dass dieses Gesetz eine logische Folgerung aus der Definition des Verstärkerbegriffs ist, wonach sich die Auftrittswahrscheinlichkeit eines Operanten erhöht, wenn er von einem positiven Verstärker bzw. von der Entfremdung eines negativen Verstärkers gefolgt wird.

4.5 INTENTIONALE UND NICHT-INTENTIONALE ASPEKTE DES HANDELNS

Brandstädter und Greve beleuchten zunächst den Handlungsbegriff:

„*Von einer Handlung reden wir nur dann, wenn das, was man tut, planvoll und regelhaft, gewollt und gezielt, bewusst, nicht versehentlich und womöglich noch frei gewählt ist*" (Brandstädter und Greve, 1999, S. 185).

Die Zuschreibung einer Handlung impliziert also auch die Zuschreibung einer Absicht (Intention).

„*Die Absicht (also das, was man mit der entsprechenden Handlung erreichen will und glaubt, erreichen zu können) ist... ein Bestimmungsstück, eine Konstituente [keine Ursache; Anm.] der Handlung im engeren Sinne*" (Brandstädter und Greve, 1999, S. 187).

Erst durch das Wissen über die Absicht wird demnach klar, was für eine Handlung man vor sich hat. Nicht jedes Verhaltensergebnis ist beabsichtigt, deshalb implizieren Absichten auch die jeweilige Handlung nicht. Absichten kommen ja auch z.B. nicht immer zur Ausführung. Um ein klares Bild von Absichten zu bekommen, schlagen Brandstädter und Greve (ebd.) vor, sich mit nicht-intentionalen Aspekten der Handlung zu beschäftigen.

Sie differenzieren fünf dazu „verwandte" Aspekte: kontraintentional, paraintentional, periintentional, präintentional und subintentional.

Handlungen haben häufig unabsehbare oder unbeabsichtigte Folgen. Das mag an Schwächen des Akteurs liegen, ist aber auch durch die sog. „referentielle Undurchsichtigkeit" (Quine, 1960, zit. nach Brandstädter & Greve, 1999) begründet. Es sind einfach nicht alle Aspekte einer Situation oder Folgen des Handelns absehbar. Bei Brandtsädter und Greve (1999) findet sich ein schönes Beispiel dazu: Ödipus wollte Iokaste heiraten, aber sicher wollte er nicht seine Mutter heiraten. Iokaste war jedoch seine Mutter, was er nicht wusste. „Iokaste" und „Mutter" sind äquivalent – trotzdem verkehrt sich durch diese Information der Wunsch von Ödipus ins Gegenteil. Dieser Aspekt der Handlung ist *kontraintentional.*

Paraintentionale Aspekte des Handelns setzen voraus, dass man von verschiedenen, relativ autonomen Instanzen (mentalen Subsystemen) ausgeht, die das Handeln regulieren. Mit paraintentional sind z.B. „Freudsche Versprecher" gemeint – Fehlhandlungen, die aus „Überlagerungen und Konflikten zwischen konkurrierenden Handlungstendenzen" (ebd., S. 198) oder Aufmerksamkeitsfehlern resultieren. *Periintentionale* Effekte sind solche, die zwar nicht intendiert sind, aber (nicht unbedingt bewusst) in Kauf genommen werden, um ein Ziel zu erreichen. Wenn man die Frage beantworten will, wie Absichten selbst entstehen, muss man auf *präintentionale* Aspekte Bezug nehmen. Die Entstehung von Absichten kann nicht über Absichten erklärt werden (Absichten erzeugen Absichten erzeugen Absichten...). Präintentional können Emotionen der Einstellungen wirksam werden, die aber wiederum oft nicht direkt kontrollierbar sind. Es lassen sich also auch die Bedingungen der Intentionsentstehung oft nicht über Interaktionen erklären. Die physiologischen Prozesse, die dem Handeln und der Intentionsentstehung zugrunde liegen, bezeichnen Brandstädter und Greve (ebd.) als *subintentional.* Für das Verständnis von Handlungen sind diese physiologischen Aspekte (z.B. Muskelkontraktionen) jedoch häufig belanglos.

Über diese Fragen – z.B die Struktur von Handlungserklärungen oder den „ontologischen Status" von Intentionen besteht im wissenschafltichen Diskurs jedoch keineswegs Einigkeit (vgl. Laucken & Mees, 1996). Die „Kausalisten", die „Intentionen als Ursachen von Handlungen und intentionale Handlungserklärungen als mit kausalen Erklärungen ihrer Struktur nach grundsätzlich von naturwissenschaftlich-kausalen Erklärungen unterscheiden" (ebd.). Diese Position wird auch von Brandstadter & Greve vertreten[1].

4.6 PERSÖNLICHKEITSMERKMALE, DIE DIE KONSISTENZ, DEN ZUSAMMENHANG, ZWISCHEN EINSTELLUNG UND VERHALTEN BEEINFLUSSEN

Als Persönlichkeitsmerkmal kommt dem globalen Selbstwertgefühl einige Bedeutung zu – Fleming und Courtney (1984, zit. nach Schütz, 2000) sprechen gar von einem „Generalfaktor" – unter anderem auch deshalb, weil es im Erwachsenenalter als „relativ stabile Größe" (Schütz, 2000) angesehen wird. Menschen unterscheiden sich in ihrer Selbst-Konsistenz; z.B. ein „fröhlicher Mensch" (konsistent fröhlich!). Das Merkmal muss konsistent sein, damit man von einem Persönlichkeitsmerkmal sprechen kann. Es gibt Personen, die sich konsistenter verhalten als andere und führt zu einem höheren Zusammenhang zwischen Einstellung und Verhalten. Besagt, es gibt Personen, die sich von „außen" betrachten und welche, die sich „von innen" betrachten. *Hohes Self-monitoring (= von außen)* bedeutet, dass sich Personen stark von außen beeinflussen lassen. Der Zusammenhang zwischen Einstellung und Verhalten ist gering! *Niedriges*

1 Sie führen das sog. „logische Beziehungsargument" zu Felde. Demnach besteht zwischen Intention und den durch sie „erklärten" Handlungen ein logischer – nicht aber empirischer – Zusammenhang: „Eine Körperbewegung ist immer nur relativ zu einer „Absicht" als Handlung beschreibbar; die enge Beziehung zwischen „Absicht" und „Handlung" ist also eine analytisch-wahre, keine empirisch-kontingente" (Laucken & Mees, 1996, S. 20).

Self-monitoring (= von innen) bedeutet, dass Personen nach ihrem Inneren handeln. Der Zusammenhang zwischen Einstellung und Verhalten ist hoch!

Objektive Selbstaufmerksamkeit ist ein Zustand, bei dem die Aufmerksamkeit auf sich selbst gelenkt wird. Eine hohe objektive Selbstaufmerksamkeit impliziert einen hohen Zusammenhang zwischen Einstellung und Verhalten.

Unterschiedliche Konzepte der Selbst-Forschung beschäftigen sich also mit der Frage, ob das Selbst die Aufmerksamkeit eher nach „innen“ oder nach „außen“ richtet. Diese Thematik ist auch für das Erleben von Scham- und Schuldgefühl relevant.

5 KONTROLLÜBERZEUGUNGEN

5.1 ALLGEMEINES

Prävention gehört in der Fachdisukssion zu jenen Forderungen, die unbestritten scheinen und überall vertreten werden. Es gibt viele Bemühungen der begrifflichen Abklärung (vgl. Röhrle, 1992). Meist wird aber auf die klassische Einteilung von Caplan (1964) in primäre, sekundäre und tertiäre Prävention zurückgegriffen, wobei sekundäre und tertiäre Prävention sich in der Praxis auf Beratung und Rehabilitation beziehen lassen.

Andere begriffliche Einteilungen beziehen sich stärker auf die Zielrichtung der Prävention. Sie unterscheiden zwischen System- versus Personenorientierung oder Verhältnis- versus Verhaltensprävention. In der Praxis wurden vor allem Maßnahmen zur individuellen Verhaltensänderung durchgeführt (mit den klassischen Methoden des „Screening", der Aufklärung, über Beratungs- und Trainingsmaßnahmen u.a.).

Systemorientierte Ansätze verblieben meist auf der Ebene von Appellen bzw. wurden in Teilen auf einer administrativen Ebene umgesetzt. Den verschiedenen Strategien liegen biomedizinische versus sozialwissenschaftliche Erkenntnismodelle zugrunde, die Zugangsweisen und Konsequenzen für die Praxis der Prävention bedingen.

Adressaten von Verhaltensprävention sind vor allem Menschen, die sich „gesundheitsschädigend" verhalten. Kriterien und Standards werden von den Experten normativ vorgegeben, was die Gefahr indirekter und direkter sozialer Kontrolle beinhaltet.

Die Weltgesundheitsorgansiation entwickelte das alternative Modell einer Gesundheitsförderung, ausgehend von einem positiven Begriff von Gesundheit. Es bezieht stärker salutogene, soziale, kulturelle, ökonomische und sozial-politische Faktoren ein.

Gemeindepsychologische Perspektiven setzen an dem Gedanken der Gesundheitsförderung als Erweiterung von Lebenssouveränität an und fokussieren es mit dem Konzept von Empowerment (vgl. Keupp, 1993; Stark, 1996). Sie rücken vom Ziel der „Verhinderung" und weisen in Richtung Förderung, Gestaltung und Partizipation. Standards werden nicht von den Experten vorgegeben, sondern der Blick richtet sich auf die Lebenswelt der Betroffenen, deren soziale Netzwerke, Selbsthilfepotentiale und sozialökologische Ressourcen.

Empowerment bezeichnet den Prozess, durch den Menschen in die Lage versetzt werden, ihre je individuellen Handlungsmöglichkeiten in einer sozialen Situation zu (er-)kennen und im Zusammendenken mit den eigenen Ressourcen und Kompetenzen auch zu ergreifen. Unter Empowerment können alle Möglichkeiten verstanden werden, die es Menschen ermöglichen, Kontrolle über ihr Leben zu gewinnen und sie bei der Beschaffung von Ressourcen zu unterstützen.

Ausgehend vom Konzept des Empowerment stellen sich folgende Fragen:

Unter welchen Bedingungen gelingt es Menschen, sich aus einer machtlosen Situation herauszuentwicklen, die eigene Stärke zusammen mit anderen zu erkennen und die Lebensbedingungen nach eigenen Vorstellungen zu gestalten?

Wie werden solche Formen der Selbstorganisation gefördert?

Welche Auswirkungen hat das auf die beteiligten Menschen und Organisationen?

Die Antworten bewegen sich auf drei Ebenen:

Zum einen wird unter dem Empowermentbegriff die Wichtigkeit der Selbstbestimmung der Klienten als Gegenmacht zu professionellen Experten diskutiert. Zum andern bündelt das Empowermentkonzept spezifische Methoden, Techniken und Verfahren individueller und sozialer (Gemeinwesen-)Arbeit. Darüber hinaus ist Empowerment als Grundhaltung in der therapeutischen, beratenden oder politischen Arbeit zu verstehen. Individuelle Empowermentprozesse zeigen die andere Seite der weit verbreiteten „erlernten Hilflosigkeit" – Gegenkonzept ist nun die „erlernte Hoffnungsfreudigkeit".

Im gesundheitspsychologischen Bereich versteht sich Empowerment als Unterstützung der selbstgewählten Lebensentwürfe kranker Menschen. Grundlage dabei ist, dass Empowerment über ein gesichertes Wissen verfügt, dass Lebensbewältigung generell, insbesondere der Umgang mit Krisen, Krankheit und Behinderung sozialer Ressourcen und sozialer Netzwerke und Bezüge bedarf.

Ursprünglich entstammt der Begriff der Kontrollüberzeugungen der sozialen Lerntheorie von Rotter (1966). Rotter ist der Meinung, dass die Wahrscheinlichkeit für ein bestimmtes Verhalten in einer gegebenen Situation sowohl vom subjektiven Wert der möglichen Verstärker als auch von der subjektiven Erwartung der Person abhängt, ob in der gegebenen Situation der Verstärker durch das in Frage kommende Verhalten erreicht wird. Je nachdem, ob sich die Person in einer bekannten oder neuartigen Situation befindet, kommen situationsspezifische oder generalisierte Erwartungen zum Tragen. Handelt es sich um bekannte Situationen, so sind situationsspezifische Erwartungen vorherrschend. In neuartigen Situationen dominieren hingegen generalisierte Erwartungen (Krampen, 1982, 1995; Aschauer, 2001).

Krampen (1982) sieht in Rotters Konzeptionen die Wurzeln der kognitiven Wende in der Psychologie.

„Kennzeichen dieser Arbeiten ist die Tatsache, dass nicht mehr behauptet wird, dass die Verhaltensfolgen (negative und positive Verstärker, Bestrafungen) das Verhalten von Individuen direkt beeinflussen, sondern dass deren Wirkung auf das Verhalten intern (d.h. kognitiv) moderiert wird" (Krampen, 1982).

Es wird angenommen, dass Individuen in der Interaktion mit ihrer Umwelt Erfahrungen darüber machen, ob es zum Auftreten von Verstärkern und Ereignissen als Konsequenz eigener Handlungen oder Charakteristika kommt. Solche Erfahrungen können zu generalisierten Erwartungshaltungen werden, die eher eine innengeleitete Orientierung und Zuschreibung von Ursachen beinhalten oder zu generalisierten Erwartungshaltungen, die eher außengeleitete Orientierung und Zuschreibung von Ursachen umfassen.

Uneinheitlichkeit besteht darin, ob die soziale Unterstützung als „interaktiver" Effekt aufzufassen ist, als sog. Puffer, der wirksam wird, wenn Stress auftritt. Die dem entgegengesetzte These von „Haupt"- oder „direkten" Effekten geht davon aus, Gesundheit und Wohlbefinden werde entscheidend beeinflusst durch die sozialunterstützenden Aspekte allgemeiner Rollenbeziehunugen und zwischenmenschlicher Interaktionen, durch das Eingebettetsein des einzelnen in eine Gemeinschaft und die eher unbeabsichtigten Neben- und Begleiterscheinungen alltäglichen Zusammenlebens, die das Wohlbefinden fördern, ohne dass eine Belastung und eine Stressreaktion gegeben sein und abgepuffert werden muss.

Die neuere soziale Unterstützungsforschung geht von beiden gesundheitsförderlichen Funktionen aus (Heller, Swindle & Dusenbury, 1968).

Unter Kontrollüberzeugungen versteht man generalisierte Erwartungen einer Person darüber, wovon wichtige Ereignisse oder das Verhalten von Verstärkern abhängig sind (Krampen, 1982).

„Externale Kontrollüberzeugungen liegen vor, wenn eine Person Verstärkungen und Ereignisse, die eigenen Handlungen folgen, als nicht kontigent zum eigenen Handeln und zu eigenen Charakteristika wahrnimmt, sondern sie als Ergebnis von Glück, Pech, Zufall, Schicksal, als von anderen (mächtigen) Personen kontrolliert oder als unvorhersehbar (aufgrund der hohen Komplexität der Umwelt) wahrnimmt. Internale Kontrollüberzeugungen liegen vor, wenn eine Person Verstärkungen und Ereignisse in der personspezifischen Umwelt, die ei-

genen Handlungen folgen, als kontingent zum eigenen Verhalten oder zu eigenen Charakteristika wahrnimmt" (Krampen, 2000).

Der Glaube an die „gerechte Welt" ist eine Art Kontrollüberzeugung. Er ist stereotypisch in dem Sinne, als dadurch die „Berechtigung" abgeleitet wird, die Menschen dadurch zu Alleinverantwortlichen ihres Schicksales erklären zu können.

Verhalten und Erleben wird hier wie in anderen Erwartungs-Wert-Modellen verstanden als Funktion von subjektiven Verstärker- bzw. Zielbewertungen und subjektiven Erwartungen darüber, ob eine Handlung zum Erreichen bestimmter Verstärker bzw. Ziele führt (Krampen, 1995).

Rotters eindimensionales Konzept mit den beiden Polen Internalität und Externalität gilt inzwischen als überholt, man geht heute von einem dreidimensionalen Konzept der Kontrollüberzeugungen aus, es werden Internalität, soziale Externalität und fatalistische Externalität unterschieden (Krampen, 1982, 2000).

Das handlungstheoretische Partialmodell der Persönlichkeit von Krampen stellt eine Weiterentwicklung der sozialen Lerntheorie Rotters dar. Krampen spricht deshalb von einem Partialmodell, weil es sich ausschließlich auf menschliches Handeln bezieht und andere Aspekte menschlichen Verhaltens ausklammert. Generell wird in handlungstheoretischen Zugängen beobachtbares Verhalten als Handeln von Akteuren verstanden, das über Attribute wie zielgerichtet, erwartungsgesteuert, intentional und reflexiv verfügt. Es wird dabei davon ausgegangen, dass der Handelnde Situationen interpretiert, vorhandene Erfahrungen nutzt und Ereignisse oder Zielzustände bewertet (Krampen, 2000). In Krampens Modell werden situations- und handlungsspezifische Variablen eines differenzierten Erwartungs-Wert-Modell mit anderen Persönlichkeitskonstrukten verknüpft, da er davon ausgeht, dass Kontrollüberzeugungen nur unter bestimmten Randbedingungen, wie kognitiv nicht oder nur schlecht strukturierten Situationen, und in Interaktion mit anderen Variablen verhaltensrelevant sind (Krampen, 1995). So nimmt der Vorhersagewert generalisierter Kontrollüberzeugungen mit der Neuheit oder Undeutigkeit einer Situation für die Person zu (Krampen, 1982, 2000).

„Generalisierte Erwartungen werden da für die Verhaltenserklärung und –vorhersage besonders relevant, wo situationsspezifische Erwartungen und Valenzwerte wegen der mangelnden Situationserfahrung des Individuums nicht ausreichen" (Krampen, S. 50):

Gesellschaftliche Institutionen, die über einen hohen Strukturiertheitsgrad verfügen, beeinflussen – zumindest kurzfristig – Kontrollüberzeugungen (Krampen, 1982). Strafgefangene scheinen sich bezüglich generalisierter Kontrollüberzeugungen von der Normalbevölkerung zu unterscheiden (Krampen, 1979, 1982,

1991). In den wenigen vorhandenen Arbeiten wird generell über erhöhte Externalitätswerte, die in Zusammenhang mit der Haftdauer stehen, berichtet (Krampen, 1991; Blatier, 2000). Eine mögliche Erklärung dafür ist die objektiv gegebene Einschränkung der Kontrollmöglichkeiten über das eigene Leben (Goodstein, MacKenzie und Shotland, 1984), fraglich ist, wie stabil solche Skalenwerte sind.

Steller und Stürmer (1986) gehen davon aus, dass es eine prozesshafte Veränderung von Kontrollüberzeugungen in Abhängigkeit von der Haftdauer gibt: "Es wird angenommen, dass es nach einem anfänglichen Kontrollverlust zu einer erfahrungsabhängigen Zunahme internaler Kontrollüberzeugungen kommt, die bei sehr langer Inhaftierungszeit aufgrund der andauernden Perzeption geringer Einflussmöglichkeiten eventuell durch ein Überwiegen externaler Orientierung abgelöst wird" (Steller und Stürmer, 1986, S. 240). Gewaltdeliquenten schienen allerdings generell eher höhere Internalitätswerte zu haben (Scheurer, Kröber, Schramm und Richter, 1995).

5.2 UNTERSCHIEDE ZWISCHEN PERSONEN MIT VERSCHIEDEN AUSGEPRÄGTEN KONTROLLÜBERZEUGUNGEN

Zahlreiche Untersuchungen haben gezeigt, dass internale Kontrollüberzeugungen eher mit emotionaler Stabilität, psychischer Anpassung und geringer klinischer Pathologie zusammenhängen. Auch gibt es Verbindungen zu den Bereichen Angst, subjektive Stressbelastung, Copingstrategien und dem Selbstkonzept (Krampen, 1982; Mruk, 1995).

Es gibt weiters einen Zusammenhang zwischen Kontrollüberzeugungen und Leistungsverhalten: So nehmen Personen mit internaler Kontrollüberzeugung Leistungssituationen generell als selbstbestimmter wahr und handeln in eindeutig selbstbestimmbaren Leistungssituationen überlegter und reflektierter als Externale. Es besteht ein positiver Zusammenhang zwischen internaler Kontrollüberzeugung und guten Schulnoten bzw. anderen Leistungswerten. Auch Leistungsmotivation und internale Kontrollüberzeugung korrelieren positiv. So scheinen internale Personen in Leistungssituationen generell über höhere Erfolgserwartungen zu verfügen.

Ebenso bestehen zur individuellen Selbstbewertung und zum Selbstkonzept eigener Fähigkeiten Verbindungen. Es konnte ein positiver Zusammenhang zwischen Selbstwertgefühl und Internalität nachgewiesen werden (Wallace, Cunningham und Del Monte, 1984).

Kinder, die sich in schulischen Leistungen als hilflos erleben, schreiben ihr Verhalten mangelnden Fähigkeiten zu, grübeln lange über Erklärungen für den Misserfolg nach, zeigen starke negative Affekte, und haben ein negatives Selbstkonzept eigener Fähigkeiten. Kinder, die sich bezüglich schulischer Leistungen nicht als hilflos erleben, zeigen generell weniger Attributionen nach Misserfolgserlebnissen, und wenn diese auftreten, sind sie eher external, spezifisch und variabel.

Externale sind leichter zu überzeugen, zu überreden und zu kontrollieren als Internale, vor allem bei einem hohen sozialen Status des Interaktionspartners ändern Externale ihre Einstellungen leichter als Internale.

Wenn versucht wird, jemanden zu beeinflussen, so verwenden Internale eher Methoden des Argumentierens und des Eingehens auf den Interaktionspartner, Externale hingegen neigen eher zu Strafandrohungen und Zwängen als Interaktionsstrategien. Externalen wird mehr Dogmatismus, Feindseligkeit, Aggressivität und weniger Altruismus als Internalen zugeschrieben.

Auch scheint es Unterschiede im Moralverhalten zu geben: Internale erleben Sanktionen als Folge von unmoralischem Verhalten eher als kontigent und äussern häufiger Schuldgefühle. Dieser Sachverhalt könnte auch zu der Tatsache beitragen, dass Delinquenten meist erhöhte Externalitätswerte aufweisen.

Allgemein muss gesagt werden, dass sowohl sehr hohe Externalitätswerte als auch sehr hohe Internalitätswerte pathologisch sind. Im ersten Fall glaubt das Individuum, keinerlei Einfluss auf sein Leben und seine Umgebung ausüben zu können, im zweiten Fall handelt es sich um Realitätsverlust oder Selbstüberschätzung, wenn eine Person glaubt, alles beeinflussen zu können.

„Der häufig in der Literatur implizit anzutreffenden Höherbewertung von Internalität als einem Interventionsziel wird widersprochen. Zwischen Externalität versus Internalität und Psychopathologie versus psychischer Gesundheit besteht eine kurvilineare Beziehung, d.h., dass beide Extremausprägungen generalisierter Kontrollüberzeugungen pathologischen Charakter haben“ (Krampen, 1982, S. 181).

Die Bezeichnung Stress ist zu einem beliebig eingesetzen Modewort geworden. Auch in der wissenschaftlichen Auseinandersetzung lassen sich verschiedene, einander oft widersprechende, theoretische Ansätze unterscheiden und anhand einer Vielzahl empirischer Befunde diskutieren. Mal wird Stress als auslösende Bedingung (Stimulus), mal als Belastungsreaktion (Response), mal als Resultat der Interaktion zwischen bewertendem Mensch und Situation verstanden.

Selye (1974) fasst Stress als unspezifische, konstant auftretende Anpassungsreaktion des Organismus auf beliebige intensive Umweltreize auf, die aus Alarmreaktion, Widerstandsphase und Erschöpfungsphase besteht und unterscheidet zwischen der lebensnotwendigen Aktivation (Eustress) und der schädlichen Überforderung (Distress).

David Fontana (1991) definiert Stress als „Anforderungen an die adaptiven Fähigkeiten von Körper und Geist".

Kognitiv-transaktionale Modelle wie das von Lazarus und Launier (1981), erklären Stress als Ergebnis komplexer psychologischer Wahrnehmungs-, Bewertungs- und Rückkoppelungsprozesse auf der Grundlage der angenommenen Handlungskontrolle (Coping-Ressourcen), der sich sowohl auf Individuen als auch auf soziale Systeme beziehen kann. Problematisch an diesem Ansatz sind die begriffliche Unbestimmtheit und die methodische Unzugänglichkeit der angenommenen Prozesse und Effekte (Reicherts, 1988).

Auslösende Reizsituationen (Stressoren) können alltägliche Belastungen oder kritische Lebensereignisse sein. Vom vegetativen Nervensystem gesteuerte und damit unwillkürlich ausgelöste körperliche Stressaktionen wie Ausschüttung von Adrenalin und Noradrenalin, Cholesterin, Kortison und verschiedener Schilddrüsenhormone erhöhen u.a Atemfrequenz, Herzfrequenz, Energieniveau, Reaktionsgeschwindigkeit und damit kurzfristig die Kampf- bzw. Fluchtfähigkeit des Organismus.

Diese, aus entwicklungsgeschichtlicher Perspektive gesehen ursprünglich sinnvolle Steigerung der physischen Kampffähigkeit ist allerdings nur selten geeignet, heutige Stresssituationen zu bewältigen. Hält diese autonom gesteuerte körperliche Aktivitätssteigerung zu lange an, ohne in entsprechende Handlungen umgesetzt zu werden bzw. in eine Entspannungsphase überzugehen, können physische und psychische Folgeschäden auftreten.

In zahlreichen Studien wurden unter Berücksichtigung verschiedener Moderatorvariablen (z.B. Persönlichkeitsmerkmale, soziale Unterstützung u.v.m.) Zusammenhänge zwischen Stresserleben und psychischen oder somatischen Erkrankungen belegt.

Bei verschiedenen Stressreduzierungskonzeptionen lässt sich grob zwischen situationszentrierten und personenzentrierten Ansätzen differenzieren, wobei erstere den Mensch als relativ passives Opfer von Umwelteinflüssen ansehen und Maßnahmen sich auf die Diagnose der Wirkungszusammenhänge und die Gestaltung der Umweltbedingungen beziehen. Letzere heben die menschliche Reflektiertheit, Aktivität und Selbstregulationsfähigkeit hervor und zielen auf eine Stärkung der Selbstdiagnose- und Bewältigungskompetenzen.

Dabei lässt sich zwischen problemlösungsorientiertem und emotionsorientiertem Coping (Bewältigungsstrategie) unterscheiden, womit bei letzterem die Umstrukturierung der Erlebnisqualitäten gemeint ist.

Stress ist insbesondere mit Emotionen wie „erlebtem Kontrollverlust sowie mit Gefühlen der Bedrohung, des Ausgeliefertseins, der Hilflosigkeit und Abhängigkeit verbunden“ (Ulich, 1994).

5.3 SELBSTKONZEPT EIGENER FÄHIGKEITEN

Transaktionsanalyse ist eine von Eric Berne begründete und von zahlreichen Mitarbeitern weiterentwickelte Theorie, die verhaltenstheoretische, tiefenpsychologische und systemische Denkweisen sowie die Werte humanistischer Psychologien integriert. Sie begreift den Menschen als Ganzheit, von Verhalten, Denken, Erleben und Körperlichkeit, der mit konstruktiven Kräften in Richtung Autonomie und soziale Verantwortlichkeit ausgestattet ist. Sie betont seine Gleichwertigkeit, sein Recht auf Selbstbestimmung und seine Eigenverantwortlichkeit.

Leitbild wie Zielvorstellung transaktionsanalytischen Handelns ist die autonome Person mit ihren Fähigkeiten zu sinnlicher Offenheit, unmittelbarem Ausdruck und gleichwertiger Beziehung.

Selbstkonzepte eigener Fähigkeiten werden handlungstheoretisch als über spezifische Situationen generalisierte Situations-Handlungs-Erwartungen verstanden, die zeitlich und situativ stabile Einstellungen darüber darstellen, in welchem Ausmaß Handlungsalternativen zur Verfügung stehen.

Eine Person mit einem geringen Selbstkonzept eigener Fähigkeiten geht davon aus, dass es nur wenige Situationen gibt, in denen sie weiß, was sie tun kann. Bisherige Untersuchungsergebnisse deuten darauf hin, dass das Selbstkonzept eigener Fähigkeiten hierarchisch strukturiert ist, es gibt sowohl situations- und aufgabenspezifische Selbstkonzepte, als auch solche, die ganze Situations- und Aufgabenklassen umfassen, bis hin zu in hohem Maße generalisierten Selbstkonzepten eigener Fähigkeiten. Es handelt sich allerdings nur um einen Teilaspekt dessen, was allgemein unter Selbstkonzept oder Selbst verstanden wird (Krampen, 2000).

Kontrollüberzeugungen und kontrafaktisches Denken könnten in einem Zusammenhang stehen, weil dem kontrafaktischen Denken, die Funktion, subjektiv wahrgenommene Kontrolle zu erhöhen, zugeschrieben wird.

Personen mit bestimmten Ausprägungen von Kontrollüberzeugungen könnten deshalb mehr Kontrafakten generieren als andere. Diese Annahme war Thema mehrerer Untersuchungen, konnte aber nicht eindeutig bestätigt werden.

Das Selbstkonzept eigener Fähigkeiten könnte insofern eine Rolle spielen, als es eine Verbindung zu problemfokussierten Copingstrategien nahelegt, die auch bestimmte Kategorien kontrafaktischer Gedanken wahrscheinlich machen.

Diese Annahme wurde in mehreren Untersuchungen bestätigt, allerdings sind die Zusammenhänge auch hier nicht einheitlich.

5.4 ENTSCHEIDUNGSFINDUNG UND RISIKOFREUDE

„Je selbstverständlicher unser Gehorsam, um so gesicherter unsere Illusion der Freiheit" (Anders, 1991, S. 145).

Aus der Sicht der Attributionstheorien, die sich mit den Prozessen, die im Alltagsdenken zu Ursachenzuschreibungen führen, beschäftigen, unterscheidet Steiner (1970) zwei Arten von Freiheiten: Ergebnisfreiheit und Entscheidungsfreiheit. Die Ergebnisfreiheit bezieht sich auf die Verfügbarkeit erwünschter Ereignisse, ob also für ein Individuum z.B. ein bestimmtes Objekt, das es gern haben möchte, zugänglich ist.

Die Entscheidungsfreiheit bezieht sich auf die Wahlmöglichkeiten des Individuums zwischen alternativen Ergebnissen oder Verhaltensweisen. Jede dieser Freiheiten kann ohne die andere für das Individuum vorhanden sein.

Entscheidungsangst kann z.B. wichtige unternehmerische Tugenden wie Kreativität und überlegte Risikobereitschaft lähmen und zu einem erheblichen Kostenfaktor werden. Entscheidungsängste in Kombination mit Ängsten vor Neuerung erschweren auch zwischenmenschliche Kooperationen – insbesondere in einer Zeit, in der Kooperationen immer wichtiger werden – ausgesprochen kostenwirksam.

Unter einer Entscheidung wird meist die (bewusste) Wahl zwischen zwei oder mehr Alternativen verstanden. Die Entscheidungstheorie als eine präskriptive bzw. normative interdisziplinäre Wissenschaft, hat zum Ziel, die *Rationalität* von Entscheidungen zu verbessern. Ein Entscheidungsmodell wird hierzu in einem Modell abgebildet, das bei Entscheidung unter Sicherheit die Alternativen, die Ziele und Präferenzen des Entscheiders enthält sowie bei Entscheidung unter Risiko zusätzlich die Umweltzustände, die die Konsequenzen der Alternativen beeinflussen können, mit ihren jeweiligen Eintrittswahrscheinlichkeiten.

Ressourcen sind jene Potentiale, die Subjekte zur Aufrechterhaltung und Entwicklung ihrer Handlungsfähigkeit und der Arbeit an ihrer Identitiät nutzen können. Tendenziell wird zwischen individuellen und sozialen Ressourcen unterschieden. Unter individuellen Ressourcen können emotionale und kognitive

Qualitäten wie Charakter, Temperament, Charisma, Intellekt, Ambiguitätstoleranz, Autonomie, Lebenserfahrung, Selbstachtung usw. oder Gegebenheiten wie leibliche Verfassung, Aussehen, Sexus gefasst werden.

Sie bewirken die individuelle Varianz der gesellschaftlichen Invarianten, beispielsweise der sozialepidemiologisch beschriebenen Korrelationen zwischen sozialer Schichtzugehörigkeit und psychischer Störung bzw. Belastung. Mit Beginn der 80er Jahre wurde im sozialtherapeutischen Diskurs verstärkt der Fokus von den krisenverursachenden oder –begleitenden Defiziten von Subjekten hin zu ihrer möglichen „Bewältigungsressourcen" (Keupp, 1982a, S. 25) gerichtet.

Ziel sozialtherapeutischer Intervention müsse danach vor allem sein, Prozesse zu initiieren, in denen die Betroffenen die Wahrnehmung der Situation sowie eigener Stärken entwickeln und darüber hinaus fähig werden, brachliegende soziale Ressourcen nutzbar zu machen. Die Struktur eines solchen „Empowerments" (vgl. Stark, 1996) offenbart die Wechselwirkung von individuellen uns sozialen Ressourcen, die nur in der theoretischen Abstraktion getrennt werden können. Die vermittelnde Struktur zwischen individuellen Ressourcen und sozialen Ressourcen im weiteren, soziologischen Sinn sind „soziale Netzwerke" (Keupp, 1982, b).

Soziale Ressourcen hat am systematischsten der französische Soziologe Pierre Bourdieu konzeptualisiert. Er schreibt Subjekten ökonomisches, kulturelles, soziales und symbolisches Kapital zu.

Ökonomisches Kapital ist direkt in Geld „konvertierbar und institutionlisiert über das Eigentumsrecht" (1992, S. 52).

Sozialkapital sind „Ressourcen, die auf der Zugehörigkeit zu einer Gruppe beruhen, ... die mit dem Besitz eines dauerhaften Netzes von mehr oder weniger institutionalisierten Beziehungen gegenseitigen Kennens oder Anerkennens verbunden sind..." Für den Eigner hängt die Ressourcensumme „sowohl von der Ausdehnung des Netzes von Beziehungen ab, die er tatsächlich mobilisieren kann, als auch von dem Umfang des ökonomischen, kulturellen oder symbolischen Kapitals, das diejenigen benutzen, mit denen er in Beziehung steht". Zur (Re-)Produktion von Sozialkapital ist „unaufhörliche Beziehungsarbeit in Form von ständigen Austauschakten erforderlich, durch die sich gegenseitige Anerkennung immer wieder neu bestätigt" (ebd. S. 67). Netzwerke bündeln die Ressourcen, die die Gruppenmitglieder besitzen, der einzelne kann mit der symbolischen Macht seiner Gruppe, Familie, Clique, seines Clubs usw. auftreten.

Kulturelles Kapital wird in drei Formen beschrieben. Zur Akkumulation von inkorportiertem Kulturkapital, also zur Verinnerlichung von Fertigkeiten und Haltungen, ist die Zeit und Energie vonnöten, die von dessen Träger „persönlich investiert werden“ muss (ebd., S. 55).

Objektivierbares Kulturkapital (Bücher, Tonträger, Kunst) ist zwar schneller transferierbar, es erfordert aber zur Aneignung den gleichen Aufwand wie inkorporiertes Kulturkapital bzw. letzteres selbst. Institutionalisiertes Kulturkapital schließlich sind Abschlüsse und Titel, die, einmal erworben, auch ohne Kompetenznachweis des Trägers ihren Effekt erzielen.

Symbolisches Kapital bezieht sich auf ökonomisches, soziales und kulturelles Kapital und bildet das Maß ihrer symbolischen Eigenwirkung ab, den aktuellen Kurswert, die als selbstverständlich geltende Anerkennung der Kapitalien (vgl. Schwingel, 1993).

Der tatsächliche Wert von Kontakten und Gruppenzugehörigkeit, von Wissen, Bildung, Überzeugungen, Bekenntnissen usw. hängt von den politischen, ideologischen und sozialökonomischen Verhältnissen einer Gesellschaft und ihrem kulturellen Diskurs ab.

Identitätsarbeit von Subjekten, Krisenmanagement und Aufrechterhaltung der Handlungsfähigkeit, sind also immer Akte von Ressourcen-Akkumulation bzw. -Verausgabung und von Ressourcen-Transformation der verschiedenen Arten ineinander.

Die Einwanderung des Ressourcen-Begriffs aus der Ökonomie in die Soziologie (70er Jahre) und die Sozialpsychologie (80er Jahre) und dessen Eignung bei der Rekonstruktion von Identitätsarbeit illustriert die Durchkapitalisierung individueller Entwicklung in der Moderne – das Leben als „marktwirtschaftliche Veranstaltung“.

Der ressourcenorientierte Blick auf Subjektentwicklung zwingt aber nicht nur von vornherein gesetzte Ungleichheiten, sondern auch Chancen, über Ressourcen-Akkumulation und –Transfers, in eigensinnigen sozialen Netzwerken Kontrolle und Handlungsspielräume für das Leben zurückzugewinnen.

5.5 ZWEIDIMENSIONALES KLASSIFIKATIONSSCHEMA VON ARTEN DER VERANTWORTLICHKEIT

Ortony et al. (1988, S. 78) definieren das (formale) Selbst im Kontext von Taten von Urhebern als „das Selbst oder ein(ige) andere, mit dem/denen man sich als in einer Einheit befindlich wahrnimmt.“ Sie trennen also zwischen „formalem“ und „tatsächlichem“ Urheber.

Beim zweidimensionalen Klassifikationsschema von Arten von Verantwortlichen (in Anlehnung an Laucken & Mees, 1987), wird zwischen den Dimensionen „aktive versus passive Verantwortlichkeit" und „direkte versus indirekte Verantwortlichkeit" unterschieden.

Das Tun/Lassen eines Verantwortlichen kann ferner entweder direkt (unmittelbar) zu der Tatsache führen oder indirekt (mittelbar).

So ist der *Erzeuger* Täter einer aktiven und direkten Tatsache; auch der *Ermöglicher* setzt etwas aktiv in die Welt, nämlich die Voraussetzung dafür, dass es anderen (als Erzeugern) möglich ist, Tatsachen zu schaffen.

Weitere indirekt-aktive Verantwortliche sind der *Befehls- oder Auftraggeber*, der aufgrund seiner Machtposition den Erzeuger zu einem Tun veranlassen kann, und der *Anstifter bzw. Verführer*, der dazu aufgrund von Überredung bzw. Überzeugung und dergleichen imstande ist.

Passiv Verantwortliche sind Zuschauer und Garanten. Der *Garant* schließlich duldet, dass die Tatsache entsteht und andauert, tut nichts dagegen, obwohl er (immer aus der Sicht desjenigen, der solche Verantwortlichkeiten unterstellt) dazu verpflichtet wäre.

Ermöglicher (einschließlich Befehls-/Auftraggeber sowie Anstifter/Verführer) und Garanten sind als Individuen indirekt Verantwortliche. Dagegen kann die Mitgliedschaft in einer Gruppe bzw. Einheit eine Verantwortlichkeit *(Zugehörigkeit)* zu dieser Einheit begründen.

Der „Erzeuger" entspricht dem „tatsächlichen Urheber", während die anderen Arten von Verantwortlichen unterschiedliche Typen „formaler Urheber" darstellen.

Es kann festgehalten werden: *Wenn* eine Person, die nicht der Erzeuger einer Tat ist, sich dennoch als „verantwortlich" (i.S. der obigen Differenzierungen) für diese Tat ansieht, so kann sie auf diese Tat so reagieren, als ob sie der Erzeuger selbst wäre und entsprechende internale Attributionsemotionen wie Stolz oder Scham erleben.

Es ist ein bekanntes empirisches Phänomen, dass die Einheitsbildung viel rascher vor sich geht bei löblichen Taten, während es bei tadelnswerten Taten häufig zu Distanzierungen kommt. Allerdings gibt es bestimmte Einheiten (etwa der Familienzugehörigkeit), von denen man sich nur schwer distanzieren kann (Mees, 1991). Dieses empirische Phänomen hängt offensichtlich mit der Frage der Selbstrepräsentation bzw. des „Image-Managements" zusammen (vgl. Cialdini & Richardson, 1980).

Tabelle 2: Zweidimensionales Klassifikationsschema von Arten der Verantwortlichen (Mees, 1991)

Direkte versus Indirekte Verantwortlichkeit	Aktive versus passive Verantwortlichkeit	
	Aktiv	passiv
Direkt	Erzeuger	Zuschauer
Als Individuum	Ermöglicher (Auftraggeber, Anstifter, Verführer)	Garant
Indirekt	--	
Als Mitglied einer Gruppe	Angehöriger	

Menschen unterscheiden sich in dem Ausmaß, in dem sie gewillt sind, Verantwortung für Ereignisse zu übernehmen und sich entsprechend moralisch schuldig fühlen; manche leugnen auch "offensichtliche" Verantwortlichkeit andere wiederum sind bereit, auch für Geschehnisse Verantwortung zu übernehmen, für die man sie „objektiv" nicht (mehr) verantwortlich machen kann.

Verantwortlichkeit muss von *Ursächlichkeit* unterschieden werden. Verantwortlichkeit bezieht sich also darauf, ob ein Tun/Lassen unter der prinzipiellen Kontrolle des Urhebers stand oder nicht, ob dieser also anders hätte handeln können (oder sogar müssen), als er es tat.

Verantwortlichkeit ist auch von *moralischer Schuld* zu unterscheiden: Laucken und Mees (1987) fassen „moralische Schuld" wie folgt:

Dem Schuldigen wird autonome Entscheidungskontrolle unterstellt. Es ist das von ihm beherrschte bzw. beherrschbare „geistige Innenleben", welchem sein Tun und Lassen entspringt. Verantwortlich ist das autonome Subjekt, das Subjekt also, das sich das Gesetz (-nomie) seines Handelns selbst (Auto-) gibt. Es ist schuldig, weil es bei seinem Handlungskalkül Normen verletzt hat. Die moralische Schuld ist Gesinnungsschuld.

Moralische Schuld setzt Verantwortlichkeit voraus, aber umgekehrt impliziert eine Verantwortlichkeit noch keine moralische Schuld.

Bei der *Attribution von Verantwortlichkeit für einen Schaden* wird zunächst unterstellt, dass überhaupt ein Schaden vorliegt, sowie dass es einen Zusammenhang zwischen einer bestimmten Tat und eines Verantwortlichen und diesem Schaden gibt.

Entlastungsargumente werden als *Ent-Verantwortungen* (=Entlassungen aus der Verantwortlichkeit) bezeichnet: Sie dienen dazu, die unterstellte Verantwortlichkeit abzustreiten; damit werden zugleich auch eventuelle Schuld-Vorwürfe entkräftet (z.B. durch Rechtfertigung und Entschuldigungen).

Internale Attributionsemotionen stellen das Resultat von Internalisierungsprozessen von (z.B.) moralischen Normen dar. Sie setzen auch voraus, dass das Individuum sich selbst als Urheber von Taten, Gedanken usw. ansehen kann. Normen werden aber von „außen" im Verlauf der Sozialisation übernommen.

Nach Piaget (1954) können zwei Hauptstufen der Entwicklung des moralischen Urteilens bei Kindern unterschieden werden.

In der ersten Stufe der sog. *objektiven Verantwortlichkeit* fällen Kinder moralische Urteile lediglich danach, ob eine Handlung einen Regelverstoß darstellt oder nicht. Wenn Regeln übertreten werden, attribuieren Kinder Verantwortlichkeit auf der Grundlage der objektiven Schwere des Ereignisses, unabhängig von möglichen Intentionen des Akteurs. Erst in der zweiten Stufe der *subjektiven Verantwortlichkeit* zählen allein die Absichten des Handelnden.

In einem frühen Entwicklungsstadium sind Kinder also unfähig, das Konzept der Absicht bzw. der moralischen Schuld zu verwenden (in einer Untersuchung von Feshbach, Feshbach, Cohen & Hoffman, 1984) gaben aber schon 75 % der 5-jährigen als Anlass für eigenen Ärger „beabsichtigte Provokationen" von anderen an).

Mit anderen Worten: Die Größe des konkreten „objektiven" Leids bildet den Ausgangspunkt für die Beurteilung eventueller Normverstöße. Eine moralische Verurteilung von Normverstößen, *ohne* dass jemandem konkretes Leid zugefügt wurde (wie bei der „Scham") über „eigene schlechte Gedanken", stellt aber eine Abstraktion dar bzw. eine weitere Stufe der Internalisierung.

Eine *Rechtfertigung* besteht in der Behauptung, dass die Tat richtig (gut) war, eine *Entschuldigung* erkennt zwar an, dass die Tat falsch (schlecht) war, behauptet aber, dass es nicht fair oder richtig ist, die Tat so zu beschreiben, wie es der Anschuldigende tut (vgl. Austin, 1970).

Als weitere Kategorie von Entlastungsargumenten werden außerdem die sog. *Ent-Schuldigungen* angeführt: Bei diesen wird die Existenz eines Schadens, der Tatzusammenhang und die freie Wahl der Tatentscheidung zugegeben; lediglich der unterstellte Intentionsmodus wird bestritten. Entschuldigungen sind Argumente, mit denen das *Nicht-Wollen* einer Tat bzw. ihrer Folgen betont wird.

Von diesen vier Entlastungsargumenten ist natürlich die eigentliche Entschuldigung zu differenzieren, bei der man die eigene Schuld eingesteht, um Verzeihung bittet u.ä.

Die Attribution moralischer Schuld ist also sowohl die Voraussetzung für die Attribution moralischer Schuld wie für die Attribution von Absichtlichkeit. Umgekehrt kann ein Urheber für verantwortlich gehalten werden, ohne dass er etwas Tadelnswertes beabsichtigte.

Es wird bei diesen Vorwurf Emotionen also eine Verletzung einer als allgemein verbindlich unterstellten Rechtsordnung angenommen, also ein *Rechtsschaden.*

Laucken und Mees (1987) unterscheiden drei Schadensarten:

(a) ***Den Schaden des Leids*** (d.h. jemand verletzt ein gültiges und akzeptiertes Richtmaß menschlichen Miteinander-Umgehens, also eine *inhaltliche Norm*) und

(b) ***Den Schaden des Rechts*** (d.h. jemand verletzt ein gültiges und akzeptiertes Richtmaß menschlichen Miteinander-Umgehens, also eine *inhaltliche Norm*) und

(c) ***Den Schaden der moralischen Schuld*** (d.h. jemand handelt gegen das moralische Gebot der guten mitmenschlichen Gesinnung, verletzt also eine *formale Norm).*

Bei Normverletzungen durch andere werden eigene Rechte reklamiert; der Rechtsbegriff wird hier viel weiter als im juristischen Sinne verstanden.

Laucken und Mees (1996) unterscheiden drei Arten von Rechtsaussagen: *Allrechte* sind Rechte, die für alle Menschen in einer bestimmten Gemeinschaft (etwa einem Staat) gelten, also z.B. Gesetze oder allgemeine soziale Regeln. *Anrechte* gelten dagegen nicht für alle Menschen, sondern nur für besondere Personen (-gruppen); es sind dies an das Vorliegen bestimmter Voraussetzungen geknüpfte Rechte bzw. Privilegien (z.B. an besondere Verdienste, ein bestimmtes Alter, Geschlecht, Status o.ä.). *Sollrechte* beziehen sich auf Rechte, die derzeit (noch) nicht gelten, aber „eigentlich“ in einer „humanen“, „gerechten“ o.ä. Gesellschaft gelten sollten. „Rechtszentrierte Aussagen besagen also, dass ein allgemein akzeptiertes *Richtmaß des Miteinander Umgehens* verletzt worden ist“ (Laucken & Mees, 1996).

Rechte sind also Normen, die reklamiert werden, wenn das Individuum glaubt, dass *andere* sich „nicht richtig“ verhalten haben. Unter *andere* kann auch z.B. „das Schicksal“ subsumiert werden, sofern es als „verantwortliche Instanz“ verstanden wird, die etwa „ungerecht“ ist.

Normen werden abgeleitet von Werten, die zum Teil sehr allgemeiner Art sind (z.B. „Gerechtigkeit“, „Gleichheit“ usw.). Im Unterschied zu (subjektiven) Wünschen sind Normen in eben dieser als objektiv unterstellten Ordnung begründet.

Ortony et al. (1988) bevorzugen statt „Normen“ den Terminus „Standard“. Sie unterscheiden moralische (bzw. quasimoralische) Standards, Standards des Verhaltens bzw. Benehmens wie Konventionen, Regeln usw., die soziale Interaktion steuern und Standards der Ausführung bzw. Leistung; diese schließen Normen ein, die auf Rollen basieren, d.h., die eigenen Überzeugungen hinsichtlich dessen, was eine akzeptable, normale oder erwartete Verhaltensweise ist, sind in gewisser Weise bestimmt von der Rolle, die man dem Urheber überträgt“.

Sollen impliziert also Können: “Es ist sinnlos zu sagen, eine Person solle etwas tun, wenn sie es nicht tun kann“ (Heider, 1977) – allerdings kann die Annahme, ein anderer könne tatsächlich ein Gefordertes tun bzw. unterlassen, auch falsch sein.

Persönliche Leistungsstandards können „abgeleitet werden von dem eigenen Modell des Selbst“. Aus diesem Grunde scheint es sinnvoll, sowohl von Normen bzw. Rechten als auch von Standards (= Gütekriterien für Leistungen) als den Kriterien zur Beurteilung des Tuns und Lassens von Urhebern zu sprechen.

Normen können eingehalten bzw. verletzt werden; Standards können erreicht bzw. nicht erfüllt werden.

Das *Moralphilosphische Konzept* besagt, dass es in jeder Gemeinschaft Normen gibt. Gebote und Verbote, Pflichten oder Verantwortlichkeiten gegenüber anderen und sozialen und staatlichen Gemeinschaften (und entsprechende Rechte). Die Normen entstammen kulturellen oder religiösen Traditionen, oder es handelt sich um staatliche Gesetze oder um Regeln, die in Gemeinschaften neu in Kraft gesetzt wurden.

Das anerkannteste *Moralkriterium* der philosophischen Ethik ist die *Universalisierbarkeit einer Norm bzw. des Verfahrens der Erarbeitung oder Etablierung von Normen* (Singer, 1975).

Das Universalisierbarkeitskriterium hat durch Kant (1748-1804) im kategorischen Imperativ die bekannteste Formulierung erfahren:

„Handle *so, dass die Maxime Deines Willens jederzeit zugleich als Prinzip einer allgemeinen Gesetzgebung gelten könne*“ (Oerter und Montada, 1998, S. 862 mHa Zitat von Kant; Kritik der praktischen Vernunft, 1974 § 7).

Die *Psychologische Moralforschung* geht davon aus, dass es nicht Anspruch der Psychologie ist, eine Ethik zu begründen. Sie will stattdessen aufzeigen, wie unterschiedlich die Normen sind, die das Erleben, Urteilen und Handeln von Menschen leiten, wie unterschiedlich sie diese begründen oder rechtfertigen, wie unterschiedlich sie diese Normen beinhalten und wie unterschiedlich sie auf Übertretungen reagieren. Mit Blick auf moralische Entwicklung und Sozialisation ist es sodann notwendig, diese Unterschiede zu erklären.

Moralische Normen, wie auch Rechts- und Konventionsnormen regeln Handeln (es soll normenkonform sein) und liefern Bewertungsmaßstäbe für eigenes Handeln und das Handeln anderer.

Wissen über Normen muss erworben werden und es muss verstanden werden, was Normen in konkreten Situationen fordern, d.h., ihr Geltungsanspruch muss anerkannt werden. Normen müssen befolgt werden. Normen können trotz Anerkennung nicht befolgt werden, und sie können befolgt werden, ohne anerkannt zu werden. Zentral ist die Anerkennung der Geltung von Normen.

Das Wissen über geltende Normen garantiert nicht deren Anerkennung. Urteile über das moralisch Gebotene implizieren keine persönliche Verpflichtung, das auch zu tun.Verhalten müsste daraufhin geprüft werden, ob das Motiv die Erfüllung der Moralnorm ist oder ob andere Motive ausschlaggebend waren.

Moralische Gefühle (z.B. Schuld, Empörung) sind moralische Bewertungen eigenen und fremden Handelns und spiegeln insofern die Moral einer Person (Montada, 1993). Das Problem liegt in der Erfassung ihrer Echtheit. Die Indizien sind fehleranfällig: Selbstauskünfte, projektive Verfahren, Geständnisse oder kompensatorisches prosoziales Handeln als Indiz für Schuldgefühle. Die Unterscheidung erlebter Gefühle und zweckdienlicher Demonstration von Gefühlen (z.B. von Schuldgefühlen zur Beschwichtigung, von Empörung zur Durchsetzung der eigenen Interessen) ist schwierig.

Zu empfehlen ist deshalb die selten realisierte Erfassung mehrerer Indikatoren. Moralische Sozialisation und Erziehung kann auch als Aufbau von *Werthaltungen* verstanden werden (Oerter, 1970). Internalisation von Geboten und Verboten wird dann in Modellen der Attitüdenänderung analysierbar.

Ist das Ziel der Aufbau positiver Bewertungen vorgegebener Normen und negative Bewertungen von normwidrigen Handlungen, dann ist das meist empfohlene Verfahren die Induktion oder Anregung von entsprechenden Handlungsweisen oder Unterlassungen, ohne dass sich externale Erklärungen des eigenen Verhaltens (z.B. drohende Sanktionen oder lockende Belohnungen) aufdrängen. Fehlt eine externale Rechtfertigung des eigenen Handelns, wird dieses als internal motiviert angesehen, als Motiv, das dem Selbst zugehört. Interpretationen von Sozialisationsmaßnahmen mit dem Konzeptrepertoire der *Attitüdentheorie* finden sich u.a. bei Parke (1974) und Staub (1979).

Ergänzend ist die *Selbstwahrnehmungstheorie* (Bem, 1967) zu nennen, in der angenommen wird, dass die Person von ihrem Verhalten auf ihre Willensüberzeugungen schließt.

Mit den Konzepten des symbolischen Interaktionismus (Mead, 1934) könnte die Wirkung von positiven und negativen *Eigenschaftszuschreibungen* und *entsprechende Erwartungen durch Sozialpartner beim Aufbau des Selbstbildes* verstanden werden. Dieser theoretische Zugang zur Selbstentwicklung wurde auch bei der Analyse „negativer Sozialisation" durch soziale Ettiketierung und Stigmatisierung verwendet. Delinquenzentwicklung wurde in diesem Rahmen gedeutet (vgl. Sack, 1972).

Der Begriff der Verwahrlosung ist bis heute von hoher definitorischer Unklarheit geprägt. Allgemein wird darunter ein Zustand der Abweichung von einem als „normal" bewerteten, d.h. sozial akzeptierten körperlichen und psychischen Entwicklungsstand, insbesondere bei jungen Menschen, verstanden. Mit Verwahrlosung wird aber auch Schmutz, mangelnde Hygiene und eine unregelmäßige und unkontrollierbare Lebensführung assoziiert. Mädchen und Frauen können darüber hinaus als „sexuell verwahrlost" gelten (Peukert und Münchmeier, 1970).

Ausgehend vom medizinischen Modell werden Handlungsweisen, die nicht der Normalität entsprechen, als Hinweis auf einen Krankheitsprozess gedeutet. Verwahrlosung gilt dann als Abweichung von Gesundheitsnormen und als psychische Krankheit, (Herriger, 1987).

Sozialpsychologische Ansätze betonen bei der Erklärung von auffälligem Verhalten den Zusammenhang von gesellschaftlich-kulturellen Rahmenbedingungen, familiärer Situation und individuellen Lebensumständen und fragen im Sinne eines Labeling Approach (Etikettierungsansatz) auch, welche Bedeutung „Verwahrloste" für die Normalen haben.

Eine juristische Definition bezieht sich auf soziologische und sozialisationstheoretische Ansätze und geht davon aus, dass unter Verwahrlosung ein Abweichen der Entwicklung eines jungen Menschen von der abstrakten Norm einer „gelungenen Sozialisation" verstanden wird, was einen Eingriff in die Erziehung notwendig macht (Herriger, 1987). Diese Beschreibung wiederum ist die Rechtsgrundlage für staatliche Eingriffe.

Die Pädagogik betont Beziehungen in der Herkunftsfamilie als Ursachen von Verwahrlosung. Die Zuschreibung der Verwahrlosung impliziert, dass Kinder und Jugendliche z.B. von ihren Eltern „verwahrlost wurden“, dass sie – quasi als Folge – „verwahrungslos“ sind und daher ein akuter Erziehungsnotstand besteht, der durch staatliche Reaktionen im Rahmen der Jugendhilfe behoben werden soll.

Aufgrund der Ungenauigkeit und der negativen Implikationen sollte der Begriff der Verwahrlosung nicht mehr benutzt werden.

Es wurde im Kinder- und Jugendhilfegesetz von 1990 durch Begriffe wie soziale Auffälligkeit oder Dissozialität ersetzt, ohne dass definitorische Eindeutigkeiten erreicht wurden.

Im Alltagsgebrauch wie auch in pädagogischen, psychologischen, psychiatrischen oder juristischen Kontexten wird der Begriff der Verwahrlosung weiterhin, meist unreflektiert, zum einen als psychopathologische Diagnose, zum anderen als juristischer Legitimationsbegriff für staatliche Eingriffe benutzt. Er legitimiert eine scheinbare Notwendigkeit von Kontrolle und den Zugriff staatlicher Instanzen und hat vor allem ordnungspolitische Funktion.

Vernunft ließe sich definieren als Sammelbegriff jeder Bedingungen, denen zufolge Aussagen für wahr gehalten werden können. Insofern Aussagen sich als Sprechakte interpretieren lassen, gilt umgekehrt, dass Handlungen am Leitfaden sprachlicher Äußerungen expliziert werden können.

Nicht diese Behauptung oder jenes Verhalten wären demnach an sich vernünftig, sondern allein in Hinblick auf die explizit oder implizit mit ihnen gesetzten Geltungsansprüche als vernünftig zu beurteilen.

Nun wäre eine derart formale Definition der Vernunft in der Philosophie von Plato oder Hegel auf Widerspruch gestoßen. Hegel unterscheidet in der „Phänomenologie des Geistes“ in drei Abschnitten zehn Formen des Bewusstseins: Im ersten Abschnitt *(Bewusstsein)* die sinnliche Gewissheit, die Wahrnehmung, die Kraft und den Verstand. Im zweiten Abschnitt *(Selbstbewusstsein)* Stoizismus, Skeptizismus und das unglückliche Bewusstsein. Im dritten Abschnitt *(Vernunft)* die Vernunft selbst, den Geist, die Religion und das absolute Wissen.

In der Antike und im Mittelalter galt es als ausgemacht, dass die Vernunft in der Welt geronnen sei oder Gott sie vernünftig eingerichtet habe und der Philosophie folglich die Aufgabe zukomme, dieser objektiven Vernunft innezuwerden. Das Gute, Wahre und Schöne galten als ein für allemal bestimmt; an ihrer unbestrittenen Realität hatte sich alle Erkenntnis zu messen; und die Vernunft war das Vermögen, diese der empirischen Welt transzendente Wirklichkeit zu erschauen.

Allerdings hatten die Philosophen, noch bevor die in den sozialen und politischen Verhältnissen geronnene Vernunft unter Verdacht geriet, ein Hirngespinst zu sein, damit begonnen, ihre Aufmerksamkeit vor allem erkenntnistheoretischen Fragen zu schenken: Wie vermag der menschliche Geist sich der Ergebnisse seiner Tätigkeit zu vergewissern? Woher weiß ich, dass das, was ich zu wissen behaupte auch wahr ist?

Descartes war der erste, der, um sicherzugehen, die Wirklichkeit und keine Schimären zu erkennen, paradoxerweise vorschlug, vollkommen von ihr abzusehen und alles zu bezweifeln. Übrig bleibe allein das sich seiner selbst gewisse Subjekt. Descartes geht davon aus, dass alles eine Ursache habe und Gott an deren letzter Stelle stehe, weshalb es der menschlichen Vernunft obliege, die Wirklichkeit Schritt für Schritt als ein aus unzähligen Kausalrelationen geflochtenes Netz zu rekonstruieren. Damit, dass er den methodischen Vernunftgebrauch ins Zentrum der Philosophie rückt, wird Descartes zum Gründervater der bauzeitlichen Bewusstseinsphilosophie.

Vollends befreit Kant die Vernunft aus ihren dogmatischen Fesseln. Dogmatismus heißt, etwas als Gegenstand der Erfahrung auszugeben, was kein Gegenstand der Erfahrung sein kann: Die Vernunft als Fähigkeit des menschlichen Geistes, sich selbst zu thematisieren oder anders gesagt, über das Denken nachzudenken.

Die Vernunft stellt allerdings nicht nur fest, was sich positiv behaupten lässt, sondern auch, was überhaupt nicht erkannt werden kann. Sie weiß nicht zu sagen, was das berühmte Ding an sich – d.h. außerhalb sowohl von Raum und Zeit als auch der ihm vom Menschen angetragenen kategorialen Bestimmungen – denn sei, sondern nur, dass es sich nicht erkennen lässt.

Allein insofern die Vernunft sich selbst in die Schranken verweist, gilt ihr Urteil unangefochten. Daraus folgt jedoch, dass das, was wahr ist, nicht auch schön sein muss, was schön ist, nicht gut, und was gut ist, nicht wahr.

Die bis in die Neuzeit hinein fraglose Einheit der Vernunft ist mit Kant zerbrochen, der Zusammenhang von Wahrheit und Moral, von Erkenntnis und Anerkennung seither in Auflösung begriffen.

Lässt sich aber nicht mehr sagen, was der Sache nach vernünftig ist, verkommt die Vernunft zum Kalkül. Virtuell steht sie im Dienst beliebiger Zwecke.

Für Schopenhauer und Nietzsche ist Vernunft tatsächlich nur ein verschleierter Ausdruck eines allgemeinen Willens zur Macht.

Dass die Vernunft instrumentell wird und sich zwischen ihr und bloßer Selbstbehauptung nicht mehr unterscheiden lässt, lautet auch die Diagnose der Kritischen Theorie; nur hält sie anders als etwa Nietzsche an dem Gedanken Kants fest, dass nur die Vernunft selbst ihren instrumentellen Exzessen Einhalt gebieten könne. Insofern die Kritische Theorie die Vernunft mit Hegel und Marx nicht als geschichtsloses Vermögen, sondern als Ausdruck gesellschaftlicher Verhältnisse begreift, rückt deren Kritik an die Stelle der Philosophie. Die Revolution wird zum Versprechen, nicht die abstrakte Vernunft zu rehabilitieren, sondern die Autonomie der Subjekte zu realisieren.

Von Foucault ist die neuzeitliche Geschichte der Vernunft ähnlich wie von den der Kritischen Theorie verpflichteten Autoren beschrieben worden. Am Beispiel des Diskurses über den Wahnsinn, der Geschichte der mit dem Wahnsinn verbundenen Vorstellungen und der ihn betreffenden Praktiken zeigt er, dass und wie sich die Vernunft in Abgrenzung zum Wahnsinn als dessen Spiegelbild konstituiert. Auch Foucault konstatiert eine Fragmentierung der Vernunft; genauer gesagt analysiert er ihre historisch je spezifischen Formen. Allerdings postuliert er keine ihren mannigfachen Gestalten vorgängige oder zugrunde liegende, wiederzugewinnende oder praktisch herzustellende Einheit, was ihm den Vorwurf eingetragen hat, seine Kritik entbehre des Maßstabs, sei folglich beliebig und damit Ausdruck instrumenteller Vernunft.

Aufrechterhalten ließe der Vorwurf sich dann, wenn es nachzuweisen gelänge, dass der Vernunft ein normatives Fundament eignet, der alte Zusammenhang von Erkenntnis und Anerkennung mithin wiederhergestellt werden könnte. Ebendies versucht Habermas in seiner Theorie des kommunikativen Handelns. Ausgangspunkt seiner Überlegung ist der schon von Hamann und Herder gegen Kant ins Feld geführte Gedanke, dass das Wesen der Vernunft sich außersprachlich nicht begreifen lasse.

Auch wenn Kants Plädoyer für einen kritischen Vernunftgebrauch den Begriff der Intersubjektivität als Hohlform impliziert, ist nichts gewonnen, solange die Sprache als Medium, das allein die Intersubjektivität garantiert, aus dem Begriff der Vernunft ausgeschlossen bleibt.

Geht man also davon aus, dass über konfligierende Geltungsansprüche nur diskursiv entschieden werden kann, dann muss der Sprache ein regulatives Prinzip oder eine jeden konkreten Konflikt transzendierende Norm zugrunde liegen. Und in der Tat ist das normative Potential der Sprache Habermas zufolge nichts anderes als virtuelle, in jedem Sprechakt explizit oder implizit als möglich unterstellte Konsens.

Was theoretisch überzeugt, bleibt praktisch jedoch prekär; denn selbst dem Bösewicht wird unterstellt, letzlich nur das Gute zu wollen.

5.6 ERKENNTNIS, ERFAHRUNG UND EMPIRIE

Das Problem der Erkenntnis ist so alt wie philosophisches Denken. Seit Adam und Eva vom Baum der Erkenntnis gegessen haben, plagt die abendländischen Menschen die Frage nach dem „richtigen“ Erkennen. Wahrnehmen, Erkennen, Wissen meint ein „vertraut sein mit etwas“, es ist eine sinnliche Tätigkeit. Die Erde hat zwei Pole, es gibt Tag und Nacht, Sommer und Winter, Mann und Frau und Gut und Böse. Mit dem Aufstieg des griechischen Denkens zur Philosophie ändert sich der Bedeutungsgehalt von „erkennen“ radikal: Das griechische Wort „gnosis“ meint Erkennen in Abgrenzung zu etwas, ein Unterscheiden von richtig und falsch.

Ziel der Erkenntnis ist es, zu einem endgültigen, feststehenden diagnostischen Befund zu kommen über das, was richtig *oder* falsch ist. Das Erkennen bleibt ein sehr individueller, subjektiver Akt.

Im Hinblick auf eine transzendental-anthropologische und sprachanalytisch orientierte Wendung des transzendentalen Ansatzes bei Kant soll der Begriff der transzendentalen Kommunikationsgemeinschaft sich nicht nur auf die Geltungsbegründung mathematisch-physikalischen Wissens, sondern auch auf die „Bedingung der Möglichkeit der Sozialwissenschaften“ (Apel, 1973) beziehen.

Der unter kommunikationstheoretischen Gesichtspunkten verstandene transzendental-anthropologische Ansatz wird von Habermas für die Reflexion auf das Verständnis von Philosophie und Wissenschaft fruchtbar gemacht, wonach eine unbeirrte philosophische Erkenntnis der Wissenschaft einen legitimen Platz erst einräumt (Habermas, 1994).

Eine veränderte Reformulierung dieses Ansatzes liegt im Ausgang von der Unterscheidung zwischen System und einem kritisch verstandenen Begriff der Lebenswelt sowie einem lebensweltlich und sprachtheoretisch zentrierten, sich in empirischen Verkörperungen manifestierenden und auf den „vernünftigen Gehalt anthropologisch tiefsitzender Strukturen“ zurückzuverweisenden Begriff „des kommunikativen Handelns“ vor (Habermas, 1995, Kerber, 1991).

Den alltäglichen Begriff der Erfahrung als „Vertrautheit mit dem Besonderen“ (Hügli & Lübcke, 1997) findet man bei Aristoteles. In der Renaissance wird Erfahrung mit methodisch angeleiteter Erkenntnis gleichgesetzt. Im Unterschied zu Aristoteles meint Empirie bei Bacon den Vorgang der *„Verfügung über generelle Sätze und Regeln“* (Kambartel, 1972).

Mit Locke beginnend liegt im Empirismus eine Ineinssetzung von Wahrnehmung und Erfahrung vor. Für die Empiristen wird alles Erfahrungswissen „auf das durch die Sinne Gegebene zurückbezogen“ (Hügli & Lübcke, 1997).

Im logischen Empirismus, so bei Carnap, werden wissenschaftliche Theorien auf Basissätze zurückgeführt und zwischen Beobachtungs- und Theoriesprache unterschieden. Im kritischen Rationalismus bei Popper wird dagegen die Theorieabhängigkeit unserer Erfahrung betont (vgl. Popper, 1994).

Bei Kant ist Erfahrung verstanden als Erfahrungserkenntnis. Erkenntnis kommt in Rekurs auf das transzendentale Bewusstsein aus dem Zusammenspiel von Anschauungsformen und Kategorien im Verhältnis zur Gegebenheit des empirischen Materials der Anschauung zustande (vgl. Kant, 1974).

Hegel kritisiert unter der Maßgabe der Selbstbewegung des Begriffs die Dualität zwischen den apriorischen Bestandstücken bei Kant und dem als Gegebenheit begriffenen Material der Erkenntnis (vgl. Hegel, 1986).

Im absoluten Wissen liegt dann eine „Überwindung aller Erfahrung" (Gadamer, 1990) vor.

In der negativen Dialektik bei Adorno ist alle bisherige Erfahrung durch einen gesellschaftlichen Zwangszusammenhang vermittelt, und es wird auf die Wendung zum Nichtbegrifflichen im Verhältnis zum Begriff insistiert (vgl. Adorno, 1977).

Im Marburger Neukantianismus, so bei Cohen, wird durch Reinigung der Erfahrung „von allen methaphysischen und empiristischen Prämissen jede Annahme einer reinen Gegebenheit" (Kambartel, 1972) vermieden.

In der Hermeneutik bei Dilthey werden natur- und geisteswissenschaftliche Begriffsbildungen unterschieden (vgl. Dilthey, 1974).

Der neuere hermeneutische Erfahrungsbegriff, so bei Heidegger und Gadamer, ist „kritisch gegen den empiristischen wie auch gegen den phänomenologischen gerichtet" (Hügli & Lübcke, 1997).

Im Dekonstruktivismus (Derrida) erfährt der Begriff des Verstehens eine Kritik unter dem Gesichtspunkt einer „Hermeneutik" der „Signifikantenketten" (Welsch, 1995).

Aus der Sicht des Radikalen Konstruktivismus verdanken sich unsere Kategorien nicht, wie in der Ethologie und im hypothetischen Realismus, einem Anpassungsvorgang in Hinsicht auf die Umwelt. Wirklichkeit ist Resultat von Konstruktion infolge der Selbstreferentialität des Gehirns (vgl. Roth, 1994).

Luhmann (1995) kritisiert Roth dahingehend, dass das Nervensystem nicht, anders als das Bewusstsein „Selbstreferenz und Fremdreferenz“ kombinieren und unterscheiden kann.

Die Widerspiegelungs- oder Abbildtheorie, wie sie besonders W. I. Lenin (1973) ausgearbeitet hat, meint, dass sich das Sein im reinen Bewusstsein widerspiegelt und dadurch der einzelne Mensch die Dinge (die Welt, die Natur, den anderen Menschen) richtig erkennen würde. Widergespiegelt werden aber allerhöchstens die Erscheinungen der Dinge, nicht ihr Wesen, das dazu nach Marx′ unausgearbeiteter Erkenntnistheorie selbst noch praktisch, d.h. beispielsweise durch Denken, aufgehoben werden muss.

Marx, der die Vorstellungen der Philosophie Hegels nur deshalb überschreiten konnte, weil er sie denkend überschritt, unterscheidet das Vorstellen vom Denken wie die Philosophie von der Wissenschaft (d.h. die Theorie von der Praxis). Praxis ist nach M. Merleau-Ponty (1974) Denken, Sprechen und Handeln. G. Petrovic (1985) interpretiert den Marxschen Satz der elften Feuerbachthese, dass die Philosophen die Welt nur interpretiert hätten und dass sie zu verändern wäre, damit, dass sie gedacht werden müßte.

Strenggenommen ist Denken praktisches Vorstellen und Vorstellen theoretisches Denken. Vorstellen kann man sich alles Mögliche, Denken aber nur Wirkliches. Vorstellungen sind immer geldvermittelt, Begriffe verdinglichte Vorstellungen, während Denken über das bloße Vorstellen hinausgeht, d.h., das Wesen des Geldes (also das Kapital) reflektiert und damit den Verdinglichungszusammenhang durchbricht.

Denken ist dasselbe, was schon Hume, Hegel und Freud mit innerer Erfahrung meinen. Wenn Hegel schreibt:

„Diese dialektische Bewegung, welche das Bewusstsein an ihm selbst, sowohl an seinem Wissen als an seinem Gegenstande ausübt, insofern ihm der neue wahre Gegenstand daraus entspringt, ist eigentlich dasjenige, was Erfahrung genannt wird“ (Hegel, 1967, S. 73) - dann sagt er damit dasselbe wie Freud, wenn dieser notiert, wie *„ein unbewusster Gedanke...für einen Moment der unbewussten Betrachtung überlassen (wird), und deren Ergebnis alsbald von der bewussten Wahrnehmung erfahren wird “* (Freud, 1970, S. 55).

D.h., Denken (Sprechen und Handeln) ist als solches immer voraussetzungslos und unmittelbar (spontan), wie es Hegel von der Wissenschaft des Lebens fordert. Es ist eine sponante Äußerung des unbewussten Bewusstseins. Denken ist also eine Synthese von dem unbewussten Es und dem ebensolchen Über-Ich, wie sie sich mit der Teilung des Ich in der Reflektion der psychologia nationalis in der Moderne herausgebildet haben. Denken ist als solches ein Denken der Sinne selbst, von denen Marx annahm, dass sie in der Geschichte der Zivilisation der Menschheit theoretische Sinne werden. Denken ist (mit Hegel und Marx) wesenslogische Reflexion und praktische Aufhebung dieses Wesens, bei dem als reine Erkenntnis stehenzubleiben Positivismus wäre, der alles so belassen will, wie es ist. Denken ist also im Gegensatz zum Vorstellen auch kein Abbild. Formallogisches Denken unterscheidet sich von dialektischem Denken wie das theoretische Denken von dem praktischen Vorstellen. Nach formalem Denken ist A = A, nach dialektischem Denken ist A mit A nicht-identisch, vielmehr ist A als Begriff das Ergebnis einer Identität von Nicht-Identischem und Identischem. Formales Denken ist die Subsumption von Mannigfaltigem unter einen identischen Begriff, während dialektisches Denken die Eigenständigkeit von ersterem vertritt.

Nach Th. W. Adorno ist der Positivismus des Denkens des gemeinen Menschenverstandes noch zu überbieten, um mit sich identisch fürs Denken zu sein. Denken ist deshalb auch die Auflösung der Antinomien Kants und der Dualismen und Widersprüche bzw. Antagonismen wie sie Hegel und Marx gleichermaßen analysiert haben.

Denken ist zugleich gegenüber dem subjektiven Vorstellen etwas Objektives, ein Konkretes gegenüber dem abstrakten Bewusstsein als solchem. Denken meint immer das eigene Bedürfnis, den anderen Menschen und die äußere Natur. D.h., es ist der Ausgang aus Entfremdung respektive Verdinglichung. Im Denken steckt zugleich ein konkret-utopisches Moment, die Antizipation einer menschlichen Gesellschaft.

Im weitesten Sinne ist „Gedächtnis" das Weiterwirken der gelebten Vergangenheit. Gedächtnis liegt allen psychischen Funktion (wie Wahrnehmen, Fühlen, Denken) zugrunde und ist somit einer der allgemeinsten Grundbegriffe.

Mit der naturwissenschaftlichen Psychologie wurde als Mechanismus der Sinnestätigkeit, des Lernens und der Gewohnheit, gesehen (Hering, 1870/1969; Ebbinghaus, 1885/1992), das ist der Bereich des *habituellen Gedächtnisses*.

Demgegenüber behauptete H. Bergson (1896/1908), dass – während das habituelle Gedächtnis funktionell immer in Gegenwart ist – Vergangenheit in einem davon unterschiedenen, dem „eigentlichen" Gedächtnis, aufbewahrt werde. Dieser Bereich ist das *autobiographische Gedächtnis* „Sich-Erinnern").

Nach der kognitiven Wende (50er Jahre) wurde das (in der Sprache fixierte) Wissen zu einem dominanten Forschungsthema. Tulving (1972) bezeichnete diesen Bericht als semantisches Gedächtnis, gemeint ist das Wissen von der Welt überhaupt, im Unterschied zum „episodischen" (=autobiographischen) Gedächtnis (Tulving, 1983).

Das habituelle Gedächtnis ist im Unterschied zu den beiden anderen prinzipiell körpergebunden und arbeitet nicht notwendig bewusst. Das autobiographische Gedächtnis unterscheidet sich vom semantischen dadurch, dass seine Inhalte zeitlich strukturiert und persönlich ((je meine Vergangenheit) sind.

Aufgrund dieser Unterschiede ist es plausibel und teilweise empirisch bestätigt, diese drei Bereiche als Syteme des Gedächtnisses anzusehen. Da Tulving und andere mit für die Versuchspersonen bedeutungslosem Material (Wörterlisten) arbeiteten, konnte der Nachweis des systematischen Unterschieds von episodischem und semantischem Gedächtnis nur unvollkommen (s. Parkin, 1996) gelingen.

Vielfach werden daher autobiographisches und *semantisches Gedächtnis* zusammengefasst und dem habituellen gegenübergestellt, wobei man sich der (von Programmiersprachen inspirierten) Terminologie von „deklarativem" versus „prozeduralem" Gedächtnis bedient.

Lange bekannt ist, dass Menschen Sachverhalte wissen, ohne sie mit Aufmerksamkeit gelernt zu haben (tacit knowledge, inzidentelles Lernen, Mit-Lernen, unbewusste Kognition usw.). Seit einiger Zeit wird dieses Phänomen als Unterscheidung von implizitem und explizitem Gedächtnis gewürdigt (Schachter, 1987). Das habituelle Gedächtnis ist primär implizit, d.h., nicht verbalisiert und unter Umständen nicht verbalisierbar; das autobiographische wie semantische Gedächtnis arbeiten sowohl explizit als implizit.

Die drei Bereiche des Gedächtnisses sind das habituelle Gedächtnis (prozedurales Gedächtnis, primär implizit), autobiographisches Gedächtnis (episodisches Gedächtnis, zeitlich strukturiert, persönlich) und das semantische Gedächtnis (Weltwissen, Sprachkompetenz).

Unter *Meta-Gedächtnis* (oder allgemeiner: Meta-Kognition, Metcalfe & Shimamura, 1994) fasst man das Phänomen, dass Gedächtnisprozesse von einem Wissen *über* unser Wissen begleitet sind.

Bei konkreten Aufgaben haben wir meist ein Gefühl dafür, ob wir etwas wissen (feeling-of-knowing) oder nicht. Bekannt ist besonders das Tip-of-the tongue-Phänomen („mir liegt's auf der Zunge", vgl. Brown & McNeill, 1966); nicht klar ist, ob solche Phänomene wirklich einen besonderen Gedächtnisbereich anzeigen oder schlicht Folge einer nur partiellen Erinnerung sind, die durch multiple Kodierung in einem Netzwerk erklärbar wäre (vgl. Klimesch, 1988).

Alle psychischen Funktionen sind bedeutungsorientiert, schon wegen der notwendigen Selektion aus der Masse der aufnehmbaren Reize. Erst mit der kognitiven Wende begann man Bedeutung als Grundfaktor einzubeziehen, wenn auch rein formal, eingeführt durch den Grundbegriff der *Kodierung* (Miller, 1956): So wie die Sprechstimme im Telefon elektromagnetisch kodiert wird, werden z.B. Wahrnehmungen im Gedächtnis kodiert, etwa visuell oder phonologisch oder abstrakt proportional. Die Grundfunktion des (autobiographischen) Gedächtnisses ist der Aufbau der Identität oder des Selbst. Nietzsche (1887/1906) und dann besonders Freud (1898/ 1952; 1899/1952) haben dementsprechend Behalten und Vergessen in den Zusammenhang der Interessen und Strebungen des Individuums gestellt. Die traditionelle Forschung beschränkt sich dagegen im Wesentlichen auf die Untersuchung der Abhängigkeit einzelner Gedächtnisleistungen von der Stimmung (Christianson, 1992; Kuiken, 1991; Bower, 1981).

In den 60er Jahren kam das drei-Speicher-Modell auf (Atkinson & Shiffrin, 1968): Die einströmende Information wird zunächst für sehr kurze Zeit im sensorischen „Register" oder Ultra-Kurzzeit-Gedächtnis gehalten, gelangt dann ins Kurzzeitgedächtnis und gegebenenfalls ins Langzeitgedächtnis. Das Ultra-Kurzzeit- Gedächtnis beruht auf der Fähigkeit der Sinnes-Rezeptoren, eingehende Information etwa eine halbe Sekunde zur Verfügung zu halten (Sperling, 1960).

Die Unterscheidung von Kurzzeitgedächtnis und Langzeitgedächtnis ist funktionell zu verstehen; Eine Trennung als eigene Systeme oder als separate Speicher ist nicht nachgewiesen und schon deshalb wenig wahrscheinlich, weil Gedächtnisinhalte für *beliebig* lange Zeit behalten werden können.

Nach Craig und Lockhart (1972) ist die Behaltensdauer von der Tiefe der Bearbeitung (levels-of-processing), mithin vom Verstehen, abhängig. Plausibel ist die Auffassung, dass das Kurzzeitgedächtnis den momentanen Inhalt des *Bewusstseins* oder so etwas wie Aufmerksamkeit beinhaltet (Mandler, 1980).

In eine ähnliche Richtung geht das von Baddley 1986 vorgestellte Konzept des Systems eines „Arbeitsgedächtnisses" (Baddley, 1990), das von der Beobachtung ausgeht, dass wir – über die Aufmerksamkeitsspanne hinaus – noch weitere Inhalte gleichzeitig im Bewusstsein verarbeiten können.

Die älteste Grundvorstellung des Gedächtnisses ist die eines *assoziativen Netzwerkes*, d.h. eines Systems von geistigen Elementen, die sich gesetzmäßig (z.B. bei Wiederholung) durch *Assoziation* verbinden und dementsprechend wieder aktiviert werden; Beispiele sind das „Human Associative Memory" (Anderson & Bower, 1973), semantische Netze (Collins & Quillian, 1969) sowie seit etwa zehn Jahren neuronale Netze (Rumelhart et al., 1986).

Es ist schwer einsehbar, dass das Gedächtnis die ungeheure Fülle von Material als ungeordnete Masse von Einzel-Inhalten verarbeiten kann. Als Alternative bietet sich der Gedanke an, dass das Wissen in zusammenhängenden Komplexen, *Schemata*, gespeichert ist (Selz, 1913).

Nach Piaget ist das Gedächtnis von der Intelligenz, d.h. von operatorischen und figurativen Schemata abhängig (Piaget & Inhelder, 1968/1974). Neuere Konzeptionen der schematischen Organisation des Wissens stammen aus der Künstlichen Intelligenz; am bekanntesten wurde das Modell der *Scripts* (Schank & Abelson, 1977), wonach die Grundeinheiten des (semantischen) Gedächtnisses in Schemata nach der Art von Film-Skripts gebildet sind, die für verschiedene Funktionen (Rollen) Normalwerte (defaults) enthalten, die aber bei Bedarf auch flexibel füllbar sind.

Für die Frage nach dem körperlichen Substrat des Gedächtnisses, wird seit Ende des 19. Jahrhunderts konkret das „Engramm" (Semon, 1904/1911) in der Nervensubstanz lokalisiert.

Heute geht man unter anderem davon aus, dass die Langzeitspeicherung über den Protein-Aufbau mittels RNS-Synthese (Ribonukelinsäure) erfolgt (Bösel, 1987). Im Gegensatz zu einer falsch verstandenen „Speicher"-Metapher, wonach die Inhalte des Gedächtnisses unverändert so abgerufen würden, wie sie eingespeichert wurden, betonen Autoren aus ganz unterschiedlichen Richtungen (Tulving, 1983; Piaget & Inhelder, 1968/1974; Edwards & Potter, 1995), dass die Spur nicht unverändert bleibt.

In den letzten Jahren erfuhr die Gedächtnisforschung neue Impulse durch *sozialkonstruktivistische* Ansätze. Bereits in den 20er Jahren wies der Soziologe Halbwachs (1925/1985) die soziale Einbettung des Gedächtnisses auf: z.B. hängen Inhalt und Lebendigkeit der biographischen Erinnerungen u.a. von den lebendigen Beziehungen zur Familie ab. Ähnlich betonte Bartlett die kulturelle Spezifität der Gedächtnis-Schemata. Allgemein geht es um die Frage, in welchen Diskursen, durch welche Beziehungen, Interessen und ähnliches das Gedächtnis erzeugt wird – wobei offen bleibt, ob die traditionelle Frage nach einer Gedächtnis „treue" überhaupt gestellt werden kann (u.a. Edwards & Potter, 1995). Stattdessen sei das Gedächtnis im Medium des Diskurses und der Narration zu sehen. In diesem Zusammenhang wird seit einigen Jahren verstärkt das autobiographische Gedächtnis untersucht (vgl. Rubin, 1986; Conway et al., 1992).

In den letzten Jahren wird zunehmend die *historische Dimension* des Gedächtnisses thematisiert. Das individuelle Gedächtnis steht immer im Kontext „oraler" Traditionen (Rubin, 1995) und ist selbst eine der Quellen der Geschichtsschreibung. Beeinflussung des Gedächtnisses, d.h. dessen, was behalten und was vergessen wird, ist ein Bestandteil gesellschaftlicher Kontrolle und Machtausübung (Burke, 1989/1993).

6 KONTRAFAKTISCHES DENKEN UND EMOTION

6.1 ALLGEMEINES

Wenn man auf ein vergangenes Ereignis zurückblickt, so überlegt man sich manchmal, wie dieses Ereignis auch hätte anders ausgehen können. Diese unterschiedlichen Alternativen, die sich die Person vor Augen führt, bewirken unterschiedliche Reaktionen auf das tatsächliche Ereignis. Die Reaktionen auf Ereignisse hängen also nicht nur vom jeweiligen tatsächlichen Ereignis ab, sondern auch davon, wie es hätte anders ausgehen können. In Abhängigkeit dieser Gedanken über mögliche Alternativen zu einem Ereignis entstehen unterschiedliche Emotionen, und verschiedene Handlungen werden eingeleitet.

Dieses Nachdenken über alternative Ausgangsmöglichkeiten von Ereignissen ist kontrafaktisches Denken. Auch wenn dieser Begriff den meisten Menschen wahrscheinlich nichts sagt, so kennen doch fast alle das dahinterstehende Phänomen. Es wird kaum jemanden geben, der sich nicht schon Gedanken darüber gemacht hat, wie ein bedeutendes Ereignis im eigenen Leben hätte anders verlaufen können, wenn man nur zu einem gewissen Zeitpunkt etwas Bestimmtes unternommen oder unterlassen hätte.

Solche alternativen gedanklichen Welten waren seit jeher Thema der Philosophie. Schon Plato und Aristoteles beschäftigten sich mit solchen Mutmaßungen, im 17. Jahrhundert setzte sich Leibniz mit solchen möglichen Welten auseinander (Roese und Olson, 1995a). Eingang in die Psychologie haben sie zu Anfang der 80er Jahre gefunden, seit diesem Zeitpunkt nimmt das Konzept des kontrafaktischen Denkens vor allem in der englischsprachigen Fachwelt der Sozialpsychologie einen immer breiteren Raum ein.

Die Forschung zum kontrafaktischen Denken hat sich seit Mitte der 90er Jahre verstärkt mit individuellen Unterschieden bezüglich kontrafaktischer Gedanken beschäftigt. Allerdings sind die Ergebnisse oft widersprüchlich und haben sich meist auf Leistungssituationen bezogen, was eine Verallgemeinerung schwierig macht.

Kontrafaktisches Denken ist ein kognitiver Vorgang, der eine Antwort auf die Frage, „was wäre gewesen, wenn...“, erlaubt („*Counterfactuals make claims about events that did not actually occur*“, Fearon, 1991, zit. nach Aichbauer, 2002). Wörtlich meint “kontrafaktisches Denken” ein den Fakten entgegengesetztes Denken, es handelt sich dabei um das mentale Simulieren alternativer Ereignisse als Reaktion auf reales Geschehen (Wells und Gavanski, 1989; Gleicher et al., 1990; Roese, 1997). Dabei werden die „Kognitionen von Personen nicht nur von den tatsächlichen Gegebenheiten bestimmt, sondern auch von einer fiktiven Vorstellungswelt, in der alternative Handlungen oder Ergebnisse produziert werden […]“ (Möller, Schulz-Hardt, Napiersky, und Frey, 1998, S. 126).

Kontrafaktische Gedanken werden nicht als eine subjektive Konstruktion wahrgenommen, sondern als eine Beobachtung gegebener Umstände.

"[...] the most important aspect of the phenomenology of mental simulation is that it is experienced as an act of observation, not as an act of construction" (Kahneman, 1995, S. 379).

Ein negativer Affekt und negative Emotionalität ist eine wichtige Determinante des kontrafaktischen Denkens. Negative emotionale Zustände (Unglück, Ärger und Depression) führen zur Aktivierung kontrafaktischer Gedanken.

Kontrafaktisches Denken liegt vor, wenn eine irreale Vorstellungswelt mental konstruiert wird. Viele Urteilsprozesse und emotionale Reaktionen werden durch kontrafaktisches Denken beeinflusst. Als Bedingungen, die das Kontrafaktische Denken und allgemeiner den Einsatz der Simulationsheuristik im Sinne von Kahnemann und Tversky (1982) auslösen, gelten das Eintreten von Ereignissen negativer Valenz und das Eintreten unerwarteter Ereignisse.

Bestimmend für das kontrafaktische Denken ist die Überzeugung der Person, dass das alternative Ereignis auch hätte eintreten können, es handelt sich „also nicht um bloß gewünschte, vorgestellte oder phantasierte Szenarien, sondern um subjektiv für wahr gehaltene Repräsentationen der Realität“ (Heckhausen, 2000).

Die Fähigkeit, Kontrafakten zu generieren, wird allgemein als grundlegende Fähigkeit des menschlichen Bewusstseins verstanden (Roese, 1994; Wells und Gavanski, 1989) und scheint ein wichtiger Bestandteil der Intelligenz zu sein.

Kontrafaktisches Denken wird in Grundzügen schon von vier- bis fünfjährigen Kindern beherrscht, vermehrt angewendet wird es aber erst ab dem Jugendalter (Roese und Olson, 1995a).

Sprache und kulturelle Unterschiede beeinflussen zwar den Inhalt kontrafaktischer Gedanken und ihre Verwendung in bestimmten Situationen, aber es scheint in allen Kulturen kontrafaktisches Denken zu geben (Roese und Olson, 1995a). Unterschiede zwischen verschiedenen Kulturen konnten beispielsweise bezüglich der Häufigkeit von kontrafaktischem Denken gefunden werden (Morris und Peng, 1994).

Meist ist das tatsächlich geschehene Ereignis Ausgangspunkt kontrafaktischer Gedanken. Es werden diesem Ereignis vorangegangene Bedingungen abgeändert und die Folgen dieser Änderung als Alternative genommen, die zum Vergleich mit dem tatsächlichen Geschehenen dient („Wäre ich früher aufgestanden, hätte ich den Bus nicht versäumt!"). So sind Kontrafakten meist Konditionalsätze, die als solche aus einem Antezedens („Wäre ich früher aufgestanden") und einer Konsequenz („hätte ich den Bus nicht versäumt!") bestehen.

Ein kontrafaktischer Gedanke ist dadurch definiert, dass das Antezedens immer falsch ist, weil es sich um Bedingungen handelt, die tatsächlich nie gegeben waren (z.B. „Hätte ich mich beim Autofahren angegurtet, dann hätte ich keine Strafe bezahlen müssen").

Bei der Entscheidung wird nicht der absolute Wert einer Option betrachtet, sondern Veränderungen in bezug auf einen psychologisch neutralen Referenzpunkt („frame").

Personen entscheiden bei der Wahl zwischen zwei Optionen risikoscheu und bei der Wahl zwischen zwei negativen Optionen risikofreudig. Die Prospect-Theory sagt also vorher, dass eine Person, die mit der Entscheidung zwischen zwei positiven Alternativen konfrontiert ist, zu einem risikovermeidenden Verhalten tendiert.

Die Konsequenz muss nicht unbedingt falsch sein, es können auch verschiedene Vorbedingungen zum selben Endergebnis führen, ist sie aber falsch, so wird das tatsächliche Ergebnis ungeschehen gemacht.

Kontrafakten beziehen sich nicht auf Vorstellungen über die Zukunft, sondern ausschließlich auf die Verneinung feststehender Tatsachen, also auf Vergangenes (Roese, 1997).

Mentale Simulationen, die sich mit Alternativen in der Zukunft beschäftigen, nennt man „prefactuals" (Sanna, 1996; Sanna und Meier, 2000; McConnell et al. 2000). Man nimmt an, dass die Vorausplanung etwas mit den überdimensionalen Frontallappen zu tun haben, denn wenn diese verletzt werden, leidet darunter bisweilen die Fähigkeit, die Strategie zu wechseln.

Ein Frontallappenschaden kann zwar auch von Tumoren und Schlaganfällen herrühren, doch die wohl häufigste (und sicherlich am einfachsten zu vermeidende) Ursache ist eine Kopfverletzung durch einen Autounfall. Selbst wenn der Aufprall nicht zu einem Schädelbruch führt, wird das weiche Gehirn doch in seinem knöchernen Gehäuse durcheinandergerüttelt und gequetscht.

An der Benutzung des Sicherheitsgurts wird ein interessanter Aspekt der Voraussicht deutlich. Es veranschaulicht in besonders eindringlicher Weise das Prinzip „benutzen oder verlieren": Wer seine Frontallappen nicht benutzt, ist in

Gefahr, sie zu verlieren, denn wenn man bei einem Zusammenstoß nach vorn geschleudert wird, sind sie zuerst dran.

Kontrafaktische Gedanken nehmen einen wichtigen und großen Teil der bewussten Wahrnehmung ein. Die Fähigkeit, Kontrafakten zu entwickeln geht wie gesagt verloren, wenn bestimmte Regionen des Gehirns (präfrontaler Cortex) beschädigt sind. Es ist naheliegend, dass die fehlende Fähigkeit, Kontrafakten zu generieren und zu beurteilen daher kommt, dass es so geschädigten Personen nicht möglich ist, adäquat auf neuartige Ereignisse zu reagieren. Patienten mit Schädigungen des präfrontalen Cortex fehlt es an Einsicht und Voraussicht, sie können weder für die nahe noch für die weiter entfernte Zukunft Pläne entwerfen. Das Fehlen dieser Verhaltensweisen könnte die Ursache in einem Defizit der Fähigkeit zum Simulieren von Ereignissen haben, was für die Wichtigkeit des kontrafaktischen Denkens spricht (Knight und Grabowecky, 1995).

6.2 KONTRAFAKTISCHES DENKEN IN DER PSYCHOLOGIE

6.2.1. URTEILE UND HEURISTIKEN

Die Beziehung zwischen Gedächtnis und Urteil wird oft als kausaler Einfluss des Gedächtnisses auf das Urteil interpretiert.

In einem älteren Ansatz zur Einstellungsänderung von Hovland, Janis und Kelley (1953) wurde z.B. die persuasive Wirkung einer Botschaft als eine Funktion des Erinnerns von Pro- und Kontraargumenten gesehen. Die Annahme, dass die Erinnerung Urteile auslöst und nicht umgekehrt, hat auch das moderne Forschungsprogramm über Urteilsheuristiken (Kahnemann, Slovic & Tversky, 1982) beeinflusst.

Das Konzept einer Heuristik betont die Tatsache, dass kognitive Informationsverarbeitung selten erschöpfend oder an logischen Regeln orientiert ist, sondern man eher einen Kompromiss zwischen Rationalität und Ökonomie finden muss.

Eine Heuristik ist ein kognitives Werkzeug, das soziale Individuen in die Lage versetzt, mithilfe vereinfachter „Faustregeln" Urteile zu treffen, die keinen grossen Aufwand erfordern, jedoch häufig zu recht guten Ergebnissen führen. Der Preis einer solchen Ökonomie besteht darin, dass Urteile unter bestimmten Bedingungen systematisch verzerrt werden.

Tabelle 3: Überblick über die bekanntesten Urteilsheuristiken (Stroebe; Jonas & Hewstone 2002)

Heuristik	Anwendungsgebiet	Erläuterung/Beispiel
Verfügbarkeit	Urteile über Häufigkeiten oder Wahrscheinlichkeiten.	Die Abrufbarkeit von Risiko-Ereignissen bestimmt die Beurteilung von Risiken.
Repräsentativität	Urteile über die Wahrscheinlichkeit, dass eine Beobachtung zu einer Kategorie gehört.	Die Geburtsreihenfolge Sohn-Tochter-Sohn-Tochter ist repräsentativer für ein Zufallsereignis als Sohn-Sohn-Sohn-Sohn.
Ankerbildung und Anpassung	Quantitative Schätzungen verzerrt in Richtung auf einen Ausgangswert.	Verzerrte Kostenkalkulation.
Simulations-heuristik	Kontrafaktisches Denken.	Stärkeres Bedauern, wenn der Zug um 2 als wenn er um 20 Minuten verpasst wurde, da es leichter ist, sich vorzustellen, wie man eine Verspätung hätte vermeiden können.

Nicht hinreichende Rechtfertigung und kognitive Dissonanz:

Es gibt Bedingungen, unter denen sich Einstellungen an eine vorherige Verhaltensänderung anpassen. Die Erforschung dieser Bedingungen wurde durch die Theorie der kognitiven Dissonanz (Festinger, 1957), der bekanntesten Theorie kognitiver Konsistenz, vorangetrieben. Nach der Dissonanztheorie können Gedanken, Einstellungen und Meinungen („Kognitionen") einer Person zueinander konsonant, dissonant oder irrelevant (d.h. ohne Verbindung zueinander) sein. Hat man dissonante Meinungen, so erzeugt dies kognitive Dissonanz, einen unangenehmen Erregungszustand, der die Person dazu anregt, die Dissonanz dadurch zu verringern, dass Kognitionen hinzugefügt, eliminiert oder ersetzt werden.

So würden die meisten Fußgänger bei Grün über die Straße gehen, wenn die Verkehrskontrolle verstärkt würde. Eine Methode zur Verringerung von Dissonanz besteht darin, den dissonanten Kognitionen weitere Kognitionen hinzuzufügen, die das kognitive System als Ganzes konsistenter werden lassen. *„Wenn ich bei Rot über die Straße gehe, müsste ich eine Strafe zahlen, wenn mich die Polizei dabei erwischt."* Das Beispiel zeigt, dass sich die Dissonanz verringert und somit die Person in die Lage versetzt, eine positive Einstellung zu der Verkehrsregel beizubehalten.

Doch was würde geschehen, wenn die Person wahrnähme, dass sie sich frei entschieden hat, die Verkehrsregel einzuhalten, z.B. nach dem ein Bekannter Verursacher eines Verkehrsunfalls wurde? Unter diesen Bedingungen einer nicht hinreichenden Rechtfertigung eines einstellungsdiskrepanten Verhaltens verringert sich die Dissonanz am ehesten dadurch, dass man die dissonante Einstellung durch eine andere Kognition ersetzt, die konsonanter ist: *"Im Grunde genommen, habe ich es gar nicht so eilig, wenn ich in der Stadt unterwegs bin."* Mit anderen Worten, die Person würde wahrscheinlich ihre Einstellung ändern, um ihr Verhalten zu rechtfertigen. Diese Form der Einstellungsänderung wurde erstmals von Festinger und Carlsmith (1959) nachgewiesen.

Die Geburtsstunde der systematischen Behandlung des kontrafaktischen Denkens in der psychologischen Forschung stellte ein Artikel von Kahnemann und Tversky (1982) dar, der sich mit Simulationsheuristiken beschäftigt. Der Begriff der mentalen Simulation steht für das geistige Durchspielen eines Szenarios von anfänglich festgelegten Ausgangspunkten bis zu verschiedenen Endergebnissen. Kahnemann und Tversky befassen sich in ihrem Artikel über Simulationsheuristiken (1982) mit der mentalen Operation des Simulierens, mit der Fragen zu geschehenen Ereignissen beantwortet werden.

Durch eine Simulation entsteht nicht notwendigerweise eine vollständige Geschichte, die geordnet von Anfang bis Ende abläuft, sondern es werden eher andere Ergebnisse einer Situation als Ausgangspunkt genommen, von wo aus mit den tatsächlichen Ausgangsbedingungen als Grundlage ein anderer Ablauf des Geschehens erdacht wird. Das Ergebnis der Simulation ist gleichsam eine Einschätzung der Leichtigkeit, mit der das erdachte Simulationsmodell unterschiedliche Ergebnisse des Geschehens produzieren kann, wenn man von den ursprünglich gegebenen Bedingungen und Wirkungszusammenhängen ausgeht. Die Leichtigkeit, mit der ein bestimmter Zustand durch eine Simulation hergestellt werden kann, dient als Maßstab für die Beurteilung der Neigung des realen Systems, diesen Zustand herbeizuführen.

Solche Einschätzungen von Neigungen und Wahrscheinlichkeiten, die aus mentalen Simulationen gewonnen werden, werden zur Bewertung von Situationen herangezogen und spielen eine wichtige Rolle bei verschiedenen emotionalen Zuständen. Eine Bewertung von Situationen mit Hilfe von Simulationen findet unter anderem statt bei Vorhersagen, bei Einschätzungen der Wahrscheinlichkeit eines bestimmten Ereignisses, bei kontrafaktischen Einschätzungen und bei Ursachenzuschreibungen.

Die möglichen Simulationen sind generell Einschränkungen von Phantasie und Freiheit unterworfen, und die psychologische Analyse des Phänomens der Simulationen beschäftigt sich vor allem mit der Untersuchung dieser Einschränkungen.

Ein nächster Meilenstein war die Normtheorie von Kahnemann und Miller (1986), in der Mechanismen beschrieben werden, die bestimmen, wie als Reaktion auf ein Ereignis Standards konstruiert werden, die dazu dienen, die Normalität des Ereignisses zu bestimmen.

Seit den 80er Jahren ist das kontrafaktische Denken ein immer größer werdender Teilbereich der Forschung in Sozialpsychologie und kognitiver Psychologie vor allem im englischsprachigen Raum.

Der sozialpsychologische Zugang zum kontrafaktischen Denken ist der breiteste und umfassendste, weil er die Gesamtheit von Gefühlen, Wahrnehmung, Motivation und Zielen eines Individuums im Zusammenhang mit sozialer Interaktion beinhaltet. (Roese und Olson, 1995a).

Roese und Olson (1995a) haben durch ihre sozialpsychologische Perspektive den wichtigen Aspekt der Motivation in die Forschung zum kontrafaktischen Denken gebracht, ihre Arbeit kann als der dritte Meilenstein auf diesem Gebiet gelten.

6.2.2 DIE NORMTHEORIE

Die Normtheorie von Kahnemann und Miller (1986) versucht zu erklären, warum bestimmte Ereignisse z.B. Überraschung hervorrufen und andere nicht.

Sie gehen davon aus, dass zu jedem Ereignis, das stattfindet, ad hoc kognitive Repräsentationen vorhergehender ähnlicher Situationen hervorgerufen werden, die dann als normativer Vergleichswert dienen. Je ähnlicher die aus den erinnerten Situationen sich ergebende Norm und das tatsächliche Ereignis sind, desto höher ist der wahrgenommene Grad der Normalität des Ereignisses.

Ungewöhnlich ist ein Ereignis dann, wenn es über leicht zugängliche Alternativen verfügt, ein normales Ereignis ruft nur sehr ähnliche kognitive Repräsentationen hervor. Ein Ereignis, das ungewöhnlich erscheint, ruft auch leichter die Frage nach der Abfolge der vorangegangenen Ereignisse hervor, das wiederum zur Generierung kontrafaktischer Gedanken führt. Wenn diese alternativen Ereignissequenzen zu einem anderen Ergebnis als dem tatsächlichen führen, so erscheint dieses als besonders ungewöhnlich. Ereignisse werden also auch mit kontrafaktischen Alternativen verglichen, die ad hoc entstehen.

Stehen keine leicht zugänglichen kontrafaktischen Gedanken zur Verfügung, so erscheint das tatsächliche Ereignis als normal und unvermeidbar.

Erfahrungen rufen also gedankliche Alternativen zur Realität hervor und werden mit diesen verglichen. Die Möglichkeit, dass der kontrafaktische Gedanke Realität hätte werden können, erscheint um so näher, je weniger die Geschehnisse in der dem Ereignis vorangegangenen Kette von Geschehnissen verändert werden müssen, um ein alternatives Ereignis herbeizuführen. Kontrafaktische Gedanken sind umso leichter verfügbar, je größer die Veränderbarkeit („Mutability") der einzelnen dem Ereignis vorangehenden Geschehnisse ist. Dabei nehmen Kahnemann und Miller an, dass außergewöhnliche Ereignisse leichter zu ändern sind als normale Ereignisse.

Anders als in Konzeptionen von Normen als Strukturen, die bereits vor dem konkreten Ereignis existieren, gehen Kahnemann und Miller davon aus, dass eine Norm erst im Zuge des Ereignisses durch einen rückwärtsgerichteten Prozess entsteht, der vergangene ähnliche Situationen mit dem aktuellen Ereignis vergleicht und so bewertet (Kahnemann und Miller, 1986).

Diese Annahmen wurden in mehreren Untersuchungen bestätigt und erweitert (Miller und McFarland, 1986; Miller, Turnball und McFarland, 1990).

Wie bei vielen anderen Theorien der sozialen Beurteilung handelt es sich hier um einen Vergleich eines tatsächlichen Ereignisses mit einem kognitiven Anker. Neu ist allerdings, dass dieser kognitive Anker in Form einer Norm erst im Zuge des Ereignisses oder danach durch Repräsentationen ähnlicher Situationen entsteht und nicht schon vor dem Ereignis existiert, wie generell in Theorien der sozialen Beurteilung angenommen wird.

Die Wahrnehmung von sozialen Situationen als überraschend wird nicht durch vorgefasste Schemata bestimmt, sondern durch ad hoc entwickelte Standards. Die Richtung und die Größe des wahrgenommenen Unterschieds zwischen dem Ereignis und der Norm bestimmen das Ausmaß der kognitiven und emotionalen Reaktion auf dieses Ereignis (Roese und Olson, 1995a).

Kritik an einer grundlegenden Annahme der Normtheorie kommt von Wells und Gavanski (1989) und Gavanski und Wells (1989). Sie haben in mehreren Experimenten die Überlegungen von Kahnemann und Miller überprüft und kamen dabei zu dem Ergebnis, dass Ereignisse durch kontrafaktische Gedanken nicht immer in Richtung größerer Normalität geändert werden, wie von der Normtheorie angenommen.

Zwar werden Ausnahmen eher abgeändert als normale Geschehnisse, aber die Veränderungen werden nicht nur in Richtung mehr Normalität (wie bei Kahnemann und Miller), sondern auch in Richtung mehr Außergewöhnlichkeit gemacht.

In ihren Untersuchungen wurden für außergewöhnliche Ergebnisse normale Alternativen gewählt und für normale Ergebnisse außergewöhnliche Alternativen.

Wenn ein außergewöhnliches Ereignis ungeschehen gemacht wird, so ist das Ereignis, das hätte geschehen sollen, nicht notwendigerweise ein normales. Das Ereignis, das hätte geschehen können, kann auch eine noch ungewöhnlichere Version des tatsächlichen Ereignisses sein.

Hier besteht eine Asymmetrie zwischen Norm und Außergewöhnlichkeit, die erklären kann, warum Ausnahmen eher geändert werden als gewöhnliche Ereignisse, egal ob in Richtung mehr Normalität oder in Richtung mehr Außergewöhnlichkeit: Eine Ausnahme kann immer auf zwei Arten verändert werden, zum einen in Richtung mehr Außergewöhnlichkeit, zum anderen nur in Richtung mehr Normalität. Ein normales Ereignis kann aber immer nur in Richtung mehr Außergewöhnlichkeit abgeändert werden, mehr Normalität als normal kann es nicht geben. Deshalb könnten Ausnahmen leichter als Normen abgeändert werden, weil es mehrere Möglichkeiten ihrer Veränderung gibt, aber die Veränderung muss nicht zwangsläufig in Richtung mehr Normalität gehen.

Gavanski und Wells gehen davon aus, dass Personen eine Urteilsheuristik anwenden, die nahe legt, dass außergewöhnliche Ergebnisse außergewöhnliche Ursachen haben, und normale Ergebnisse normale Ursachen (Gavanski und Wells, 1989).

6.3 DER SOZIALPSYCHOLOGISCHE ANSATZ VON ROESE UND OLSON

Die Normtheorie beschreibt die kognitiven Prozesse, die den Reaktionen auf bestimmte Ereignisse zugrunde liegen, ohne dabei motivationale Aspekte mit-einzubeziehen. Affekte, Intentionen und Ziele spielen in diesen Vorhersagen keine Rolle.

Roese und Olson (1995a) bringen erstmals den Begriff der Motivation in das kontrafaktische Denken ein. Sie verwenden diesen Begriff in seiner grundlegendsten und allgemeinsten Form als einen Antrieb, aversive Stimuli zu vermeiden und befriedigende Stimuli aufzusuchen. Sie gehen dabei davon aus, dass diese Verhaltensweisen vermittelt werden durch Affekt, der verstanden wird als einfacher Überlebensmechanismus höherer Lebewesen: Ein negativer affektiver

Zustand ruft Vermeidungsverhalten hervor, ein positiver affektiver Zustand führt zu Annäherung.

Auch kontrafaktisches Denken kann in Begriffen einer solchen Dynamik verstanden werden: Wenn Ergebnisse, die zu negativem Affekt führen, Vermeidungsverhalten hervorrufen, so könnte daraus der Versuch resultieren, das Ergebnis wenigstens kognitiv zu vermeiden, indem es mental ungeschehen gemacht wird.

Im Zwei-Stufen-Modell von Roese und Olson, das die Verfügbarkeit kontrafaktischer Gedanken vom semantischen Inhalt trennt, werden bestimmte ergebnisbezogene Bedingungen vorgeschlagen, die die Generierung kontrafaktischer Gedanken einleiten, deren Inhalt in der Folge von anderen Faktoren bestimmt wird (Roese und Olson, 1995a).

Roese und Olson unterscheiden zwischen zwei Stufen der kontrafaktischen Konstruktion: kontrafaktische Verfügbarkeit und semantischer Inhalt. Unter kontrafaktischer Verfügbarkeit wird die bloße Überlegung, dass das tatsächliche Ereignis nicht geschehen hätte können, verstanden. Der semantische Inhalt bezeichnet die Mittel, mit denen ein alternatives Ereignis herbeigeführt hätte werden können.

So ist als erstes entscheidend, ob überhaupt kontrafaktische Gedanken generiert werden, und erst in zweiter Linie, welche Veränderungen zu einem alternativen Ereignis hätten führen können.

Zwei Klassen von Faktoren können diese zwei Stufen der Generierung von Kontrafakten beeinflussen:

1) **Motivationale Variablen** (wie z.B. Wertigkeit des Ergebnisses, Involviertheit) können sowohl Verfügbarkeit als auch Inhalt beeinflussen. Motivationale Faktoren sind ergebnisbezogen, indem sie Merkmale des erwünschten Ereignisses reflektieren.

2) Auch **Variablen der Veränderbarkeit** (wie z.B. Außergewöhnlichkeit) beeinflussen sowohl Verfügbarkeit als auch Inhalt, sie sind aber Antezedensbezogen, indem sie Merkmale der Antezedenzien widerspiegeln, die zum erwünschten Ergebnis führen.

Roese und Olson führen dazu folgendes Beispiel an:

„John ist bei einer Prüfung durchgefallen, nachdem er in der Nacht davor ungewöhnlich viel getrunken hatte."

Nach der Normtheorie ist der nahe liegende kontrafaktische Gedanke:

„Wenn ich nicht so viel getrunken hätte, dann hätte ich die Prüfung bestanden".

Das antezedente Element wird verändert von Außergewöhnlichkeit in Richtung Normalität. Der kontrafaktische Gedanke wird konstruiert, indem dieses außergewöhnliche Element (viel trinken) in das nicht aufgetretene Ereignis (wenig trinken) umgewandelt wird, mit der Konsequenz, dass das Ergebnis ungeschehen gemacht wird.

Nach dem Zwei-Stufen-Modell von Roese und Olson kommt der ursprüngliche Impuls zur Generierung eines kontrafaktischen Gedankens von der Ungewöhnlichkeit oder negativen Wertigkeit des Ereignisses selbst. Dadurch wird John motiviert, die Vermeidung dieses Ereignisses in Betracht zu ziehen (siehe Abb. 2, Verfügbarkeit von Kontrafakten, Stufe 1).

Ergebnisbezogene Faktoren stellen also den Antrieb für kontrafaktisches Denken dar.

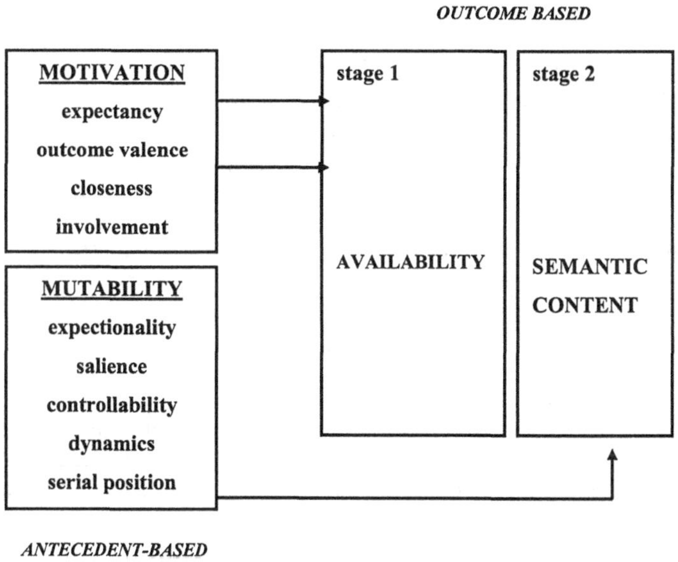

Abbildung 2: Das Zwei-Stufen-Modell der Generierung kontrafaktischer Gedanken (nach Roese und Olson, 1995a)

In der Folge wird die Existenz eines außergewöhnlichen Antezedens als eine Möglichkeit, wie das Endergebnis vermieden hätte werden können, verstanden (siehe Abb. 2, semantischer Inhalt, Stufe 2).

Faktoren, die die Veränderbarkeit von Antezedenzien widerspiegeln, bestimmten den Inhalt der resultierenden Kontrafakten (Roese und Olson, 1995a).

Im Zwei-Stufen-Modell von Roese und Olson, das die Verfügbarkeit kontrafaktischer Gedanken vom semantischen Inhalt trennt, werden bestimmte ergebnisbezogene Bedingungen vorgeschlagen, die die Generierung kontrafaktischer Gedanken einleiten, deren Inhalt in der Folge von anderen Faktoren bestimmt wird (Roese und Olson, 1995a).

6.4 FUNKTIONALITÄT, DYSFUNKTIONALITÄT UND KONSEQUENZEN KONTRAFAKTISCHEN DENKENS

Nach anfänglich großteils abstrakteren Fragen beschäftigt sich die Forschung des kontrafaktischen Denkens seit einigen Jahren vermehrt mit anwendungsorientierten Themen, wie beispielsweise dem Einfluss von Kontrafakten auf Verantwortungszuschreibungen bei Unfällen und Straftatbeständen (Macrae, Milne und Griffiths, 1993; Branscombe, Owen, Garstka und Coleman, 1996; Williams, Lees-Haley und Price, 1996; Cattelani und Milesi, 2001), dem Einfluss kontrafaktischer Gedanken auf politische Prozesse (Tetlock und Visser, 2000) und auf wirtschaftliche Themen wie Marketing (McGill, 2000; Roese, 2000). Entscheidungsprozesse (Hetts, Boninger, Amor, Gleicher und Nathanson, 2000; Markman und Tetlock, 2000) und Unternehmensgründung (Baron, 2000).

Einen ganz neuen und vielversprechenden Ansatz stellt die Beeinflussung von kontrafaktischen Gedanken und deren alternativen Auswirkungen durch gezielte therapeutische Intervention dar (Fleming und Robinson, 2001).

FUNKTIONALITÄT

Es wird allgemein angenommen, dass Kontrafakten sehr wichtige psychische Funktionen erfüllen, da sie so oft angewendet werden. Das Identifizieren und Verstehen dieser Funktionen soll erklären helfen, warum Personen sich alternative Realitäten so häufig vorstellen (Sherman und McConnell, 1995).

Man geht von zwei grundlegenden Funktionen des kontrafaktischen Denkens aus: Zum einen soll das emotionale Wohlbefinden – durch das Generieren abwärtsgerichteter Kontrafakten – gesteigert werden, zum anderen soll eine Vorbereitung für die Zukunft – durch das Generieren aufwärtsgerichteter Kontrafakten – stattfinden.

Die Kombination von biologischer und kultureller Evolution hat den Weitblick beschert, die Fähigkeit, vorauszudenken und die wahrscheinlichen Folgen des Handelns abzuschätzen und dementsprechend die bessere Handlungsweise zu wählen, ohne die anderen Möglichkeiten tatsächlich auszuführen. Dabei bleiben diese Alternativen unrealisiert und führen im „Normalfall" zu einem nachträglichen Vergleich, der zur aktiven Orientierung zur Problembewältigung dienen soll.

Im praktischen Leben wird allerdings immer mehr gefordert, den Blick zurück zu unterdrücken, da er aufhält.

Ein wichtiges Element dessen, was Bewusstsein genannt wird, ist, wie Bronowksi (1967)[2] bemerkte, die Vorausplanung, die Berücksichtigung des Unüblichen:

„Die allein den Menschen auszeichnenden Fähigkeiten sich etwas auszudenken, Pläne zu machen,....werden gemeinhin unter dem Sammelbegriff „freier Wille" zusammengefasst. Was wir im Grunde unter dem freien Willen verstehen, ist natürlich die Veranschaulichung von Alternativen und die Auswahl zwischen ihnen. Nach meiner Ansicht, die nicht von allen geteilt wird, besteht das zentrale Problem des menschlichen Bewusstseins in dieser Fähigkeit, sich etwas vorzustellen..."

Laut Roese und Olson (1995a) wird zwischen zwei Stufen der kontrafaktischen Konstruktion unterschieden: kontrafaktische Verfügbarkeit und semantischer Inhalt.

Unter kontrafaktischer Verfügbarkeit wird die bloße Überlegung, dass das tatsächliche Ereignis nicht geschehen hätte können verstanden. Der semantische Inhalt bezeichnet die Mittel, mit denen ein alternatives Ereignis herbeigeführt hätte werden können. So ist als erstes entscheidend, ob überhaupt kontrafaktische Gedanken generiert werden, und erst in zweiter Linie, welche Veränderungen zu einem alternativen Ereignis hätten führen können. Ergebnis-bezogene Faktoren stellen also den Antrieb für kontrafaktisches Denken dar. In der Folge wird die Existenz eines außergewöhnlichen Antezedens als eine Möglichkeit, wie das Endergebnis vermieden hätte werden können, verstanden.

Situative Selbstwahrnehmung und Selbstbewertungen können über Bereiche und die Zeit hinweg zu stabilen Selbstkonzepten und Selbstwertgefühlen generalisiert werden. Als Bezugsnormen für die Selbstbewertung können der soziale und der individuelle Vergleich dienen. Beim sozialen Vergleich stellen andere Personen die Bezugsnorm dar, beim individuellen Vergleich stellen eigene Wünsche, Ziele, Vorsätze usw. die Bezugsnorm dar (Haußer, 1995).

---

2 Calvin; Die Symphonie des Denkens, S. 46 mHa Zitat von Jacob Bronowski (1967); Silliman Lecture, Yale University

„Wird das Ziel der Verbesserung angestrebt, ist der Vergleich mit Personen, die bessere Leistungen zeigen (aufwärtsgerichtete Kontrafakten) sinnvoll. Nimmt eine Person an, eine leistungsbessere Person habe die gleiche Grundfähigkeit, können diejenigen relevanten Attribute gesucht werden, die für den Leistungsunterschied relevant sind (z.B. Training) und gezielt verbessert werden. Insofern kann also „der Vergleich nach oben" im Dienste des Motivs nach Selbstwerterhöhung stehen" (Frey, Dauenheimer, Parge und Haisch, 1993).

Solch ein sozialer Vergleich dient als Rückmeldung, die zum einen motivationalen Charakter hat, indem sie das Individuum zu besseren Leistungen anspornt, zum anderen besitzt diese Rückmeldung auch informativen Charakter, weil sie Informationen darüber liefert, wie das angestrebte Ziel erreicht werden kann (Frey, et al., 1993). So wird angenommen, dass es nach einer Bedrohung zu abwärtsgerichtetem sozialen Vergleich kommt, der einer Person vor Augen führt, der es schlechter geht, was zu einer Verbesserung der eigenen Stimmung führt (Gibbson und McCoy, 1991).

Der abwärtsgerichtete soziale Vergleich dient der Selbstwerterhöhung, weil das Vergleichsobjekt eine Person ist, der es schlechter geht. Abwärtsgerichteter Vergleich scheint Selbstwertgefühl und positive Emotionen zu verstärken und Angst zu verringern.

Vom aufwärtsgerichteten sozialen Vergleich wird generell angenommen, dass er zu einer Verschlechterung der Stimmung führt. Aber unter Bedingungen, in denen Selbstbeurteilung und eine Verbesserung angestrebt werden, vergleichen sich Individuen eher mit Personen, denen es etwas besser geht als ihnen.

Buunk, Collins, Taylor, VanYperen und Dakof (1990) gehen allerdings davon aus, dass es keinen direkten Zusammenhang zwischen der Richtung des Vergleichs und dem daraus resultierenden Affekt gibt.

Auch Aspinwall und Taylor (1993) sind der Meinung, dass der Affekt nicht automatisch durch die Richtung des sozialen Vergleichs bestimmt wird. So kann aufwärtsgerichteter Vergleich auch inspirierend sein, wenn der Bereich des Vergleichs kontrollierbar erscheint.

Abwärtsgerichteter sozialer Vergleich kann auch zu negativem Affekt führen, eine Vermittlerrolle scheint die Stimmung einzunehmen (Aspinwall und Taylor, 1993).

DYSFUNKTIONALITÄT KONTRAFAKTISCHEN DENKENS

Sherman und McConnell (1995) gehen davon aus, dass kontrafaktisches Denken ernsthafte negative Auswirkungen auf den emotionalen Zustand, auf das Verhalten und auf Urteile haben kann. Sie glauben, dass das kontrafaktische Denken als eine Möglichkeit zur Problemlösung und zum Einordnen und Verstehen von Erfahrungen wie andere Heuristiken im Sinne von Schemata und Skripts oder Kategorien auch Fehlern und Verzerrungen unterliegt.

So sinnvoll diese Heuristiken auch sind, indem sie die Komplexität der Realität reduzieren und so die Effektivität und Effizienz von Gedanken und Handlungen steigern, so können sie doch auch nachteilig für die Person sein.

„They leave people subject to biases and to errors of judgment that can manifest themselves in unfortunate and self-defeating behaviors and perceptions" (Sherman und McConell, 1995, S. 203).

Sherman und McConnell gehen dabei von drei möglichen Verzerrungen und Fehlern aus, auf die im Folgenden eingegangen wird:

1) Ziehen von falschen kausalen Schlüssen

Generell werden bei einem Ereignis jene Aspekte verändert, die leicht zugänglich sind, ohne dass die geänderten Aspekte ursächlich für das Ereignis sein müssen. Aber die kontrafaktische Abänderung eines solchen Aspektes impliziert, dass er die primäre Ursache für das Ereignis war und legt nahe, dass eine Veränderung des Ereignisses in der Zukunft am ehesten erreicht wird, wenn dieser Aspekt abgeändert wird. In einer Kette von Ereignissen, die als ursächlich angenommen werden für ein Ergebnis, werden jene Ereignisse geändert, die am Ende dieser Ursachenkette stehen. Diese späteren Ereignisse werden als ursächlich gesehen, und die einzige Hoffnung, das Endergebnis in der Zukunft zu verändern, liegt in der Abänderung dieser in der Ereignisabfolge späten Geschehnisse. Das kann beispielsweise für einen Basketball-Spieler negative Folgen haben, wenn er in den letzten Spielminuten eine Chance nicht erfolgreich nützt und das Tor, das zum Sieg geführt hätte nicht machen kann.

„Again, the ease of mutating the last event in the temporal chain in most situations leads to placing the blame on someone when the others might be responsible for the ultimate outcome as much, or even more" (Sherman und McConnell, 1995, S. 204).

In so einem Fall können sich Kontrafakten auf das Verhalten auswirken, indem aufgrund solcher Annahmen entschieden wird, welche Spieler im nächsten Spiel auf dem Feld sein werden. Sehr leicht einer Änderung zugänglich sind auch Ereignisse, von denen man annimmt, dass sie der persönlichen Kontrolle unterliegen. Diese Ereignisse werden aufgrund ihrer leichten Veränderbarkeit fälschlicherweise als ursächlich für das Endergebnis angenommen. So geben sich Personen oftmals die Schuld für dem negativen Endergebnis vorangehende Ereignisse, über die sie Kontrolle hatten, auch wenn diese Ereignisse in keiner Weise ursächlich waren für das Endergebnis (Sherman und McConnell, 1995).

„*[...] people may focus on controllable antecedents that are of little functional value in controlling future events precisely because they are unrelated to the target outcome over a broader focal set of cases*" (Mandel und Lehman, 1996, S. 461).

So hätte zwar ein Kind vor einem Unfall bewahrt werden können, wenn der Vater es zur normalen Zeit und nicht später als üblich in den Kindergarten geschickt hätte, generell schützt solch eine Vorgehensweise aber nicht davor, von einem Auto überfahren zu werden.

Davis et al. (1995) untersuchten kontrafaktisches Denken im Zusammenhang mit traumatischen Lebensereignissen. Sie fanden heraus, dass eine Person, die zum Opfer geworden ist, dazu neigt, ihr eigenes Verhalten, sei es auch noch so wenig ursächlich für das Ereignis, eher zu ändern als das Verhalten des Täters, das zwar ursächlich für das Ergebnis ist, sich aber dem Einfluss des Opfers entzieht (Davis et al., 1995). Auch wenn kein ursächlicher Zusammenhang vorhanden ist, machen sich Personen Selbstvorwürfe, und zwar umso mehr, je mehr sie glauben, dass das Ereignis leicht vermieden hätte werden können. So führen verschiedene Heuristiken in der Form von kontrafaktischen Gedanken dazu, dass falsche Schlüsse über Verursachungen gezogen oder irrelevante Aspekte des Verhaltens verändert werden.

„*[...] people often blame themselves for negative outcomes even if they are not causally implicated. They do so because they perceive that they could have done something to avoid the outcome*" (Davis, Lehman, Silver, Wortman und Ellard, 1996, S. 565).

2) Hindsight Bias

Ein Spezialfall einer Wahrnehmungsverzerrung, die durch kontrafaktisches Denken verstärkt werden kann, ist der Hindsight Bias. Unter dem Hindsight Bias versteht man eine erhöhte wahrgenommene Wahrscheinlichkeit eines Ereignisses, nachdem das Ereignis bereits aufgetreten ist.

„*Once the outcome of an event is known, the perception of causes leading to this outcome shifts so that they engulf the representation of the past in a way that makes this outcome appear predetermined*" (Tykocinski, 2001, S. 377).

Dabei wird übersehen, dass diese Wahrnehmung erst durch das Wissen über das Ereignis entstanden ist, das subjektive Gefühl ist aber, dass man von Anfang an schon gewusst hat, was passieren würde („So hat es kommen müssen"). Man übersieht dabei, dass der handelnden Person diese Infos zum Zeitpunkt des Handelns noch gefehlt haben. Man urteilt dabei stereotypisch, indem man die Personen zu Recht verantwortlich macht (Ergebnis scheint uns zwingend!).

Hawkins und Hastie definieren den Hindsight Bias als

„[...] projection of new knowledge into the past accompanied by a denial that the outcome information has influenced the judgment" (Hawkins und Hastje, 1990, zit. nach Williams, Lees-Haley und Brown, 1993, S. 489).

Roese und Olson (1996) haben herausgefunden, dass kontrafaktisches Denken die Neigung zum Hindsight Bias verstärkt.

Besonders bei traumatischen Ereignissen, an denen sich Personen selbst die Schuld geben, kann das negative Auswirkungen haben. Solche Gedanken verhindern nämlich adaptives Lernen, weil das Ereignis als vorbestimmt und unvermeidbar angesehen wird (Fleming und Robinson, 2001).

The relevance of erroneous counterfactuals is that they lead to maladaptive plans for the future" (Sim und Morris, 1998, S. 608).

3) Unnötiger negativer Affekt

Vor allem aufwärtsgerichtete Kontrafakten führen zu negativen Gefühlen wie Bedauern oder Unzufriedenheit mit der momentanen Situation. Sogar objektiv positive Ergebnisse können vor dem Hintergrund einer noch besseren Alternative zu Unzufriedenheit und negativem Affekt führen.

Kontrafaktische Gedanken können auch zu Gefühlen von Scham und Schuld führen, wobei Scham hervorgerufen wird, wenn Personen ein Ereignis durch eine Veränderung ihrer persönlichen Eigenschaften herbeiführen („Wäre ich nur nicht so kritisch, dann hätten wir keinen Streit gehabt), während es zu Gefühlen von Schuld kommt, wenn spezifische Verhaltensweisen abgeändert werden („Hätte ich nicht schon wieder an ihr herumgenörgelt, dann wäre es zu keinem Streit gekommen").

Besonders dann, wenn es sich um traumatische Ereignisse handelt, oder wenn die Besessenheit, mit der kontrafaktische Alternativen generiert werden, entsprechend groß ist, können solche Selbstvorwürfe verheerend sein.

„Thus, counterfactuals can leave people with a double dose of bad feelings – negative affect due to the objective loss itself and further feelings of blame and regret because these losses are perceived as not having had to occur" (Sherman und McConnell, 1995, S. 212).

Wenn kontrafaktische Alternativen zu einer als negativ empfundenen momentanen Situation zur Besessenheit werden, indem Personen sich wieder und wieder vorwerfen, ein wichtiges Ziel nicht erreicht zu haben oder einen persönlichen Verlust zu verschulden, so führt das zu einem sich verstärkenden Verlust von Kontrolle, der in Gefühlen von Hilflosigkeit resultiert und unfähig macht, die eigene Situation zu verändern.

- **Inadäquate Verhaltensänderungen**

Aufwärtsgerichtete kontrafaktische Gedanken können zu Veränderungen in zukünftigem Verhalten führen, allerdings müssen dann auch die Annahmen, die aus den Kontrafakten abgeleitet werden, stimmen, was oft aufgrund der weiter oben angeführten Verzerrungen und Fehler nicht der Fall ist.

„However, such improvement and a better preparation for the future can be expected only if it is true that the unsatisfying outcome need not have occured, only when the original judgment was faulty and could have been improved, and only when the actor can learn from previous mistakes" (Sherman und McConnell, 1995, S. 218).

"Counterfactuals may lead to short-term corrective changes that are needless and costly, but they may also lead to long-term overconfidence, blinding the decision maker to possible beneficial strategic adjustments" (Roese, 1999, S. 570).

Reiss (2001) sieht dieses Problem bei Untersuchungen, die bei Totschlag durch psychiatrische Patienten in Großbritannien routinemäßig durchgeführt werden. In solchen Gesprächen soll herausgefunden werden, wie das Ereignis hätte verhindert werden können. Um in zukünftigen ähnlichen Situationen andere Handlungsalternativen zur Verfügung zu haben. Wie andere Heuristiken sind kontrafaktische Gedanken allerdings anfällig für Verzerrungen und führen so oft zu falschen Schlüssen über das, was geschehen ist.

„Counterfactual thinking thus can lead to the adoption of new behavior or to changes in judgment strategies when in fact such changes are not rationally warranted and are not likely to lead to better outcomes in the future" (Reiss, 2001, S. 178).

Auch Roese und Olson (1995b) gehen davon aus, dass kontrafaktisches Denken dysfunktional sein kann, vor allem, wenn vergangene Ereignisse wieder und wieder mit nur kleinen Veränderungen durchgespielt werden. Diese Form kontrafaktischen Grübelns könnte depressive Zustände fördern.

„Previous examinations of uminative coping styles have shown that individuals displaying such patterns are unlikely to take direct action to deal with their problems, are more vulnerable to chronic self-directed affect, and are a greater risk for depression [...]" (Roese und Olson, 1995b. S. 193).

Auch Personen, die ständig selbstwertschützende Kontrafakten generieren, oder Kontrafakten, die weniger relevante Aspekte mit nur geringer kausaler Aussagekraft abändern, können davon kaum für die Zukunft profitieren (Roese und Olson, 1995b).

KONSEQUENZEN KONTRAFAKTISCHEN DENKENS

Galinsky und Moskowitz (1999) und Galinsky (2000) haben festgestellt, dass kontrafaktische Gedanken nicht nur die Auseinandersetzung mit dem betreffenden Ereignis, sondern auch nachfolgende, unabhängige mentale Prozesse beeinflussen. So werden im Sinne eines „Priming-Effekts" auch bei inhaltlich völlig eigenständigen Aufgaben, bei denen es mögliche Alternativen gibt, mentale Simulationen angewendet.

„[...] counterfactual primes lead participants to simulate and focus on alternative possibilities that are relevant to the task at hand – [...] a mental simulation, akin to the simulation heuristic [...], was activated." (Galinski und Moskowitz, 2000, S. 402).

Einen ganz besonderen Einfluss hat kontrafaktisches Denken auf bestimmte Emotionen, wie Reue, Schuld, Scham oder Bedauern, die ohne den Gedanken daran, dass etwas auch hätte anders ausgehen können, gar nicht zustande kommen. Sie werden deshalb auch „kontrafaktische Emotionen" genannt.

6.5 KONTRAFAKTISCHES DENKEN IN DER PHILOSOPHIE

„Welcher Art sind Kategorisierung, Generalisierung und Gedächtnis, und in welcher Weise vermittelt ihre Interaktion die sich ständig wandelnden Zusammenhänge zwischen Erfahrung und Neuem?" [3]

Was das Bewusstsein des Menschen von den Verhaltensoptionen der Tiere unterscheidet, ist das Spinnen von Szenarien, die Vergangenheit und Zukunft mit umfassen. Eine philosophische Urfrage: Was geschieht, wenn jemand „bewusst" zwischen Alternativen eine Wahl trifft? Wie stellt man sich überhaupt die Alternativen vor, zwischen denen man wählt? Die Neurophysiologie sollte einige Antworten geben können. Ein interessanter Aspekt ist auch, wie die Sprache für das Entwickeln von Szenarien genutzt werden kann. Was die Evolution von sozialer Geschicklichkeit und sozialem Verständnis betrifft, wird man von

3 Calvin; Die Symphonie des Denkens, S. 233 mHa Zitat von Gerald M. Edelman (1987), Immunologe

der Soziobiologie Antworten erwarten müssen. Und was das Ichgefühl und die Willensfreiheit angeht, sollten die Neurophysiologen zusammen mit den Philosophen in der Lage sein, Erkenntnisse zu vermitteln.

Zweckmäßigkeit und Zufall scheinen nichts miteinander zu tun zu haben, und doch lassen sich, wenn man der Lehre Darwins folgt, beide miteinander vereinbaren. Zufall und Selektion können, vielfach wiederholt, allerhand auf die Beine stellen. Ist aber zweckgerichtetes Verhalten, speziell für die Zukunft vorausplanendes Verhalten, das als machtvoller Antrieb hinter der Zivilisation und der Ethik steckt, mit diesem darwinistischen Mechanismus zu erklären? Ist er tatsächlich die Grundlage des Bewusstseins? Leider ist die Frage von den Philosophen in der Regel nicht so formuliert worden. Bei Friedrich Nietzsche heißt es, das Wirken des schöpferischen Menschen beruhe auf dem Instinkt und werde durch die Vernunft in Schranken gehalten, während Sokrates genau die umgekehrte Rangordnung aufgestellt und damit das westliche Denken auf lange Zeit geprägt hatte. Wahrscheinlich hatten beide unrecht. Zufälligkeit in jeglicher Form bereitet den Philosophen (aber auch vielen Wissenschaftlern) Schwierigkeiten. Das liegt wahrscheinlich daran, dass viele einem allzusehr vereinfachenden Kausalmechanismus vertrauen und deshalb im Anschluss an Laplace aus der Existenz physikalischer Gesetze den Schluss ziehen, dass die Dinge „determiniert" sein müssten. Unberechenbare Wirkungen hätten demnach zufällige Ursachen.

Viele Menschen sehnen sich aber nach Gewissheit; so schrieb T.E. Lawrence[4]:

„Vielleicht liegt im totalen Determinismus der vollkommene Friede, nach dem ich mich so gesehnt habe. Die Willensfreiheit habe ich geprüft und verworfen." (Calvin, 1989).

Nach wie vor wird davon ausgegangen, dass die Denkprozesse beim Menschen geordnet verlaufen. Wer behauptet, dass die höchste Leistung, derer die Menschen fähig sind, in der Regel eine gehörige Portion Zufall enthält, begeht eine Ketzerei, obwohl man bereitwillig einräumt, dass Tiere durch den Zufall vom „Steckenbleiben" bewahrt werden. Die Geschichte vom Esel, der sich zwischen zwei Heubündeln nicht entscheiden konnte und deshalb verhungerte, dürfte wohl bekannt sein und auch die Geschichte von Hamlets Unschlüssigkeit. Die Rolle des Zufalls beschränkt sich aber nicht darauf, gewissermaßen durch einen Münzwurf eine Entscheidung herbeizuführen.

4 Calvin(1989); Die Symphonie des Denkens, S. 38 mHa Zitat von T.E. Lawrence

6.6 ÜBERBLICK ÜBER AKTUELLE FORSCHUNGSERGEBNISSE

Taylor und Schneider (1989) sehen kontrafaktische Gedanken als Copingstrategie, wobei sie den Coping-Begriff sehr allgemein fassen: Coping umfasst regulatorische Aktivitäten, die Personen befähigen, mögliche Schwierigkeiten zu antizipieren und so abzuschwächen, und kognitive, emotionale und soziale Aktivitäten, welche die Bewältigung von belastenden Ereignissen ermöglichen. In den verschiedenen Theorien zum Coping unterscheidet man zwei Klassen von Coping-Aktivitäten, nämlich Aktivitäten, die der Problemlösung dienen, und Aktivitäten, welche die Emotionen regulieren.

Die erste der beiden Strategien soll dem Individuum helfen, an adäquate Informationen zu gelangen, um effektiv handeln zu können, die zweite Strategie soll den Umgang mit Problemen erleichtern, indem emotionale Konflikte, die oft als Reaktion auf belastende Ereignisse auftreten, gemildert werden.

Es gibt zahlreiche Hinweise darauf, dass Simulationen helfen, Situationen zu konstruieren und Pläne für den Umgang mit solchen zukünftigen Situationen zu entwickeln. So sind vorgestellte Ereignisse im Nachhinein nur schwer von realen Erlebnissen abzugrenzen. Auch lassen Simulationen die gewonnenen Informationen wahr erscheinen, mehr, als andere Formen der mentalen Repräsentation.

Taylor und Schneider nehmen an, dass die Tatsache, dass die hypothetischen Ereignisse sehr konkret und realistisch erscheinen, ein erster wichtiger Schritt ist, um Situationen zu strukturieren und so zur Problemlösung beizutragen.

Simulationen scheinen sozialen Ereignissen so ähnlich zu sein, dass sie besonders nützlich sind für nachfolgende problemlösende Aktivitäten. Soziale Simulationen sind sorgfältig ausgearbeitete Szenarien, die in ihrer Gesamtheit durchlaufen werden, und so erscheint der Simulationsprozess recht zeitintensiv. Simulationen müssen aber nicht immer vollständig durchgeführt werden, sie können auch sehr kurz sein und trotzdem zu einem Plan führen.

Eine wichtige Folge von Simulationen von Ereignissen ist die Regulation von emotionalen Zuständen. Die verschiedensten Theorien zum Coping gehen davon aus, dass emotionsfokussiertes Coping dann angewendet wird, wenn die Belastung problemlösenden Aktivitäten nicht zugänglich ist. So gesehen sind problemlösende und emotionsfokussierte Copingstrategien zwei alternative Reaktionen, die unterschiedlich eingesetzt werden, je nachdem, ob das belastende Ereignis kontrollierbar oder unkontrollierbar ist. Eine weitere wichtige Funktion des Simulierens von Ereignissen ist die Möglichkeit, dass die Simulation auch Realität werden kann. Simulationen können Verbindungen schaffen zwischen Gedanken und Handlungen, weil sie die subjektive Wahrscheinlichkeit des Auftretens des Ereignisses erhöhen, bereits einen impliziten Plan in der Struktur der Simulation enthalten, und spezifische Emotionen und ein damit einhergehendes Erregungsniveau schaffen, das helfen kann, eine Person zu einer Handlung zu motivieren.

Eine erste Reaktion auf sehr belastende Ereignisse ist oft Verleugnung. Anfänglich ist diese Verleugnung sinnvoll, weil auf diese Weise die konkrete Erinnerung an das Ereignis so lange ferngehalten wird, bis das Individuum bereit ist, sich damit auseinanderzusetzen. Simulationen, die durch das wiederholte Durchlaufen des Ereignisses seinen Wahrheitsgehalt erhöhen, können dazu beitragen, dass der Schritt von der Verleugnung zur Auseinandersetzung vollzogen wird, indem das Ereignis durch sein wiederholtes Auftreten immer mehr an Realtität gewinnt.

Coping kann auch darin bestehen, dass ein Sinn in dem Ereignis gesucht wird, der helfen soll, wieder Kontrolle über sich selbst und die Welt zu gewinnen, und das Selbstwertgefühl wieder herzustellen.

Viele Theoretiker gehen davon aus, dass das Bedürfnis nach Kontrolle auch durch ein mehrmaliges gedankliches Wiederholen von belastenden Ereignissen befriedigt werden kann. Wenn man in Erfahrung bringt, wie das Ereignis hätte verhindert werden können, so entsteht ein Gefühl der Kontrolle, weil man jetzt weiß, wie man dieses Ereignis verhindern kann, sollte man noch einmal in dieselbe Situation kommen. Simulationen von Ereignissen, in denen dieser Plan durchgeführt und so das Ereignis verhindert wird, führen zu Vorstellungen von einem kompetenten und fähigen Selbst, die helfen können, das durch das belastende Ereignis angeschlagene Selbstwertgefühl wieder zu stabilisieren.

Simulationen von Ereignissen rufen oft starke Emotionen hervor. Es ist anzunehmen, dass diese Emotionen langsam verblassen, wenn in dem Ereignis ein Sinn gefunden werden kann und das Kontrollbedürfnis befriedigt wird. Wenn allerdings das Ereignis ständig wiederholt wird, ohne dass darin Sinn oder Kontrolle zu finden sind, und die negativen Emotionen stark bleiben, so wird die Belastung nicht schwächer, sondern verstärkt. Die bloße Simulation eines Ereignisses trägt nicht automatisch zu einer besseren Verarbeitung bei, es ist wichtig, wie diese Simulation verwendet wird und welcher Sinn im Ereignis gefunden wird (Taylor und Schneider, 1989),

Auch Johnson und Sherman (1990) nehmen an, dass kontrafaktische Gedanken für das Verhalten funktional sein können, indem sie vor Augen führen, wie etwas hätte besser sein können. Dabei werden negative Emotionen ausgelöst, was allerdings durch die Bewältigung zukünftiger ähnlicher Situationen aufgewogen wird.

Abwärtsgerichtete Kontrafakten können helfen, belastende Situationen zu bewältigen, indem sie mögliche Alternativen, die noch schlechter als die Realität sind, zum Inhalt haben (Johnson und Sherman, 1990).

Markman et al. (1993) gehen davon aus, dass kontrafaktische Gedanken zwei verschiedene Funktionen erfüllen: Abwärtsgerichtete Kontrafakten steigern das Wohlbefinden, aufwärtsgerichtete Kontrafakten bereiten auf die Zukunft vor.

Wenn man von Theorien des sozialen Vergleichs ausgeht, so ziehen es Personen generell vor, sich mit Personen, die ihnen selbst ähnlich sind, zu vergleichen. Wollen sie sich verbessern, so vergleichen sie sich mit Personen, denen es besser geht als ihnen selbst. Solch ein aufwärtsgerichteter sozialer Vergleich kann auch zu Gefühlen von Misserfolg und Unzulänglichkeit führen.

Abwärtsgerichteter sozialer Vergleich wird meist durch negativen Affekt hervorgerufen, und Personen stellen solche Vergleiche mit Personen an, denen es schlechter geht als ihnen selbst, um ihr subjektives Wohlbefinden zu schützen und zu steigern.

Markman et. al. (1993) nehmen an, dass kontrafaktische Vergleiche, die das Selbst miteinbeziehen, dieselben Funktionen erfüllen wie der soziale Vergleich. Auch die Motive, die der Generierung von Kontrafakten zugrunde liegen, seien dieselben, die auch die Auswahl der Vergleichsstandards für den sozialen Vergleich bestimmen.

So wie aufwärtsgerichteteter sozialer Vergleich unsere Leistung dadurch verbessern kann, dass wir uns auf jemanden beziehen, der besser ist, so kann auch die Generierung von aufwärtsgerichteten kontrafaktischen Gedanken lernen helfen und für die Zukunft vorbereiten, indem aufgezeigt wird, wie ein tatsächliches Ergebnis eines Ereignisses hätte besser sein können. Der Nachteil dabei ist, dass sowohl aufwärtsgerichtete Kontrafakten als auch aufwärtsgerichteter sozialer Vergleich dazu führen, dass man unzufrieden ist mit dem momentanen Stand der Dinge.

Abwärtsgerichtete Kontrafakten verbessern zwar das momentane Befinden, sie leisten aber keine Vorbereitung für die Zukunft. So fördern abwärtsgerichteter sozialer Vergleich und abwärtsgerichtete Kontrafakten den Umgang mit schwierigen Situationen und Gefühle des Wohlbefindens, indem sie hervorheben, wie die Situation schlimmer hätte sein können (Markmann et al., 1993).

Auch nach Roese (1994, 1997) und Roese und Olson (1995b) sind Kontrafakten mit Bezug auf das Selbst dem sozialen Vergleich sehr ähnlich. Der Unterschied besteht darin, dass im einen Fall das Selbst in einer anderen Situation zum Vergleich herangezogen wird, im andern Fall eine andere Person als Vergleichsstandard dient.

Kontrafaktisches Denken hat auch eine affektive Funktion, die dazu führt, dass sich Personen bei abwärtsgerichteten Kontrafakten besser fühlen. Durch einen Kontrasteffekt führen solche kontrafaktischen Gedanken zu positivem Affekt (z.B. Erleichterung).

Es gibt Hinweise darauf, dass Personen abwärtsgerichtete Kontrafakten strategisch einsetzen, um sich besser zu fühlen.

Aufwärtsgerichtete Kontrafakten führen zu negativem Affekt, weil eine bessere Situation die im Bereich des Möglichen lag, nicht erreicht wurde.

Roese nimmt an, dass sowohl der aufwärtsgerichtete kontrafaktische Vergleich als auch der aufwärtsgerichtete soziale Vergleich dieselbe vorbereitende Funktion erfüllen.

Der Gedanke, dass etwas besser hätte sein können, führt zu negativem Affekt, weil er die unbefriedigende momentane Situation vor Augen führt, allerdings kann daraus auch Hoffnung auf zukünftige Verbesserung resultieren, die neuen Antrieb gibt.

Der Haupteffekt der Richtung von Kontrafakten beruht vor allem auf der Verstärkung von positivem Affekt bei abwärtsgerichteten Kontrafakten und nicht auf einer den Affekt niederdrückenden Wirkung von aufwärtsgerichteten Kontrafakten (Roese, 1997).

In einer Untersuchung von Rose (1994) wurden aufwärtsgerichtete kontrafaktische Gedanken vor allem nach Misserfolg und bei wiederholbaren Ereignissen generiert, was darauf hindeutet, dass sie für zukünftige Verbesserungen nützlich sind, dabei kam es nicht immer zu negativem Affekt. Ein Grund dafür könnte sein, dass man sieht, wie es das nächste Mal besser gehen könnte (Roese, 1994).

Wells und Gavanski (1989) gehen davon aus, dass kontrafaktisches Denken eine wichtige Grundlage ist, um die Ursachen eines Ergebnisses zu verstehen. Sie nehmen an, dass ein Ereignis in dem Ausmaß als ursächlich für ein Ergebnis angenommen wird, in dem eine Abänderung dieses Ereignisses das Ergebnis ungeschehen machen würde. Um ein Ereignis als Ursache anzunehmen, muss es als prinzipiell veränderbar wahrgenommen werden.

Die Beurteilung des stattgefundenen Ereignisses hängt nicht nur von der Realität allein ab, sondern auch davon, was in einer vorgestellten Alternative zur Realität angenommen wird. Wenn das kontrafaktische Ereignis zu einem anderen Ausgang der Situation führt, so wird das tatsächliche Ereignis als ursächlich für das Endergebnis angenommen. Kommt es zu keinem anderen Ausgang der Situation durch kontrafaktische Alternativen, so verliert die tatsächliche Situation viel von ihrem Erklärungswert als Ursache für das Endergebnis (Wells und Gavanski, 1989).

McGill und Klein (1993) und Spellmann (1997) gehen davon aus, dass Gründe für ein Ereignis mit Hilfe kontrafaktischer Gedanken gefunden werden, indem gefragt wird:

"Would the event Y have occured if the candidate X had not?" (McGill und Klein, 1993, S. 897).

Auch Spellmann und Mandel (1999) gehen davon aus, dass kontrafaktisches Denken die Beurteilung von Kausalzusammenhängen beeinflusst, sie haben Auswirkungen kontrafaktischen Denkens auf die psychische Gesundheit und das Rechtssystem untersucht.

Bezüglich der psychischen Gesundheit kamen sie zu folgendem Ergebnis: Wenn Personen fortwährend ihre eigenen Handlungen gedanklich ändern, kommen sie zu einer überhöhten Einschätzung ihrer ursächlichen Rolle beim Zustandekommen eines Ergebnisses und erleben so erhöhte Gefühle von Bedauern, Selbstbeschuldigungen, Scham und Schuld, aber auch erhöhte Gefühle von Zufriedenheit und Glück.

Das Rechtssystem wird vor allem bei Haftungsfragen und bei Schuldsprüchen von kontrafaktischen Gedanken beeinflusst. Wenn durch die Änderung der Handlung einer Person die Straftat hätte vermieden werden können, so wird dieser Person auch mehr Schuld zugeschrieben (Spellman und Mandel, 1999). Auch werden höhere Entschädigungen an Opfer von Lebensmittelvergiftungen gezahlt, wenn außergewöhnliche Umstände dem Ereignis vorangegangen sind, kontrafaktische Alternativen also leicht verfügbar sind (Macrae und Milne, 1992). Wenn kontrafaktische Alternativen zu einem Unfall leicht verfügbar sind, wird dem Täter eine höhere Strafe zugesprochen (Macrae, 1992).

N'gbala und Branscombe (1995) und Branscombe, N'gbala, Kobrynowicz und Wann (1997) glauben allerdings, dass kontrafaktisches Denken und Kausalattributionen unterschiedliche Prozesse sind. Zwar ist es möglich, dass Kausalattributionen durch kontrafaktisches Denken beeinflusst werden, es gibt aber nicht immer eine Übereinstimmung zwischen dem Ereignis, das abgeändert wird, und dem Ereignis, das für die Ursache gehalten wird.

„There are instances where people mutate an antecedent and assign high causality to another" (N'gbala und Branscombe, 1995, S. 158).

So kann eine Person, die ihren Flug knapp versäumt hat, sich darüber ärgern, dass sie nicht früher von zu Hause losgefahren ist, als ursächlich für die Verspätung sieht sie dennoch den Stau aufgrund einer Baustelle an.

Sherman und McConnell (1996) gehen zusätzlich zu einer affektiven und einer vorbereitenden Funktion von einer dritten Funktion des kontrafaktischen Denkens aus:

Gefühle von Kontrolle werden hergestellt, indem Kontrafakten Auskunft darüber geben, wie die handelnden Personen ein Ereignis verhindern hätten können.

„Many counterfactuals indicate to the person involved how they could have prevented a current bad reality" (Sherman und McConnell, 1996, S. 114).

Solche Kontrafakten führen zwar zu negativem Affekt, weil man sich verantwortlich fühlt für kontrollierbare Geschehnisse, andererseits führen Gefühle von Kontrolle in der Vergangenheit auch zu Gefühlen von Kontrolle in der Zukunft und wirken sich so positiv aus.

Auch Nasco und Marsh (1999) schreiben dem kontrafaktischen Denken eine für die wahrgenommene Kontrolle relevante Rolle zu.

„Counterfactual thinking is [...] one process that serves an adaptive, control-gaining function for the person. Such social cognitive process help one maintain the belief that future events will be controllable" (Nasco und Marsh, 1999, S. 566).

Markman, Gavanski, Sherman und McMullen (1995) und McMullen, Markman und Gavanski (1995) gehen davon aus, dass kontrafaktische Gedanken zu erhöhter wahrgenommener Kontrolle führen können. Gleichzeitig kommt es unter der Bedingung, dass durch kontrafaktische Gedanken die wahrgenommene Kontrolle zunimmt, auch zu positivem Affekt.

Man spricht hier von einem durch Kontrolle vermittelten Effekt, der dazu führt, dass sich Personen auch nach aufwärtsgerichteten Kontrafakten besser fühlen, sofern das Gefühl von Kontrolle zugenommen hat.

„[...] counterfactualizing about the controllable features of an event is more likely to help an individual feel optimistic about the future[...]" (Markman et al., 1995, S. 594).

Boninger, Gleicher und Strahtman (1994) gehen davon aus, dass sich auch aufwärtsgerichtete Kontrafakten positiv auf die Stimmung auswirken können. Indem auf bessere Alternativen hingewiesen wird, die in der Zukunft erreichbar erscheinen, können aktuelle Gefühle von Bedauern oder Schuld abgeschwächt werden.

„If individuals go beyond the contrast to consider how the counterfactual might help them to understand what happened or plan for the future, [...] they are less likely to experience the regret and self-blame that arise from the contrast of a negative reality with a positiv imaginary world“ (Boninger et al., 1994, S. 306).

McMullen und Markman (2000) gehen davon aus, dass nicht nur aufwärtsgerichtete Kontrafakten die Funktion einer Vorbereitung für zukünftiges Handeln übernehmen.

Auch abwärtsgerichtete Kontrafakten spielen ihrer Meinung nach eine wichtige Rolle bei der Regulation von Motivation. Das geschieht bei abwärtsgerichteten Kontrafakten durch zwei verschiedene Prozesse, die im kontrafaktischen Denken eine Rolle spielen: affektiver Kontrast und affektive Angleichung. Affektiver Kontrast entsteht, wenn das tatsächliche Ereignis den Mittelpunkt der Aufmerksamkeit darstellt, zu affektiver Ausgleichung kommt es, wenn die kontrafaktische Alternative den Mittelpunkt der Aufmerksamkeit darstellt. So kann ein abwärtsgerichteter kontrafaktischer Gedanke durch einen Effekt der Angleichung zu negativem Affekt führen, indem er die gegebene Möglichkeit, dass etwas noch schlimmeres hätte passieren können, vor Augen führt. Dieser Gedanke kann als Weckruf dienen, das Verhalten zu ändern.

Ein Beispiel soll diesen Sachverhalt illustrieren: Ein Mann, der beim Autofahren telefoniert, übersieht eine rote Ampel, ein Zusammenstoß mit einem anderen Auto kann gerade noch verhindert werden. Es kommt zu einem abwärtsgerichteten kontrafkatischen Gedanken:“Ich hätte tot sein können!“

Durch einen Effekt der Angleichung an die vorgestellte Alternative kommt es zu negativem Affekt. Um in Zukunft solche Situationen zu vermeiden, nimmt sich die Person vor, ihr Verhalten zu ändern. Es wird angenommen, dass abwärtsgerichtete Kontrafakten neben den aufwärtsgerichteten eine ergänzende Rolle in der Motivation spielen. Die vorbereitende Wirkung von aufwärtsgerichteten Kontrafakten führt zu einer Annäherungsmotivation, während abwärtsgerichtete Kontrafakten zu einer Vermeidungsmotivation führen. Abwärtsgerichtete Kontrafakten können aber durch einen Kontrasteffekt zu abnehmender Motivation, das eigene Verhalten zu ändern oder zu verbessern, beitragen. Durch Optimismus und positiven Affekt die als Folge abwärtsgerichteter Kontrafakten entstehen, könnten Personen sich in falscher Sicherheit wiegen und sich selbst über potentielle Probleme hinwegtäuschen.

„[...] even downward counterfactuals can motivate us but only if they first evoke negative affect. When they do provide comfort, rather than being motivating, they induce contemplacy“ (McMullen und Markmann, 2000, S. 582).

Der Aufmerksamkeitsfokus, der entweder auf dem tatsächlichen Ereignis oder auf der kontrafaktischen Alternative liegt, entscheidet darüber, ob es zu affektivem Kontrast oder zu einer Angleichung kommt (McMullen, 1997).

So hat ein kontrafaktischer Gedanke immer beide affektiven Möglichkeiten in sich: Wenn jemand seine Aufmerksamkeit auf das alternative (im Falle abwärtsgerichteter Kontrafakten) schlimmere Ereignis lenkt, so kommt es zu einem negativen Affekt. Wenn aber jemand seine Aufmerksamkeit auf das tatsächliche Ereignis lenkt, dann kommt es zu einem positiven Affekt, der aus dem Kontrast zur kontrafaktischen (schlimmeren) Alternative resultiert. Diese beiden Affekte haben völlig unterschiedliche motivationale Implikationen: Der negative Affekt sagt uns, dass unsere momentane Situation unbefriedigend ist und verändert werden muss, während der positive Affekt darauf hinweist, dass wir uns in einer akzeptablen Situation befinden und nichts ändern müssen (McMullen und Markman, 2000).

Ein kontrafaktischer Gedanke beinhaltet immer zwei Informationen: Etwas hätte anders laufen können, dieser andere Fall ist aber nicht eingetreten. So bieten sich auch zwei Möglichkeiten, auf die sich die Aufmerksamkeit beziehen kann. Entweder liegt der Aufmerksamkeitsfokus auf der kontrafaktischen Alternative oder auf dem tatsächlichen Geschehen (McMullen und Markman, 2002).

Morris und Moore (2000) haben in Untersuchungen an Piloten festgestellt, dass aufwärtsgerichtete Kontrafakten, die sich auf das Selbst beziehen, zu einem Lernerfolg führen.

„[...] this learning from imagined counterfactual scenarios occured not only at a cognitive level (lesson production) but also at a behavioral level (performance gains)“ (Morris und Moore, 2000, S. 757).

Sanna und Turley-Ames (2000) sind zu dem Ergebnis gekommen, dass die Intensität von Kontrafakten einen starken Einfluss auf die Auswirkung des kontrafaktischen Denkens hat: Die Intensität verstärkte die den spezifischen Kontrafakten zugeschriebenen Auswirkungen.

„As upward counterfactuals became intense, so did greater preparation and worse moods; as downward counterfactuals became intense, so did better moods and lesser preparation“ (Sanna und Turley-Ames, 2000, S. 292).

Die Richtung kontrafaktischer Gedanken beeinflusst nicht nur die Stimmung, sondern umgekehrt kann auch die Stimmung Auswirkungen auf die kontrafaktische Richtung haben.

„[participants found generating downwards counterfactuals after good moods or outcomes especially enjoyable and they felt positively" (Sanna, Meier und Wegner, 2001, S. 251).

Abwärtsgerichtete Kontrafakten werden so genützt, um eine positive Stimmung aufrecht zu erhalten (Sanna, Meier und Wegner, 2001).

Sanna, Chang und Meier (2001) gehen genauer auf die affektive Funktion kontrafaktischer Gedanken ein. Sie beschreiben drei Arten der Selbstwerterhöhung, die durch bestimmte Kategorien kontrafaktischer Gedanken herbeigeführt werden: Das Wiederherstellen der Stimmung geschieht durch abwärtsgerichtete Kontrafakten nach Misserfolg, erhalten wird die Stimmung durch abwärtsgerichtete Kontrafakten nach Erfolg, und Selbstschutz wird durch aufwärtsgerichtete Kontrafakten, die Leistungen vorwegnehmen, gewährleistet.

„People can repair, maintain, or protect a positive self-concept. These three types of self-enhancement may each serve an affective function. But of importance, they do so in different ways [...]" (Sanna, Chang und Meier, 2001, S. 1033).

Zisler (2006) untersuchte die Auswirkungen von kontrafaktischem Denken in bezug auf die Intensität von Schuldgefühlen unter einem sprachanalytischen Standpunkt.

6.7 ZUSAMMENFASSUNG

Allgemeine Übereinstimmung herrscht bezüglich einer affektiven und einer vorbereitenden Funktion des kontrafaktischen Denkens. Es wird angenommen, dass abwärtsgerichtete kontrafaktische Gedanken im Sinne einer emotionsfokussierten Copingstrategie ähnlich dem abwärtsgerichteten sozialen Vergleich die Stimmung verbessern, indem sie eine schlechtere Realität vor Augen führen (Taylor und Schneider, 1989; Johnson und Sherman, 1990; Markman et al., 1993; Roese, 1994, 1997; Roese und Olson, 1995b; Sanna und Turley-Ames, 2000; Sanna, Meier und Wegner, 2001).

Von aufwärtsgerichteten Kontrafakten wird angenommen, dass sie auf die Zukunft vorbereiten, indem sie Informationen liefern, die in Pläne für zukünftiges Handeln umgesetzt werden können (Taylor und Schneider, 1989; Markman et al., 1993; Roese, 1994; Morris und Moore, 2000; Sanna und Turley-Ames, 2000; Sanna, Meier und Wegner, 2001). Allerdings kann auch ein abwärtsgerichteter kontrafaktischer Gedanke durch einen Effekt der Angleichung zu negativem Affekt führen, und so als Weckruf dienen, das eigene Verhalten zu ändern (McMullen und Markmann, 2000).

Auch können aufwärtsgerichtete Kontrafakten sich positiv auf die Stimmung auswirken, indem auf bessere Alternativen hingewiesen wird, die erreichbar erscheinen (Boninger et al., 1994; Roese, 1994; Markman et al., 1995; McMullen et al., 1995). Die affektive und die vorbereitende Funktion können also nicht eindeutig bestimmten Kategorien von Kontrafakten zugeordnet werden. Die vermittelnde Rolle scheint der Aufmerksamkeitsfokus zu spielen (McMullen, 1997; McMullen und Markman, 2000, 2002). Auch wird angenommen, dass kontrafaktische Gedanken subjektiv wahrgenommene Kontrolle verstärken, was der Person das Gefühl gibt, dass auch Ereignisse in der Zukunft kontrollierbar sind (Taylor und Schneider, 1989; Sherman und McConnell, 1996; Nasco und Marsh, 1999; Markman et al., 1995; McMullen et al., 1995). Dieser Sachverhalt kann aufgrund seiner selbstwertdienlichen Funktion der affektiven Funktion kontrafaktischer Gedanken zugeordnet werden.

Es wird weiters angenommen, dass kontrafaktisches Denken eine wichtige Rolle im Prozess der Ursachenzuschreibung spielt (Wells und Gavanski, 1989; McGill und Klein, 1993; Spellman, 1997; Spellman und Mandel, 1999). Dieser Sachverhalt kann der vorbereitenden und problemlösenden Funktion kontrafaktischer Gedanken zugeschrieben werden, da eine Änderung eines Verhaltens nur Sinn macht, wenn es ursächlich für ein Ereignis war. Kontrafaktisches Denken ist allerdings nicht immer nützlich, sondern kann auch dysfunktional sein.

7 KATEGORIEN KONTRAFAKTISCHER GEDANKEN

Kontrafaktische Gedanken können nach verschiedenen Kriterien drei Kategorien zugeordnet werden.

7.1 AUFWÄRTSGERICHTETE UND ABWÄRTSGERICHTETE KONTRAFAKTEN (RICHTUNG)

Hier werden Kontrafakten, die sich auf eine bessere Realität beziehen, unterschieden von solchen, die sich auf eine schlechtere Realität beziehen. Die Richtung ist eine bewertende Dimension, kontrafaktische Alternativen, die einen besseren Zustand als den tatsächlichen beschreiben, werden aufwärtsgerichtet genannt, kontrafaktische Alternativen, die einen schlechteren Zustand beschreiben, werden abwärtsgerichtet genannt (Roese und Olson, 1995c, 1997; Sanna, 2000).

„*Upward counterfactuals are those that reference an alternative that is better than what actually occurred [....], whereas downward counterfactuals reference alternatives that are worse than what happened*" (Roese und Olson, 1995c).

Aufwärtsgerichtete Kontrafakten haben vorbereitende Funktion, sie können als Schemata für zukünftige Handlungen dienen, welche die notwendigen Skripts, die zu Erfolg führen, salient machen. Aufwärtsgerichtete Kontrafakten, die einen Vergleich des Ereignisses mit einer besseren Alternative anstellen, führen zu negativem Affekt.

Abwärtsgerichtete Kontrafakten führen aufgrund eines Kontrasteffekts, der durch einen Vergleich zwischen dem Ereignis und einer schlechteren Alternative entsteht, zu positivem Affekt.

„*[...] the direction can have affective and motivational consequences for the individual: Upward (improvement on reality) counterfactuals prepare us for the future, at the expense of feeling worse, whereas downward (worsening of reality) counterfactuals help us feel better, at the expense of leaving us less prepared for the future*" (Markmann, Gavanski, Sherman und McMullen, 1995).

7.2 ADDITIVE UND SUBTRAKTIVE KONTRAFAKTEN (STRUKTUR)

Hier werden Kontrafakten, die ein vorhergehendes Ereignis hinzufügen, von solchen unterschieden, die ein vorhergehendes Ereignis weglassen. Die Struktur von Kontrafakten hängt von der Wertigkeit des Ergebnisses, das zu kontrafaktischen Gedanken geführt hat, ab. Die kontrafaktische Struktur ist im Gegensatz zur Richtung nicht bewertend.

Die Struktur von Kontrafakten hängt von der Wertigkeit des Ergebnisses, das zu kontrafaktischen Gedanken geführt hat, ab. Ein positives Ergebnis führt zu subtraktiven Strukturen, ein negatives Ergebnis führt zu additiven Strukturen (Roese und Olson, 1993a, b; Sanna und Turley, 1996).

In einer Untersuchung zum Einfluss von Selbstwertgefühl auf die kontrafaktische Struktur ergab sich kein Zusammenhang, was darauf hindeutet, dass die Struktur eine kognitive Variable ist, die durch selbstwerterhöhende Motive nicht beeinflusst wird (Roese und Olson, 1993a).

- **Additive Strukturen**

„It seems likely that people would approach the production of outcomes by adding causal agents to the scenario in question [....]" (Dunning und Parpal, 1989, S. 13).

Es scheint die Neigung von Individuen zu sein, Erfolg als durch intendierte Handlungen verursacht zu sehen, Misserfolg aber als durch Unterlassung von adäquaten Handlungen herbeigeführt zu betrachten.

Additive Kontrafakten gehen über die tatsächlichen Möglichkeiten hinaus und bringen neue Alternativen hervor, die in der Vergangenheit in Betracht gezogen wurden. In dem Ausmaß, in dem die additiven Kontrafakten einen kognitiven Mechanismus darstellen, der zur Verbesserung von problematischen oder ineffektiven Verhaltensmustern führt, erscheinen solche Strukturen besonders angebracht, wenn ein Misserfolg einer von mehreren bereits vorausgegangenen Misserfolgen ist (Roese und Olson, 1993b).

Additive Kontrafakten fügen ein neues Antezedens hinzu, das in der Realität nicht vorhanden ist, und konstruieren so eine kontrafaktische Alternative. Additive Kontrafakten fügen eine Handlung hinzu, die für ein erwünschtes Ergebnis notwendig gewesen wäre. In Fällen von zahlreichen Wahlmöglichkeiten sind additive Kontrafakten eher als subtraktive in der Lage, eine vorbereitende Funktion zu erfüllen, weil sie zu effizienteren Plänen für Handlungen und zu größerem daraus resultierenden Erfolg führen. Ein Grund dafür ist, dass additive Kontrafakten bei mehreren Antwortmöglichkeiten spezifischer sind. Sie beziehen sich auf eine Reaktionsmöglichkeit, die zu Erfolg hätte führen können und deshalb in der Zukunft ausgeführt werden sollte. Der zweite und wahrscheinlich wichtigere Grund ist die Kreativität von additiven Kontrafakten. Diese Kreativität ist ein wesentlicher Aspekt der vorbereitenden Funktion, die Verbesserungen in der Zukunft herbeiführen kann (Roese und Olson, 1995b).

Subtraktive Strukturen

Subtraktive Kontrafakten lassen ein tatsächliches Antezedens weg, um eine alternative Realität zu konstruieren (Roese und Olson, 1995b). Subtraktive Kontrafakten machen das Ereignis ungeschehen, das zum erwünschten Ergebnis geführt hat (Roese, Hur und Pennington, 1999). Ein positives Ergebnis führt zu subtraktiven Strukturen (Roese und Olson, 1993a, b; Sanna und Turley, 1996). Subtraktive Kontrafakten sind auf die tatsächlichen Reaktionsmöglichkeiten beschränkt.

7.3 INTERNALE UND EXTERNALE KONTRAFAKTEN

Internale Kontrafakten stellen die eigenen Handlungen in den Mittelpunkt, externale Kontrafakten konzentrieren sich auf Handlungen anderer. Es konnte gezeigt werden, dass Personen mit hohem Selbstwertgefühl nach Misserfolg externale Kontrafakten generierten, und somit andere beschuldigten, bei Erfolg aber internale Kontrafakten generierten und sich so den Erfolg selbst zuschreiben (Roese und Olson, 1993a).

Die folgenden Beispielsätze lassen sich auf den drei beschriebenen Dimensionen unterscheiden:

Ein Student, der eine Prüfung nicht bestanden hat, kann sich folgende kontrafaktische Gedanken machen:

„Wenn ich mehr gelernt hätte, hätte ich die Prüfung sicherlich geschafft." (Additiv: Eine Bedingung wird hinzugefügt; aufwärtsgerichtet: die Alternative beschreibt eine bessere als die tatsächliche Situation; internal: die Alternative bezieht sich auf die eigenen Handlungsmöglichkeiten).

„Wenn die Prüfung nicht so schwierig gewesen wäre, hätte ich sie leicht geschafft." (Subtraktiv: Eine Bedingung wird weggelassen; aufwärtsgerichtet; external: die Alternative bezieht sich nicht auf Handlungsmöglichkeiten der Person).

Ein Student, der eine Prüfung bestanden hat:

„Wenn ich nicht so viel gelernt hätte, hätte ich die Prüfung nie geschafft." (Subtraktiv; abwärtsgerichtet: die Alternative beschreibt eine schlechtere als die momentane Situation; internal).

Additive und aufwärtsgerichtete Gedanken werden häufiger nach Misserfolg und bei wiederholbaren Ereignissen generiert. Sie könnten langfristig nützlich sein, weil sie am ehesten in Skripts für zukünftige Ereignisse umgewandelt werden können. Auch könnte Hoffnung dadurch entstehen, dass man sieht, wie es das nächste Mal besser gehen kann (Roese, 1994).

Menschen, die das gleiche negative Ereignis erlebt oder beobachtet haben, fühlen sich schlechter, wenn positive kontrafaktische Gedanken leichter verfügbar sind.

7.4 EINSCHRÄNKUNGEN UND BEDINGUNGEN KONTRAFAKTISCHER GEDANKEN

Kontrafaktischen Gedanken sind auch Grenzen gesetzt, es gibt bestimmte Einschränkungen und Bedingungen, von denen ihr Entstehen abhängt.

- **Naturgesetze**

Das implizite Wissen um Naturgesetze schränkt kontrafaktische Möglichkeiten ein. Gesetze der Schwerkraft oder der linearen Zeit werden nicht abgeändert, niemand macht einen Flugzeugabsturz ungeschehen, indem er sich denkt: "If only the plane had fallen up" (Seelau, et al., 1995).

7.4.1 VERFÜGBARKEIT

Nach der Normtheorie sind solche Ereignisse, zu denen es viele Alternativen gibt, am leichtesten veränderbar, es ist die Verfügbarkeit von Alternativen, die bestimmt, ob ein Ereignis abgeändert wird oder nicht. Seelau et al. (1995) gehen davon aus, dass die Leichtigkeit, mit der Alternativen generiert werden, nur ein Bestimmungsmerkmal der Verfügbarkeit ist. Ihr Konzept von Verfügbarkeit geht davon aus, dass es die Leichtigkeit der Veränderung der dem Endergebnis vorhergehenden Ereignisse ist, welche die Verfügbarkeit von Alternativen bestimmt.

Nicht die Alternativen zu den Ereignissen, sondern die Eigenschaften der Ereignisse selbst bestimmen die Verfügbarkeit. Die Ereignisse, die am ehesten verändert werden, sind jene, die leicht verfügbar sind, sei es aufgrund von Salienz[5], erst kürzlichem Auftreten oder Ähnlichkeit zu vorhergehenden Situationen.

---

5 *Salienz: Die Unterschiedlichkeit eines Stimulus in Relation zum Kontext (z.B. Ein Mann in einer Gruppe von Frauen; eine Gruppe von Leuten, einer davon steht im Mittelpunkt).*

7.4.2 ZWECK

Wie bereits im Kapitel „Ereignis-fundierte Emotionen/Wohlergehen-Emotionen", referiert, hängt unsere Lebenszufriedenheit mit einer Vielzahl von Vergleichskalkülen ab, z.B. von *sozialen Vergleichen*, bei denen wir unsere Lage mit derjenigen von anderen vergleichen, *zeitlichen Vergleichen*, bei denen wir die gegenwärtige mit früheren Situationen vergleichen, so wie von *Bereichsvergleichen*, bei denen wir einen Aspekt unseres Lebens mit einem anderen vergleichen (vgl. Brickman & Campbell, 1971).

Angesichts der scheinbaren Zweckgerichtetheit, die auf kontrollierter Zufälligkeit beruht, können die Philosophen mit Recht behaupten, dass der Mensch mit einem gewissen Maß an Phantasie ausgestattet ist. Phantasievollere Menschen können ausgefallenere Probleme lösen und dadurch neue Ressourcen für sich nutzen.

Es gibt verschiedene Gründe für Personen, kontrafaktische Gedanken zu generieren. Beispielsweise können Kausalzusammenhänge gesucht oder Schuldzuschreibungen gemacht werden. Die Intention, mit der Kontrafakten generiert werden, kann sowohl die Alternativen, die gefunden werden, als auch die Gedanken, die in sozialen Situationen geäußert werden, einschränken. Eine Person, die beispielsweise den Schuldigen für einen Unfall sucht, wird sich vorstellen, wie die Situation hätte besser ausgehen können. Kontrafakten, die ein schlechteres Ergebnis vor Augen führen, werden wohl kaum generiert, da dabei nicht festgestellt wird, wie oder durch wen das Ereignis hätte verhindert werden können. Jemand, der einen anderen tröstet, kann sich zwar bessere Alternativen vorstellen, wird diese aber kaum äußern. So werden je nach Zweck nur bestimmte Arten von Kontrafakten generiert bzw. zwar verschiedene Arten generiert, nicht aber geäußert.

Man kann davon ausgehen, dass diese drei Kategorien von Einschränkungen in unterschiedlichem Ausmaß automatisch (unbewusst) oder kontrolliert ablaufen.

Seelau et al. (1995) gehen davon aus, dass Einschränkungen durch Naturgesetze und Einschränkungen aufgrund der Verfügbarkeit relativ automatisch ablaufen, während Einschränkungen aufgrund des Zwecks ein kontrollierter und wohlüberlegter Prozess zugrunde liegt.

Vom Aspekt des Zwecks kann man annehmen, dass er in Laborexperimenten nicht zum Tragen kommt, weshalb dort eher die automatischen Prozesse von Naturgesetzen und Verfügbarkeit eine Rolle spielen.

Nur durch das Ungeschehenmachen tatsächlicher Lebensereignisse können diese kontrollierten Prozesse in Gang gebracht werden, die die automatischen Prozesse überlagern (Seelau et al., 1995).

7.4.3 ERGEBNISBEZOGENE BEDINGUNGEN

In der Normtheorie wird angenommen, dass die Verfügbarkeit kontrafaktischer Gedanken eine Funktion der Veränderbarkeit der Merkmale der vorhergehenden Situationen ist. Das Ausmaß, in dem Aspekte eines Ereignisses sich in eine erwartete Richtung ändern lassen, bestimmt, ob ein kontrafaktischer Gedanke entsteht. Dieser Mechanismus lässt aber motivationale Aspekte, die besonders bei aversiv erlebten Ereignissen von Bedeutung sind, völlig außer acht. So können Personen ein negatives Ereignis ungeschehen machen, auch wenn keine veränderbaren Merkmale der Antezedenzien vorhanden sind.

- **Erwartung**

Je unerwarteter ein Ereignis, desto leichter sind Kontrafakten verfügbar (Kahnemann und Miller, 1986; Markman, Gavanski, Sherman und McMullen, 1995; Sanna und Turley, 1996). Enttäuschte Erwartungen führen ganz allgemein zu mehr kognitiver Aktivität und im Besonderen zu verstärktem attributionalem Denken. Weil es viele Gemeinsamkeiten zwischen kontrafaktischem und attributionalem Denken gibt (Klauer und Migulla, 1995; Möller und Strauß, 1997) bzw. jede Attribution auf der Verwendung von kontrafaktischer Information aufbaut, indem gefragt wird, ob das Ereignis auch aufgetreten wäre, wenn der in Frage stehende Grund nicht vorhanden gewesen wäre (Lipe, 1991), ist anzunehmen, dass enttäuschte Erwartungen nicht nur zu verstärktem attributionalem Denken, sondern auch zu verstärktem kontrafaktischem Denken führen (Roese und Olson, 1995a).

- **Wertigkeit des Ergebnisses**

Im Vergleich zu positiven Ergebnissen rufen negative Ergebnisse mehr aktive und gerichtete Kognitionen hervor. Negative Ereignisse zeigen einen problematischen Zustand an, der möglichst schnell behoben werden muss, und signalisieren dem Organismus, dass die herrschenden Umweltbedingungen nicht bewältigt werden konnten. Verstärkte Bearbeitung nach einem negativen Ereignis, die ähnliche Situationen in der Zukunft vermeiden hilft, ist funktional für das Überleben des Organismus. Negative Ereignisse führen zu einer Einengung des Aufmerksamkeitsfokus, schnellerer Entscheidungsfindung, komplexerer und systematischerer Informationsverarbeitung und verstärktem attributionalem Denken. (Roese und Olson, 1995a). Es ist anzunehmen, dass Kontrafakten spontan als Reaktion auf negative Ereignisse generiert werden, nicht aber als spontane Reaktion auf positive Ereignisse. Dieser Effekt wird durch einen negativen Zustand vermittelt, negative Emotionen scheinen eine wichtige Grundvoraussetzung für kontrafaktische Gedanken darzustellen (Roese und Hur, 1997). Es ist allerdings auch möglich, dass die Unerwartetheit eines Ereignisses diesen Effekt der Wertigkeit überspielt, und Kontrafakten unabhängig davon generiert werden, ob das Ereignis positiv oder negativ bewertet wird.

Allgemein sollten aber negative Ereignisse die Verfügbarkeit von Kontrafakten erhöhen. Weil negative Ereignisse aversiv erlebt werden, sollten Personen motiviert sein, sie zu vermeiden. Falls dies nicht direkt möglich ist, könnte es zumindest in der Vorstellung geschehen, indem das Ereignis mental ungeschehen gemacht wird. Positive Ergebnisse führen zu keiner solchen Motivation (Roese und Olson, 1995a). Ein weiterer möglicher Grund dafür, dass negative Ereignisse eher Kontrafakten hervorrufen, könnte sein, dass Personen eher positive oder neutrale Ereignisse erwarten und negative Ereignisse ihren Erwartungen widersprechen (Wells et al., 1987).

- **Nähe**

Die wahrgenommene Nähe eines Ereignisses zu einem erwünschteren alternativen Ereignis ist ein weiterer Faktor, der die Verfügbarkeit kontrafaktischer Gedanken mitbestimmt. Es scheint ein Ausmaß von Nähe zu geben, von dem es abhängt, ob ein tatsächliches Ereignis mit einem erwünschteren verglichen wird (Roese und Olson, 1995a). So macht sich eine Person, die einen Zug um fünf Minuten versäumt hat, mehr Gedanken darüber, wie sie es hätte schaffen können (*„Wäre ich doch nur etwas früher aufgestanden!"*, als eine Person, die eine halbe Stunde zu spät zum Bahnhof kommt). Ein Ereignis, dass nahe an ein Ziel herankommt, es aber nicht erreicht, ruft den Eindruck, dass etwas beinahe passiert wäre, hervor. Ein Unglück, dem man nur knapp entgangen ist, führt deshalb zu Gefühlen der Erleichterung darüber, dass nichts geschehen ist. Kahnemann und Varey (1990) sprechen hier von *„close counterfactuals"*. Solche kontrafaktischen Gedanken beinhalten oft keine möglichen alternativen Welten, sondern beschreiben lediglich einen Zustand (*„Der Bergsteiger wäre beinahe abgestürzt!"*) (Kahnemann und Varey, 1990).

In einer Untersuchung zur Zufriedenheit von Athleten mit ihren Ergebnissen bei Olympischen Spielen zeigte sich, dass die Nähe einer möglichen besseren oder schlechteren Alternative die Zufriedenheit mit dem Medaillen-Rang beeinflusste. Bronzemedaillen-Gewinner waren glücklicher über ihr Ergebnis als die Silbermedaillen-Gewinner. Während die Bronzemedaillen-Gewinner beinahe leer ausgegangen wären, hätten die Silbermedaille-Gewinner beinahe Gold gewonnen (Medvec, Madey und Gilovich, 1995).

Die Nähe eines besseren oder schlechteren Ausgangs beeinflusst die Zufriedenheit mit dem Ergebnis dadurch, dass bei einem Ereignis, das beinahe schlechter ausgegangen wäre, ein abwärtsgerichteter kontrafaktischer Gedanke entsteht, der zu einer Besserung der Stimmung führt, und dass bei einem Ereignis, das beinahe besser ausgegangen wäre, ein aufwärtsgerichteter kontrafaktischer Gedanke entsteht, der zu einer schlechten Stimmung führt (Medvec und Savitsky, 1997).

Auch Galinsky, Moskowitz und Skurnik (2000) gehen davon aus, dass die wahrgenommene Nähe von alternativen Ausgängen eines Ereignisses kontrafaktische Gedanken und die Reaktionen darauf beeinflusst.

- **Involviertheit (Betroffenheit)**

In dem Ausmaß, in dem Personen sich von einem Ereignis persönlich betroffen fühlen, neigen sie dazu, größere kognitive Aktivität für die Verarbeitung von Informationen, die für dieses Ereignis relevant sind, aufzubringen. So wird auch die Verfügbarkeit von kontrafaktischen Gedanken durch persönliche Betroffenheit erhöht. Negative Ereignisse fördern im Gegensatz zu positiven Ereignissen kontrafaktische Gedanken, dieser Effekt könnte dann stark sein, wenn die Person in dieses Ereignis besonders involviert ist (Roese und Olson, 1995a).

7.4.4 ANTEZEDENS-BEZOGENE BEDINGUNGEN

- **Außergewöhnliche versus Routine-Antezedenzien**

Außergewöhnliche Elemente sind leichter veränderbar als normale und sie rufen kontrastierende normale Alternativen hervor (Kahnemann und Miller, 1986). Auch Gavanski und Wells (1989) gehen davon aus, dass außergewöhnliche Ereignisse leichter abgeändert werden, nicht aber, dass diese zwangsläufig in Richtung mehr Außergewöhnlichkeit abgeändert werden. Ausnahmen können leichter als normale Ereignisse abgeändert werden, weil es für sie viele alternative Möglichkeiten gibt, sowohl in Richtung mehr Normalität als auch in Richtung mehr Außergewöhnlichkeit, für normale Ereignisse gibt es aber nur die Möglichkeit der Alternativen in Richtung mehr Außergewöhnlichkeit, weshalb sie seltener verwendet werden (Gavanski und Wells, 1989).

In einer Untersuchung von Davis, Lehman, Wortman, Silver und Thompson (1995) über traumatische Lebensereignisse konnte dieser Effekt allerdings nicht gefunden werden, es wurden meist normale und nicht außergewöhnliche Ereignisse abgeändert.

Davis et al. (1995) gehen davon aus, dass das Ungeschehenmachen von Ereignissen ein Prozess ist, der teilweise von psychischer Belastung verursacht wird. Je stärker eine Person belastet ist, desto eher neigt sie dazu, ein Ereignis ungeschehen zu machen. Diese anfängliche Belastung könnte die Rolle bestimmter Faktoren, die die Veränderbarkeit laut anderer Untersuchungen (mit hypothetischen Szenarien) beeinflussen, überschatten (Davis et al., 1995).

- **Handlungen versus Handlungsunterlassungen**

Handelnden Personen werden allgemein stärkere Motive und Anstrengungen zugeschrieben, als Personen, die eine Handlung unterlassen (Spranca, Minsk und Baron, 1991). Es wird angenommen, dass es einfacher ist, kontrafaktische Alternativen zu einer tatsächlichen Handlung zu generieren, indem man sich vorstellt, wie man etwas nicht gemacht hätte, als sich vorzustellen, dass man eine unterlassene Handlung vollzogen hätte. Aus diesem Grund werden Handlungen auch leichter geändert als Handlungsunterlassungen. Dieser Effekt kann mit Erwartungen in typischen sozialen Situationen erklärt werden, in denen Handlungen als außergewöhnlich (und somit leichter veränderbar) gelten und Handlungsunterlassungen die Norm darstellen (Kahnemann und Miller, 1986; Miller et al., 1990, Ritov und Baron, 1992). Diesen Annahmen widersprechen allerdings N'gbala und Branscombe (1997), ihre Untersuchungsteilnehmer, die anhand von hypothetischen Szenarien Kontrafakten generierten, änderten sowohl Handlungen als auch Handlungsunterlassungen. Auch waren in einer Untersuchung zu traumatischen Lebensereignissen von Davis et al. (1995) Handlungsunterlassungen eher Inhalt der kontrafaktischen Gedanken als Handlungen.

- **Kontrollierbare versus unkontrollierbare Antezedenzien**

Personen generieren mehr Kontrafakten, die sich auf Aspekte beziehen, die sie kontrollieren können (Markman et al., 1995). Kontrollierbare Antezedenzien sind leichter veränderbar als unkontrollierbare, Personen verändern eher Elemente, die sie direkt kontrollieren, verändern oder manipulieren können (Mc Cloy und Byrne, 2000). In einer Reihe von Ereignissen werden am ehesten die kontrollierbaren geändert, unabhängig davon, welche Reihenposition sie einnehmen (Girotto, Legrenzi und Rizzo, 1991). Eine wichtige Funktion kontrafaktischer Gedanken ist die Wahrnehmung eines Gefühls von Kontrolle über die Umwelt, indem die Wiederholung negativer Ereignisse vermieden wird. So ist es sinnvoll, wenn man sich nur auf die kontrollierbaren Aspekte bezieht, weil diese Aspekte von der Person auch geändert werden können (Roese und Olson, 1995a).

- **Dynamische versus statische Antezedenzien**

Dynamische Aspekte der Realität lassen sich leichter verändern als statische. Einem Ereignis vorausgehende Elemente, die gewissen Schwankungen unterliegen oder Variationen aufweisen, werden leichter abgeändert als gleich bleibende Elemente. Dynamische Faktoren werden eher als mit einem Ergebnis in Verbindung stehend angesehen und deshalb mehr dafür verantwortlich gemacht als statische Faktoren. Faktoren, die sich in der realen Welt leicht verändern, werden auch in mentalen Repräsentationen leichter abgeändert. So ist auch ein instabiler Faktor wie Erfolg leichter änderbar als der stabilere Faktor Fähigkeit. Möglich ist auch, dass eine höhere Salienz die Ursache für die verschiedenen Auswirkungen von dynamischen und statischen Elementen ist. Prozesse, die in Bewegung sind, könnten mehr Aufmerksamkeit auf sich ziehen als Elemente, die statisch sind (Roese und Olson, 1995a).

- **Reihenposition**

Sehr häufig kommt ein Ereignis durch eine Vielzahl von Elementen zustande, die in einer bestimmten Reihenfolge auftreten. Wenn die verschiedenen Ereignisse in einem kausalen Zusammenhang stehen, so sind frühere Ereignisse leichter veränderbar als spätere.

Die nachfolgenden Ereignisse erscheinen dann als unveränderbar, weil das erste Ereignis als notwendige Vorbedingung für die späteren Ereignisse angenommen wird (Wells et al., 1987). Dieser Sachverhalt wurde bereits im Kapitel 6 „Kontrafaktisches Denken“ unter dem Abschnitt „Hindsight Bias“ diskutiert. Spätere Ereignisse in einer Ereignisabfolge werden dann eher geändert, wenn es sich um voneinander unabhängige Elemente handelt, die nur durch die zeitliche Reihenfolge miteinander verbunden sind (Miller und Gunasegaram, 1990). Dieser Effekt könnte durch die größere Salienz der späteren Ereignisse zustande kommen (Byrne, Segura, Culhane, Tasso und Berrocal, 2000). Der Einfluss der Reihenposition auf die Veränderbarkeit scheint weniger stark als der Einfluss der anderen Faktoren zu sein. Zu Auswirkungen der Position eines Ereignisses kommt es auch nur, wenn zwischen den verschiedenen Elementen eine gewisse Gleichwertigkeit besteht. Wenn sich diese Elemente auf anderen Dimensionen, die Unterschiede in der Veränderbarkeit bewirken, unterscheiden, so kommt es zu keinen Positionseffekten. So sind kontrollierbare Ereignisse leichter veränderbar als unkontrollierbare, und außergewöhnliche Ereignisse leichter zu ändern als gewöhnliche, unabhängig davon, welche Position sie in einer Reihe von Ereignissen einnehmen (Roese und Olson, 1995a).

- **Ursache versus Wirkung**

Ursachen werden eher geändert als ihre Folgen (Byrne und McEleney, 2000). In dem Ausmaß, in dem Ereignisse als durch ein vorhergehendes Ereignis verursacht angesehen werden, werden diese als veränderbar wahrgenommen, weil das vorhergehende Ereignis die möglichen Alternativen einschränkt (Wells et al., 1987). So lässt sich auch erklären, warum frühere Ereignisse in einer kausal zusammenhängenden Ereigniskette eher geändert werden als spätere. Ganz allgemein werden Ereignisse, die als ursächlich für das Endergebnis angenommen werden, leichter verändert, als Ergebnisse, die in keinem kausalen Zusammenhang stehen (Bouts, Spears und van der Pligt, 1992; Klauer, Jacobson und Migulla, 1995).

7.5 INDIVIDUELLE UNTERSCHIEDE IM KONTRAFAKTISCHEN DENKEN

Die Frage nach der Rolle, die die Persönlichkeit beim kontrafaktischen Denken spielt, wurde erst in den letzten Jahren vermehrt gestellt. Die individuellen Unterschiede können sich auf zwei verschiedene Aspekte beziehen: Zum einen kann es Personen geben, die mehr und häufiger als andere kontrafaktisch denken (Neigung zu Kontrafakten), zum anderen können sich Personen darin unterscheiden, welche Kategorien kontrafaktischer Gedanken sie bevorzugen (Kasimatis und Wells, 1995). Zahlreiche Persönlichkeitskonstrukte scheinen eine wichtige Rolle im Zusammenhang mit kontrafaktischem Denken zu spielen. Bezüglich der Neigung zu kontrafaktischem Denken gibt es widersprüchliche Ergebnisse.

Bestätigung gibt es für folgende Zusammenhänge:
Personen mit hohem Selbstwertgefühl generieren weniger Kontrafakten nach Misserfolg, was darauf hindeutet, dass solche Personen sich kaum mit Misserfolg auseinandersetzen, weil sie ihn selten erleben und deshalb leicht verschmerzen können (Köller und Möller, 1995). In Leistungssituationen generierten Optimisten mehr Kontrafakten als Pessimisten (Sanna, 1996). Personen mit hohem Selbstwertgefühl neigen eher zu kontrafaktischem Denken als Personen mit niedrigem Selbstwertgefühl (Eck und Kite, 1997).

Folgende Zusammenhänge konnten nicht bestätigt werden:
Personen mit starkem Bedürfnis nach Kontrolle, Personen mit starkem Bedürfnis nach Kognitionen, neurotische Personen und Personen, die in der Vergangenheit verhaftet sind, generierten wider Erwarten nicht mehr kontrafaktische Gedanken als andere; Personen, die an eine gerechte Welt glauben, generierten nicht weniger Kontrafakten als andere. (Kasimatis und Wells, 1995). Personen mit internalem Locus of Control generierten nicht mehr Kontrafakten als andere (Eck und Kite, 1997).

Der Zusammenhang von Persönlichkeitsmerkmalen und bestimmten Kategorien kontrafaktischer Gedanken konnte vielfach bestätigt werden: Optimistische Personen generieren vermehrt abwärtsgerichtete Kontrafakten (Kasimatis und Wells, 1995). Personen mit hohem Selbstwertgefühl generierten nach Misserfolg oder in negativer Stimmung häufiger abwärtsgerichtete Kontrafakten, es wird angenommen, dass dies gezielt geschieht, um die Stimmung zu verbessern (Kasimatis und Wells, 1995, Sanna et al., 1998, 1999, Sanna und Meier, 2000). Personen mit einem internalen Locus of Control generierten mehr abwärtsgerichtete Kontrafakten (Kasimatis und Wells, 1995; Fiechtner, 2000). Personen, die über einen starken Glauben an eine gerechte Welt verfügen, generierten mehr abwärtsgerichtete Kontrafakten (Kasimatis und Wells, 1995).

Emotionsfokussierte Copingstrategien wie Reinterpretation oder Akzeptanz stehen in einem negativen Zusammenhang mit aufwärtsgerichteten kontrafaktischen Gedanken (Kasimatis und Wells, 1995).

Leicht depressive Personen generierten eher Kontrafakten, in denen kontrollierbare Aspekte verändert werden (Markmann und Weary, 1996).

Personen, die wenig hoffnungslos sind, und Personen, die mit ihrem Leben zufrieden sind, generierten mehr abwärtsgerichtete Kontrafakten (Fiechtner, 2000).

Eine hohe Selbstwirksamkeit führt dazu, dass aufwärtsgerichtete Kontrafakten nicht mit negativem Affekt verbunden sind, weil die Person sich als fähig erlebt, das Vorgestellte zu erreichen (Sanna, 1997).

7.6 ÜBERBLICK ÜBER AKTUELLE FORSCHUNGSERGEBNISSE

Als erstes haben sich Roese und Olson (1993a) mit der Frage nach dem Zusammenhang von Persönlichkeitsmerkmalen und kontrafaktischem Denken beschäftigt. Sie untersuchten die Beziehung zwischen Selbstwert und Kontrafakten. Sie kommen dabei zu dem Ergebnis, dass Personen mit hohem Selbstwert ihre eigenen Handlungen eher nach Erfolg ändern und nach Misserfolg eher die Handlungen anderer. Personen mit niedrigem Selbstwert ändern ihre eigenen Handlungen eher nach Misserfolg und die Handlungen anderer nach Erfolg. So sehen Personen mit hohem Selbstwert ihre Handlungen als ursächlich für Erfolg, nicht aber als ursächlich für Misserfolg. Bei Personen mit niedrigem Selbstwert verhält es sich genau umgekehrt: Sie machen andere für ihren Erfolg verantwortlich und sich selbst für ihren Misserfolg.

Kasimatis und Wells (1995), Kasimatis und Sterling (1994), Kasimatis (1994) und Wells und Kasimatis (1994) untersuchten verschiedene Persönlichkeitsmerkmale, von denen angenommen wird, dass sie einen Einfluss auf kontrafaktisches Denken ausüben. Die Fragestellungen und Ergebnisse dieser vier Untersuchungen sind von Kasimatis und Wells (1995) zusammengefasst worden. Es soll hier ein Überblick über die Annahmen und Ergebnisse dieser Untersuchungen gegeben werden.

Bezüglich des Selbstwerts wurde davon ausgegangen, dass bestimmte Formen kontrafaktischen Denkens als Reaktion auf negative Ereignisse selbstwerterhöhende Wirkung haben. Wenn man bedenkt, dass Individuen mit hohem Selbstwertgefühl mehr selbstwerterhöhende Strategien verwenden als Personen mit niedrigem Selbstwertgefühl, so erscheint es wahrscheinlich, dass Personen mit hohem Selbstwertgefühl auch mehr selbstwerterhöhende kontrafaktische Gedanken generieren.

Wenn man davon ausgeht, dass kontrafaktisches Denken problembezogene Funktionen wie Planung und Vorbereitung für die Zukunft, das Finden von Sinn in einem Ereignis und das Wiedergewinnen eines Gefühls der Kontrolle nach einem negativen Ereignis hat, dann könnte man annehmen, dass Personen, die besonders motiviert sind, Kontrolle über ein Ereignis erlangen und einen Sinn darin zu sehen, mehr dazu zu neigen, Kontrafakten zu generieren als andere. Es erscheint wahrscheinlich, dass Personen, die ein starkes Bedürfnis nach Kontrolle haben, vergangene Situationen vermehrt geistig wiederholen, um in der Zukunft über mehr Kontrolle zu verfügen. Eine ähnliche Motivation, die Auswirkungen haben könnte, ist das Bedürfnis nach Kognitionen, das sich auf die Neigung einer Person, sich mit komplexeren mentalen Aktivitäten zu beschäftigen und dies zu genießen, bezieht. Eine Person, die ein hohes Bedürfnis nach Kognitionen aufweist, sollte auch mehr Kontrafakten generieren.

Die Vorstellung, wie etwas hätte besser sein können, führt zu einem negativen Affekt, und die Vorstellung, wie etwas hätte schlechter ausgehen können, führt zu einem positiven Affekt. Folglich sollten Personen, die dazu neigen, alles in einem positiven Licht zu sehen, mehr abwärtsgerichtete Kontrafakten generieren als aufwärtsgerichtete. Optimisten sollten im Gegensatz zu Pessimisten mehr abwärtsgerichtete Kontrafakten generieren als aufwärtsgerichtete. Optimisten sollten im Gegensatz zu Pessimisten mehr abwärtsgerichtet und weniger aufwärtsgerichtet kontrafaktisch denken.

Die Neigung einer Person, kontrafaktische Gedanken zu generieren, könnte in Zusammenhang stehen mit bestimmten Copingstrategien, aufgrund der Funktion des kontrafaktischen Denkens vor allem mit problemfokussierten oder emotionsfokussierten. Es ist anzunehmen, dass Personen, die vor allem problemfokussierte Copingstrategien, wie aktives oder planendes Coping, anwenden, auch vermehrt aufwärtsgerichtete Kontrafakten generieren. Emotionsfokussiertes Coping (positive Reinterpretation oder Akzeptanz) sollte in positivem Zusammenhang stehen mit abwärtsgerichteten Kontrafakten.

Personen, die in der Vergangenheit verhaftet sind und immer über vergangene Geschehnisse nachsinnen, sollten mehr als andere dazu neigen, Kontrafakten zu generieren.

Aufwärtsgerichtete Kontrafakten werden in Zusammenhang gebracht mit erhöhten Gefühlen des Bedauerns. Es wurde auch vorgeschlagen, dass Personen, die in schlechter Stimmung sind, eher aufwärtsgerichtete Kontrafakten generieren als Personen in guter Stimmung. Personen, die sich häufig in einer negativen Affektlage befinden, wie Personen mit hohen Neurotizismuswerten, könnten mehr als andere aufwärtsgerichtete Kontrafakten entwickeln.

Manche Personen verfügen über einen starken Glauben daran, dass die Welt gerecht ist und somit jeder in dieser Welt bekommt, was er verdient. Wenn Personen, die über diesen Glauben verfügen ein Ereignis als gerecht und verdient empfinden, so sollten sie größere Schwierigkeiten haben, sich Alternativen zu diesem Ereignis vorzustellen. Auf der anderen Seite sollten Personen, die nur wenig Glauben an eine gerechte Welt haben, das Ereignis als weniger gerecht und verdient ansehen und leichter kontrafaktische Gedanken dazu generieren. Ein unerwarteter positiver Zusammenhang ergab sich zwischen dem Glauben an eine gerechte Welt und abwärtsgerichteten Kontrafakten. Personen, die über einen starken Glauben an eine gerechte Welt verfügten, zeigten eine stärkere Tendenz zu abwärtsgerichteten Kontrafakten als Personen, die weniger an eine gerechte Welt glaubten.

Zusätzlich wurde die Frage nach dem Einfluss intellektueller Fähigkeiten auf kontrafaktisches Denken gestellt. Man ging dabei davon aus, dass sich Personen nur deshalb im kontrafaktischen Denken unterscheiden, weil sie Differenzen im analytischen Denken aufweisen. In diesem Fall wären Unterschiede im Kontrafaktischen nicht auf die Persönlichkeit zurückzuführen, sondern auf unterschiedliche intellektuelle Fähigkeiten. Es gab zwar eine Tendenz, über einen längeren Zeitabstand hinweg eine ähnliche Anzahl von Kontrafakten zu generieren, allerdings bestand dabei kein Zusammenhang mit Persönlichkeitsmerkmalen. Es wurden aber Beziehungen zwischen Persönlichkeitsmerkmalen und der Neigung zu bestimmten Arten von Kontrafakten gefunden.

Die Anzahl von aufwärtsgerichteten Kontrafakten stand in einem negativen Zusammenhang mit Optimismuswerten. Die Anzahl von abwärtsgerichteten Kontrafakten korrelierte positiv mit Optimismuswerten. Optimistische Personen scheinen sich seltener vorzustellen, wie ein Ereignis hätte besser sein können, sondern häufiger daran zu denken, wie ein Ereignis hätte schlimmer ausgehen können.

Es gab eine negative Beziehung zwischen aufwärtsgerichteten, selbstrelevanten Kontrafakten und Werten auf der Selbstwert-Skala. Personen mit hohem Selbstwert stellten sich im Gegensatz zu Personen mit niedrigem Selbstwert kaum vor, wie ein Ereignis hätte besser sein können, egal ob sie Alternativen zu ihren eigenen Handlungen oder zu Handlungen anderer entwickelten.

Der Wunsch nach Kontrolle stand in keinem Zusammenhang mit der Neigung von Personen zu kontrafaktischem Denken, weder bezogen auf die Anzahl der Kontrafakten im allgmeinen noch auf die Richtung der Kontrafakten. Obwohl es zum Locus of Control keine spezifischen Vorhersagen gab, erschien er doch in Hinblick auf den Kontrollaspekt kontrafaktischen Denkens relevant. Es zeigte sich, dass Personen mit einem internalen Locus of Control eher zu abwärtsgerichteten Kontrafakten tendierten.

Die vorhergesagten individuellen Unterschiede im Bedürfnis nach Kognitionen, in bezug auf Grübeln und die meisten Copingstrategien konnten nicht bestätigt werden, es wurden keine Zusammenhänge gefunden. Auch bestand keine Beziehung zwischen der Neigung zu kontrafaktischem Denken und Neurotizismus. Der erwartete Zusammenhang ergab sich in bezug auf emotionsfokussierte Kontrafakten: Die Copingstrategien von Reinterpretation und Akzeptanz korrelierten negativ mit aufwärtsgerichteten Kontrafakten.

Es wurde festgestellt, dass weder die Fähigkeit zu kontrafaktischem Denken noch die Neigung dazu in einem Zusammenhang zu analytischer Denkfähigkeit steht. Die Ereignisse legen nahe, dass kontrafaktisches Denken etwas ist, wozu jeder fähig ist, manche neigen aber mehr dazu als andere.

„[...] everybody is capable of doing if asked but [...] some naturally prefer not to do it“ (Kasimatis und Wells, 1995, S. 93).

Die Resultate dieser verschiedenen Untersuchungen legen nahe, dass kontrafaktisches Denken eine affektive Funktion hat. Die hier gefundenen Ergebnisse zeigen, dass Optimisten, Personen mit hohem Selbstbewusstsein und Personen, die emotionsfokussierte Copingstrategien anwenden, mehr abwärtsgerichtete Kontrafakten generieren als Personen, die in diesen Bereichen niedrigere Werte haben, was für die vermutete affektive Funktion spricht.

Im Gegensatz dazu konnten keine Hinweise auf die problemlösende Funktion von Kontrafakten, wie Planung und Vorbereitung für die Zukunft oder Wiedererlangen subjektiver Kontrolle, gefunden werden.

Obwohl es wahrscheinlich ist, dass solche Funktionen bestehen, scheinen Personen sie in natürlichen Situationen nicht zu verwenden. Es konnte weder ein Zusammenhang zwischen kontrafaktischem Denken und Bedürfnis nach Kontrolle, noch zwischen kontrafaktischem Denken und aktiven und planenden Copingstrategien gefunden werden. Wenn Personen, die besonders motiviert sind, Kontrolle auszuüben und Probleme zu lösen, nicht eher als andere kontrafaktischem Denken nachgehen, so scheint es unwahrscheinlich eine spezifische vorbereitende und planende Funktion zu haben (Kasimatis und Wells, 1995).

Köller und Möller (1995) untersuchten, ob sich Schüler, die über unterschiedliche Selbstkonzepte der eigenen Begabung verfügen, auch bezüglich kontrafaktischer Gedanken nach Schulleistungen unterscheiden.

Die Schüler generierten – unabhängig vom Selbstkonzept – vor allem selbst- und nicht fremdbezogene kontrafaktische Gedanken, was zwar auf den ersten Blick gegen die Ergebnisse von Roese und Olson (1993a) spricht, sich aber dadurch erklären lässt, dass es sich bei Köller und Möller um Individualleistungen (und nicht um Gruppenleistungen wie bei Roese und Olson) handelte, bei denen grundsätzlich selbstbezogene Kontrafakten leichter verfügbar sind.

Generell ergab sich eine größere Anzahl von Kontrafakten bei Schülern mit niedrigerem fachspezifischen Selbstkonzept, was darauf hindeutet, dass Schüler mit einem hohen Selbstkonzept sich nur wenig mit Misserfolg auseinandersetzen, weil sie ihn auch selten erleben und deshalb leicht verschmerzen können. Bezogen auf Erfolgssituationen ergaben sich keine Unterschiede hinsichtlich der kontrafaktischen Gedanken.

Markman und Weary (1996) beschäftigten sich in ihrer Untersuchung mit der Frage, wie chronische und generalisierte Wahrnehmungen von Kontrollverlust kontrafaktisches Denken beeinflussen. Sie untersuchten Kontrafakten von Personen, die in einem Maß, das unterhalb des klinischen Bereichs lag, depressiv waren. Im Unterschied zu nicht-depressiven Personen sind solche Personen stärker an Informationen über mögliche Ursachen von Ergebnissen interessiert und reagieren stärker auf Rückmeldungen durch sozialen Vergleich und auf negative oder unerwartete Ereignisse. Diese Sensibilität für solche sozialen Informationen lassen sich durch die generalisierten Erwartungen von Kontrollverlust erklären. Markman und Weary nehmen an, dass Personen, die an subklinischer Depression leiden, eher Kontrafakten über kontrollierbare Ereignisse generieren, weil so eher das Gefühl der retrospektiven Kontrolle erhöht wird. Die Annahme, dass leicht depressive Personen mehr Kontrafakten generieren, in denen kontrollierbare Aspekte verändert werden, als nicht-depressive Personen, konnte bestätigt werden. Trotzdem passt dieses Ergebnis nicht mit der Tatsache zusammen, dass depressive Personen an Gefühlen von Kontrollverlust leiden.

Markman und Weary haben für diese Unstimmigkeit zwei Erklärungen: Zum einen wäre es möglich, dass leicht depressive Personen im Alltag keine Kontrafakten generieren, dies in der Untersuchungssituation auf die Aufforderung hin aber taten. Zum anderen könnten depressive Personen zwar das Gefühl von Kontrolle verspüren, in der konkreten Situation die passende Handlungsstrategien verlangt, aber versagen und so Rückschläge bezüglich der wahrgenommenen Kontrolle erleben.

In einer Untersuchung zu mentalen Simulationen vor und nach Leistungen zeigten sich unterschiedliche Anwendungen von Kontrafakten bei Optimisten und Pessimisten (Sanna, 1996). Während Pessimisten mehr aufwärtsgerichtete mentale Simulationen vor dem Leistungszeitpunkt generierten *(„prefactual thinking“)*, kam es bei Optimisten vermehrt zu abwärtsgerichteten Kontrafakten nach dem Leistungszeitpunkt. Die Leistungen waren auch besser, wenn jede Person die ihr eigene Form mentaler Simulationen generieren konnte.

„[the preferred strategy for defensive pessimists is to have anticipatory thoughts that focus on preparation for upcoming performance. In contrast, the preferred strategy for optimists is to engage in a positive reconstrual of performance after the fact“ (Sanna, 1996, S. 1033).

In Leistungssituationen scheinen also Optimisten eher kontrafaktisch zu denken als Pessimisten.

Eck und Kite (1997) haben den Einfluss von Locus of Control und Selbstwertgefühl auf die Anzahl von Kontrafakten untersucht. Beim Locus of Control gehen sie davon aus, dass ein internaler Locus of Control manchmal mit einem starken Bedürfnis nach Kontrolle einhergeht. Personen, die ein starkes Bedürfnis nach Kontrolle haben, nehmen an, dass das, was in ihrem Leben passiert, auf ihre eigenen Handlungen zurückzuführen ist. Im Gegensatz dazu sehen sich Personen mit externalem Locus of Control eher ihrer Umgebung oder anderen Personen ausgeliefert. Wenn Personen mit internalem Locus of Control sich selbst als bestimmend für Ereignisse erleben, wäre es auch möglich, dass sie sich mehr Gedanken über Ereignisse machen und sie eher in Frage stellen. Aus diesen Gründen wird angenommen, dass Personen mit internalem Locus of Control eher Kontrafakten generieren als Personen mit externalem Locus of Control.

Bezüglich des Selbstwertgefühls sollten die Ergebnisse der Untersuchung von Roese und Olson (1993a) repliziert werden. Personen mit hohem Selbstwert änderten eher ein Ereignis als Personen mit niedrigem Selbstwert. Im Gegensatz zu den Ergebnissen von Roese und Olson (1993a) änderten die Personen mit hohem Selbstwertgefühl sowohl ihre eigenen Handlungen als auch die Handlungen anderer bei einem negativen Ergebnis. Bezüglich des Locus of Control konnte kein Unterschied in der Neigung zu Kontrafakten bei Personen mit unterschiedlichen Locus of Control gefunden werden.

Sanna (1997) geht davon aus, dass Selbstwirksamkeit eine Vermittlerrolle zwischen kontrafaktischer Richtung und negativem Affekt spielt.

„*Whether a person believes that he or she can efficaciously attain or avoid particular simulated outcomes, therefore, appears to be an important moderator of reactions to upward and downward counterfactual thinking*" (Sanna, 1997, S. 656).

Personen mit hoher Selbstwirksamkeit, die aufwärtsgerichtete Kontrafakten generieren, erleben sich selbst als fähig, solch ein vorgestelltes Ereignis herbei-zuführen, und spüren deshalb keinen negativen Affekt. Im Gegensatz dazu erscheint einer Person mit geringer Selbstwirksamkeit eine vorgestellte, bessere Alternative unerreichbar, und wird deshalb einen negativen Affekt verspüren. Es besteht also keine direkte Verbindung von kontrafaktischer Richtung und Affekt, sondern sie wird durch die Höhe der Selbstwirksamkeit bestimmt.

Sanna et al. (1998) fanden in Untersuchungen heraus, dass die externale Attribution von Stimmmungslagen die Auswirkung von Selbstwertgefühl auf kontrafaktisches Denken beeinflusst. Wenn die Stimmung external attribuiert wurde, generierten Personen mit niedrigem Selbstwertgefühl mehr abwärtsgerichtete Kontrafakten, wenn sie fröhlich waren, und mehr aufwärtsgerichtete, wenn sie traurig waren. Personen mit hohem Selbstwertgefühl generierten zwar ebenfalls mehr abwärtsgerichtete Kontrafakten, wenn sie fröhlich waren, sie taten dies aber auch in schlechter Stimmung. Diese Strategie des Generierens von abwärtsgerichteten Kontrafakten bei Personen mit hohem Selbstwertgefühl führte zu einer Verbesserung der Stimmung, wenn eine externale Attributionsmöglichkeit fehlte. Wenn die Stimmung external attribuiert wurde, generierten Personen mit hohem Selbstwertgefühl dieselben Kontrafakten wie Personen mit niedrigem Selbstwertgefühl. Personen mit hohem Selbstwertgefühl fühlten sich besser, wenn sie abwärtsgerichtete Kontrafakten generiert hatten, sowohl, wenn sie die Stimmung external attribuierten, als auch, wenn sie nicht external attribuiert wurde. So scheinen Personen mit hohem Selbstwertgefühl die Wirkung abwärtsgerichteter Kontrafakten effektiv zu nutzen. Wenn einfache selbstwertdienliche Ursachenzuschreibungen nicht möglich sind, so verwenden sie die anspruchsvollere Strategie der abwärtsgerichteten Kontrafakten, um ihre Stimmung zu verbessern.

In einer Untersuchung zu Auswirkungen von Stimmung und Selbstwertgefühl auf kontrafaktische Gedanken kamen Sanna et al. (1999) in bezug auf das Selbstwertgefühl zu folgenden Ergebnissen:

Abwärtsgerichtete Kontrafakten scheinen die allgemeine Reaktion auf positive Stimmung zu sein, und sie könnten automatisch als eine Folge davon generiert werden. Dafür spricht, dass Personen mit hohem und solche mit niedrigem Selbstwertgefühl in ihren Reaktionen auf positive Ereignisse ähnlich sind. In negativer Stimmung generierten Personen mit niedrigem Selbstwertgefühl mehr aufwärtsgerichtete Kontrafakten. Nur Personen mit hohem Selbstwertgefühl generierten abwärtsgerichtete Kontrafakten, wenn sie in negativer Stimmung waren. Sie benötigten länger, wenn sie in schlechter Stimmung abwärtsgerichteten Kontrafakten zustimmten. Was darauf hindeutet, dass abwärtsgerichtete Kontrafakten als Strategie verwendet werden, um die Stimmung zu heben. Dieser Prozess ist sowohl kontrollierter als auch wirkungsvoll. Personen mit hohem Selbstwertgefühl fühlten sich nach der Generierung von abwärtsgerichteten Kontrafakten besser.

Fiechtner (2000) untersuchte das kontrafaktische Denken im Zusammenhang mit nachfolgenden Konstrukten: Locus of Control, Glaube an die gerechte Welt, Hoffnungslosigkeit, Selbstkonzept und Selbstwert, Lebenszufriedenheit. Bezüglich der Konstrukte Selbstwert und Glaube an eine gerechte Welt konnten keine Unterschiede nachgeweisen werden. Personen, die wenig hoffnungslos waren, generierten häufiger abwärts als hoffnungslose Personen. Personen, die sich als zufrieden mit ihrem Leben beschrieben, generierten (in einem der zwei Szenarien) häufiger abwärtsgerichtete Kontrafakten als Personen, die mit ihrem Leben in vielen Bereichen unzufrieden waren. Personen, die über eine internale Kontrollüberzeugung verfügten, generierten häufiger abwärtsgerichtete Kontrafakten als Personen mit externaler Kontrollüberzeugung.

In einer Untersuchung zu Unterschieden beim Gebrauch mentaler Simulationen von Personen mit hohem und Personen mit niedrigem Selbstwertgefühl kam es zu ähnlichen Ergebnissen wie in der Untersuchung über Optimisten und Pessimisten (Sanna, 1996). Personen mit hohem Selbstwertgefühl verwendeten nach Misserfolg eher abwärtsgerichtete Kontrafakten als Personen mit niedrigem Selbstwertgefühl. Selbstwerterhöhung scheint so durch einen Vergleich mit einer schlechteren Realität erreicht zu werden. Durch Schutz des Selbst vor potentiellen Bedrohungen können aber auch selbstwertdienliche Motive befriedigt werden. Ein solcher Selbstschutz kann durch aufwärtsgerichtete mentale Simulationen vor dem Leistungszeitpunkt gewährleistet werden.

Sanna et al. (2001) brachten verschiedene Arten der Selbstwerterhöhung in Verbindung mit bestimmten Arten von Kontrafakten. Das Wiederherstellen der Stimmung geschieht durch abwärtsgerichtete Kontrafakten nach Misserfolg, das Erhalten der Stimmung geschieht durch abwärtsgerichtete Kontrafakten nach Erfolg, und Schutz des Selbstwertes wird durch aufwärtsgerichtete Kontrafakten gewährleistet, wenn zukünftige Leistungen vorweggenommen werden. Personen mit hohem Selbstwertgefühl fühlten sich gut, wenn sie in einer wiederholbaren

Situation aufwärtsgerichteten Kontrafakten zustimmten, Personen mit niedrigem Selbstwertgefühl fühlten sich dabei schlecht. Sanna et al. nehmen an, dass Personen mit hohem Selbstwertgefühl sich zum Zweck der Selbtstwerterhöhung an die simulierte Alternative anpassen (positive Alternative führt zu positivem Affekt), während Personen mit niedrigem Selbstwertgefühl die positive Alternative als kontrastierend erleben zum Zweck des Selbstschutzes, was zu negativem Affekt führt.

8 ZUSAMMENFASSUNG UND ABSCHLIESSENDE BEMERKUNGEN

Allgemein ist der Bedürfnisbegriff in der Psychologie unscharf und wird häufig im Zusammenhang inhaltlich verwandter Begriffe (wie Instinkt, Trieb, Motivation, Interesse, Antrieb, Affekt) thematisch. In der Regel bleibt die historische Dynamik der Bedürfnisse wie auch der sinnverwandten psychologischen Begriffe unerschlossen. Wandelbarkeit im Sinne historischer Plastizität wurde besonders von den Instinktlehren, die unter dem Einfluss der frühen Motivationstheorie standen (McDougall), auf anlagenmäßige Gegebenheiten und eine Vielzahl menschliches Handeln anleitender Instinkte verkürzt. Sinngemäß meint die Psychologie mit Bedürfnis einen irgendwie gearteten Mangelzustand, der zur Herstellung von Ausgewogenheit dränge. Schon bei Freud sind Triebe wesentliche Stimuli menschlicher Tätigkeit; er unterscheidet sexuelle Triebe und „Ich"-Triebe, später führt er die Begriffe „erotische Triebe" und „Todestrieb" ein. Durch das gesellschaftliche Milieu werden Triebe häufig begrenzt, verboten oder zensiert.

In klassisch-behavioristischer Tradition, in verhaltenswissenschaftlicher und biologischer Deutung wird Bedürfnis als Mangelzustand eines Organismus angesehen, der als Störung des physiologisch-organismischen Gleichgewichts zu ausgleichenden (homöostatischen) Reaktionen führt, was aus sog. erlebenspsychologischer Sicht als Zustand des Begehrens bestimmte Handlungsketten auslöst.

Bedürfnis wird als Zeitdauer gefasst, in der das Individuum etwas, was es benötigt, nicht erhalten hat. Bei Irle ist dieses Verständnis (primärer, biologischer) Bedürfnisse aufgegriffen:

„Mangelzustände (Deprivationen) stimulieren den Organismus intern zu Verhaltensweisen, durch die diese Mangelzustände beseitigt werden können. Das Individuum führt instrumentelle Handlungen aus, welche die raumzeitliche Distanz zu diesen Stoffen minimieren, und es führt konsumatorische Handlungen aus, indem es sich diese Stoffe einverleibt" (Irle 1978, S. 124).

Lerntheoretisch wurden – entgegen den Instinktlehren – ausschließlich diese Bedürfnisse als angeborene und vererbte, präziser als arteigene, d.h in der stammesgeschichtlichen Entwicklung der Menschen erworbene, primäre Triebe („drives") angenommen (Hull). Sekundär sind nach Lewin (1926) die durch die Gesellschaft und Zivilisation vermittelten „Quasibedürfnisse", dieser von den „echten" unterscheidet.

In der experimentellen Psychologie, wie sie von Wundt ausging, liegen viele Untersuchungen zur Rolle subjektiver Bedürfnisspannungen vor. Ein klassisches Beipiel ist der Zusammenhang zwischen Hungergefühl und Wahrnehmung: Man lässt hungrige Versuchspersonen mehrdeutige Figuren oder mehrdeutige Situationen, die ihnen z.B. in Form einer Zeichnung vorgelegt werden beschreiben und stellt dann fest, dass die hungrigen Versuchspersonen im Gegensatz zur Kontrollgruppe der gesättigten Versuchspersonen wesentlich häufiger Nahrungsmittel oder Vorgänge im weiteren Umfeld der Nahrungsaufnahme deuten, also die Bedürfnisspannung „Hunger" signifikant die Wahrnehmung, d.h. die Interpretation der vorgezeigten Figuren oder Situationen steuert.

In Anlehung an eine humanistische und existenzphilosophische Auffassung wird im Menschenbild der Humanistischen Psychologie der Mensch nicht auf ein (Bedürfnis-)Wesen beschränkt, dem vornehmlich Mängelbeseitigung zwecks Selbsterhaltung und Bedürfnisbefriedigung anliegt; das Verständnis von Bedürfnis ist um Selbstverwirklichungstendenzen (Entfaltung menschlicher Fähigkeiten), um das Streben nach einem sinnerfüllten Dasein erweitert. Sinnorientierung als transzendierendes Bedürfnis ist dabei nicht voraussetzungslos, sondern man geht von der Grundannahme aus, dass der Mensch – bewusst oder unbewusst – die Suche nach der Sinnerfüllung seines Lebens an kulturellen Werten der Umwelt orientiert (vgl. Bühler & Massarik, 1969).

Darin kündigt sich eine perspektivische Fassung des Bedürfnisbegriffs an: Im Bedürfnis ist nicht nur der Mangel verwaltet, es bescheidet sich nicht nur innerhalb der Schranken vorgefundener Möglichkeiten mit bloßer Reaktion, sondern trägt auch aktive und dynamische Züge.

Die Aktivierungsforschung lässt die Bedürfnisdefinition in der Einschränkung auf Bedürftigkeit und Mangel als fragwürdig erscheinen; neurophysiologische Forschungsergebnisse sind zu berücksichtigen, die für die Annahme sprechen, dass das Gehirn darauf angelegt ist, Aktivität zu entwickeln. Gegenüber der Vorstellung von einem aktivitätserzwingenden Mangelzustand ist von einem ständig vorhandenen Bedürfnis nach Aktivität auszugehen.

Die kritische Psychologie argumentiert mit einer aktiven, für sie aber vor allem prospektiven Dimension im Bedürfnisbegriff. Produktive Bedürfnisse sind als Prozess verstanden, der sich auf Erneuerung richtet: Rational eingesehene, objektive gesellschaftliche Notwendigkeiten – Erweiterung der Kontrolle über individuelle und gesellschaftliche Lebensbedingungen sowie Intensivierung der sozialen Beziehungen – sind in diesem Bedürfnisbegriff als Ziel gesetzt.

Damit dieses Bedürfnis je individuell handlungsanleitend und in tatsächlichem Handeln auch realisiert wird, muss es auch emotional positiv besetzt werden (vgl. Holzkamp-Osterkamp, 1976). Abzuklären bleibt, wie sich dieses produktive Bedürfnis gegen alle ideologischen Blockierungen, Manipulationen und Bedürfnisfunktionalisierungen bewusstseinsmäßig und handlungsstiftend durchsetzt.

In der Psychologie sind der Tendenz nach die Begriffe Bedürfnis und Mangel verquickt. In Ansätzen wird die theoretische und praktische Ambivalenz von Bedürfnissen mitgedacht, nämlich auch konstruktiv und kreativ über das Missliche am Gegenwärtigen hinausweisen zu können und nicht bloß ausgleichend nach Maßgabe bestehender, gesellschaftlich legitimierter Möglichkeiten darauf zu reagieren.

Jervis (1978) verweist in diesem Zusammenhang auf die „fundamentale Zweideutigkeit" des Bedürfnisbegriffs, die auch bei Marx schon existiert habe:

„Einerseits ist Bedürfnis Mangel, Armut, weshalb man richtigerweise von Freiheit von Bedürfnis spricht; andererseits ist es Erwartung, Projekt, Bewusstsein, Reife und Reichtum an Zielen, deswegen spricht Marx von einem Menschen reich an Bedürfnissen, in der Perspektive einer zukünftigen Gesellschaft" (Jervis, 1978, S. 15).

Bei Heller (1976) wird im Anschluß an eine Analyse des Marxschen Bedürfnisbegriffs diese emanzipatorische Dimension von Bedürfnissen diskutiert: Motive einer die gegebene Gesellschaft transzendierenden Praxis beruhen, wie die Autorin argumentiert, in der Existenz „radikaler Bedürfnisse" (Marx), die zwar als inhärente Momente der kapitalistischen Bedürfnisstruktur doch nicht im Rahmen dieser gesellschaftlichen Verhältnisse zu befriedigen sind; die kapitalistische Entfremdung selbst bringe die radikalen Bedürfnisse hervor, und zwar im Bewusstsein der Entfremdung. Gegenüber einseitigen Mangelkonzeptionen und theoretischen Ansätzen, welche die gesellschaftliche Vermitteltheit übergreifender (radikaler) Bedürfnisse verkennen, ist an einem theoretisch erweiterten, dynamischen und perspektivischen Bedürfnisbegriff festzuhalten. Er mag eine Analyse anleiten, die in praktischer Absicht alltäglichen Initiationsmomenten nachgeht, aus denen sich Widerstand gegen Bedürfnisrepression nährt und die als Keimformen qualitativ neuer Bedürfnisse zu befriedigen sind.

Die deutschsprachige Psychologie fasst Charakter als *„das Gesamtgefüge der die individuelle Besonderheit eines Menschen kennzeichnenden Eigenschaften"* (Dorsch, 1987, S. 111). Eigenschaften werden dabei als relativ statische, überdauernde und objektiv messbare Dispositionen der Person betrachtet. Als alltagspsychologischer Begriff wird Charakter sowohl deskriptiv als auch normativ („der hat Charakter") verwendet; der Diskurs vom menschlichen Charakter stellt die Schnittstelle zwischen individuellen Haltungen und gesellschaftlich/staatlichen Anforderungen an die Subjekte dar.

Marx unterscheidet das Vorstellen vom Denken. Strenggenommen ist Denken praktisches Vorstellen und Vorstellen theoretisches Denken. Denken ist dasselbe, was schon Hume, Hegel und Freud mit innerer Erfahrung meinen.

Becker (1993) ist der Meinung, dass die Beweisführung der ökonomischen Theorie auf eine weitere und stärkere Verteidigung ökonomischer Rationalität hinausläuft. Becker (1993) glaubt, dass sie tatsächlich eine wichtige Verteidigung der Theoreme der modernen Ökonomie bietet, obwohl selbstverständlich eine letztendlich gültige Verteidigung nur empirisch erfolgen kann und hier kein neues empirisches Material eingebracht wird.

Erfolg und Misserfolg haben starke Auswirkungen auf das Selbstwertgefühl, weil sie die Erwartungen, ob man akzeptiert oder abgelehnt wird, beeinflussen. Die Forschung zum kontrafaktischen Denken hat sich seit Mitte der 90er Jahre verstärkt mit individuellen Unterschieden bezüglich kontrafaktischer Gedanken beschäftigt. Allerdings sind die Ergebnisse oft widersprüchlich und haben sich meist auf Leistungssituationen bezogen, was eine Verallgemeinerung schwierig macht.

Laut Roese und Olson (1995a) wird zwischen zwei Stufen der kontrafaktischen Konstruktion unterschieden: kontrafaktische Verfügbarkeit und semantischer Inhalt.

Unter kontrafaktischer Verfügbarkeit wird die bloße Überlegung, dass das tatsächliche Ereignis nicht geschehen hätte können verstanden. Der semantische Inhalt bezeichnet die Mittel, mit denen ein alternatives Ereignis herbeigeführt hätte werden können.

So ist als erstes entscheidend, ob überhaupt kontrafaktische Gedanken generiert werden, und erst in zweiter Linie, welche Veränderungen zu einem alternativen Ereignis hätten führen können. Ergebnisbezogene Faktoren stellen also den Antrieb für kontrafaktisches Denken dar. In der Folge wird die Existenz eines außergewöhnlichen Antezedens als eine Möglichkeit, wie das Endergebnis vermieden hätte werden können, verstanden.

Situative Selbstwahrnehmung und Selbstbewertungen können über Bereiche und die Zeit hinweg zu stabilen Selbstkonzepten und Selbstwertgefühlen generalisiert werden. Als Bezugsnormen für die Selbstbewertung können der soziale und der individuelle Vergleich dienen. Beim sozialen Vergleich stellen andere Personen die Bezugsnorm dar, beim individuellen Vergleich stellen eigene Wünsche, Ziele, Vorsätze usw. die Bezugsnorm dar (Haußer, 1995).

„Wird das Ziel der Verbesserung angestrebt, ist der Vergleich mit Personen, die bessere Leistungen zeigen (aufwärtsgerichtete Kontrafakten) sinnvoll. Nimmt eine Person an, eine leistungsbessere Person habe die gleiche Grundfähigkeit, können diejenigen relevanten Attribute gesucht werden, die für den Leistungsunterschied relevant sind (z.B. Training) und gezielt verbessert werden. Insofern kann also „der Vergleich nach oben" im Dienste des Motivs nach Selbstwerterhöhung stehen" (Frey, Dauenheimer, Parge und Haisch, 1993).

Solch ein sozialer Vergleich dient als Rückmeldung, die zum einen motivationalen Charakter hat, indem sie das Individuum zu besseren Leistungen anspornt, zum anderen besitzt diese Rückmeldung auch informativen Charakter, weil sie Informationen darüber liefert, wie das angestrebte Ziel erreicht werden kann (Frey, et al., 1993).

So wird angenommen, dass es nach einer Bedrohung zu abwärtsgerichtetem sozialen Vergleich kommt, der einer Person vor Augen führt, der es schlechter geht, was zu einer Verbesserung der eigenen Stimmung führt (Gibbson und Mc-Coy, 1991).

Der abwärtsgerichtete soziale Vergleich dient der Selbstwerterhöhung, weil das Vergleichsobjekt eine Person ist, der es schlechter geht. Abwärtsgerichteter Vergleich scheint Selbstwertgefühl und positive Emotionen zu verstärken und Angst zu verringern.

Vom aufwärtsgerichteten sozialen Vergleich wird generell angenommen, dass er zu einer Verschlechterung der Stimmung führt. Aber unter Bedingungen, in denen Selbstbeurteilung und eine Verbesserung angestrebt werden, vergleichen sich Individuen eher mit Personen, denen es etwas besser geht als ihnen.

Buunk, Collins, Taylor, VanYperen und Dakof (1990) gehen allerdings davon aus, dass es keinen direkten Zusammenhang zwischen der Richtung des Vergleichs und dem daraus resultierenden Affekt gibt.

Auch Aspinwall und Taylor (1993) sind der Meinung, dass der Affekt nicht automatisch durch die Richtung des sozialen Vergleichs bestimmt wird.

So kann aufwärtsgerichteter Vergleich auch inspirierend sein, wenn der Bereich des Vergleichs kontrollierbar erscheint.

Abwärtsgerichteter sozialer Vergleich kann auch zu negativem Affekt führen, eine Vermittlerrolle scheint die Stimmung einzunehmen (Aspinwall und Taylor, 1993).

Ursprünglich entstammt der Begriff der Kontrollüberzeugungen der sozialen Lerntheorie von Rotter.

Rotter (1966) ist der Meinung, dass die Wahrscheinlichkeit für ein bestimmtes Verhalten in einer gegebenen Situation sowohl vom subjektiven Wert der möglichen Verstärker als auch von der subjektiven Erwartung der Person abhängt, ob in der gegebenen Situation der Verstärker durch das in Frage kommende Verhalten erreicht wird.

Je nachdem, ob sich die Person in einer bekannten oder neuartigen Situation befindet, kommen situationsspezifische oder generalisierte Erwartungen zum Tragen.

Handelt es sich um bekannte Situationen, so sind situationsspezifische Erwartungen vorherrschend. In neuartigen Situationen dominieren hingegen generalisierte Erwartungen (Krampen, 1982, 1995; Aschauer, 2001).

Es wird angenommen, dass Individuen in der Interaktion mit ihrer Umwelt Erfahrungen darüber machen, ob es zum Auftreten von Verstärkern und Ereignissen als Konsequenz eigener Handlungen oder Charakteristika kommt.

Verhalten und Erleben wird hier wie in anderen Erwartungs-Wert-Modellen verstanden als Funktion von subjektiven Verstärker- bzw. Zielbewertungen und subjektiven Erwartungen darüber, ob eine Handlung zum Erreichen bestimmter Verstärker bzw. Ziele führt (Krampen, 1995).

Kontrollüberzeugungen und kontrafaktisches Denken könnten in einem Zusammenhang stehen, weil dem kontrafaktischen Denken die Funktion, subjektiv wahrgenommene Kontrolle zu erhöhen, zugeschrieben wird.

Literaturverzeichnis

Abel, G. (1993). Interpretationswelten. Frankfurt/M.
Abramson L. Y., Seligman, M. E. P. & Teasdale, J. D. (1978). Learned helplessness in humans: Critique and reformulation. Journal or abnormal Psychology, 87, 49-73.
Adler, A. (1920). Praxis und Theorie der Individualpsychologie. Wien.
Adorno, T. W. (1966). Negative Dialektik. Frankfurt/M.
Adorno, T. W. (1972). Soziologische Exkurse. Frankfurt/M.
Adorno, T. W.; Dahrendorf, R.; Pilot, H.; Albert, J.; Habermas, J. & Popper, K. R. (1976). Der Positivismusstreit in der deutschen Soziologie. Darmstadt/ Neuwied.
Adorno, T. W. (1977). Negative Dialektik. Ges. Schriften, Bd. 6. Franfurt/M.
Aichbauer, J. (2002). Zum Einfluss von Selbstkonzepten und Kontrollüberzeugungen auf kontrafaktisches Denken bei Strafgefangenen. Diplomarbeit, Innsbruck.
Ajzon, I. & Fischbein, M. (1977). Attitude-behavior relations: A theoretical analysis and review of empirical research. Psychological Bulletin, 84, 888-918.
Ajzon, I. (1988). Attitudes, personality and behavior. Milto-Keynes.
Albrecht, P.-A. & Backes, O. (Hg.). (1990). Verdeckte Gewalt, Plädoyers für eine „Innere Abrüstung". Frankfurt/M.
Anders, G. (1991). Die Antiquiertheit des Menschen. Bd. 2. München.
Anderson, J. R. (1995). Kognitive Psychologie. Heidelberg.
Anderson, J. R. & Bower, G. (1973). Human associative memory. Washington.
Apel, K. O. (1973). Transformation der Philosophie. Frankfurt/M., 220.
Arrow, K. J. (1951, 1963). Social Choice and Individual Values. New York.
Aschauer, A. (2001). Auswirkungen von Persönlichkeitstrainings auf Selbstkonzept und Kontrollüberzeugungen. Erhebung der Erwartungserfüllung, der Veränderung des Gefühlszustandes und der Handlungsstrategien. Unveröffentlichte Diplomarbeit, Innsbruck.
Asendorpf, J. B. & Osendorf, F. (1998). Is self-enhancement healthy? Conceptual, psychometric and empirical analysis. Journal of Personality and Social Psychology, 74, 955-966.
Asendorpf, J. B. (1999). Psychologie der Persönlichkeit (2. Auflage). Berlin, Heidelberg, Springer.
Aspinwall, L. G. & Taylor, S. E. (1993). Effects of social comparison direction, threat and self-esteem on affect, self-evaluation, and expected success. Journal of Personality and Social Psychology, 64, 708-722.
Atkinson, R. C. & Shiffrin, R. M. (1968). Human memory – A proposed system and its control processes. In: K. W. Spence & J. T. Spence (Hg.), The psychology of learning and motivation (89-195). New York.
Austin, J. L. (1970). A plea for excuses. In J. L. Austin, Philosophical papers (2nd ed., 175-204). London: Oxford University Press.

Averill, J. R. (1982). Anger and aggression: An essay on emotions. New York: Springer, 7.
Baddeley, A. (1990). Human memory. Hillsdale.
Baldwin, M. W. & Sinclair, L. (1996). Self-esteem and „If...then“ contingencies of interpersonal acceptance. Journal of Personality and Social Psychology, 71, 1130-1141.
Bandura, A. (1976). Lernen am Modell. Ansätze zu einer sozial-kognitiven Lerntheorie. Stuttgart.
Bartelborth, Th. (1996). Begründungsstrategien. Berlin.
Baron, R. A. (2000). Psychological perspectives on entrepreneurship: Cognitive and social factors in entrepreneurs' success. Current Directions in Psychological Science, 9, 15-18.
Barrett, K. C., Zahn-Waxler, C. & Cole, P. M. (1993). Avoiders vs. amenders: Implications for the investigation of guilt and shame during toddler-hood? Cognition and Emotion, 7, 481-505 (zit. nach Bischof-Köhler, 2000).
Bateson, G. (1985). Ökologie des Geistes. Frankfurt/M.
Baumeister, R. F. & Tice, D. M. (1985). Self-esteem and responses to success and failure: Subsequent performance and intrinsic motivation. Journal of Personality, 53, 450-467.
Baumeister, R. F.; Tice, D. M. & Hutton, D. G. (1989). Self-presentational motivations and personality difference in self-esteem. Journal of Personality, 57, 547-579.
Baumeister, R. F.; Smart, L. & Boden, J. M. (1996). Relation of threatened egotism to violence and aggression: The dark side of high-self-esteem. Psychological Review, 103, 5-33.
Baumeister, R. F.; Heatherton, T. F. & Tice, D. M. (1993). When ego threats lead to self-regulation failure: Negative consequences of high self-esteem. Journal of Personality and Social Psychology, 64, 141-156.
Beck, U. (1986). Risikogesellschaft. Frankfurt/M.
Becker, G. S. (1993). Der ökonomische Ansatz zur Erklärung menschlichen Verhaltens. Tübingen.
Bednar, R. & Peterson, S. R. (1995). Self-esteem: Paradoxes and innovations in clinical theory and practice (2nd edition). Ann Arbor: Edwards Brothers.
Beers, C. (1908). A Mind that Found Itself. New York.
Bem, D. J. (1967). Self-Perception: An alternative interpretation of cognitive dissonance phenomena. Psychological Revies, 74, 183-200.
Bengel, I. & Belz-Merk, M. (1997). Subjektive Gesundheitskonzepte. In: R. Schwarzer (Hg.), Gesundheitspsychologie (S. 105-115). Göttingen.
Bentham, J. (1963). An Introduction to the Principles of Morals and Legislation. New York: Hafner.

Bergson, H. (1896/1908). Materie und Gedächtnis. Jena.
Bericht über die Lage der Psychiatrie in der Bundesrepublik Deutschland (Drucksache 7/4200). (1975). Bonn.
Berlyne, D. E. (1949). „Interest" as a psychologial concept. British Journal of Psychology, 39, 184-195. (Kap. 6).
Berlyne, D. E. (1960). Conflict, arousal and curiosity. New York: McGraw-Hill.
Berlyne, D. E. (1974). Konflikt, Erregung, Neugier. Stuttgart.
Berne, E. (1975). Was sagen Sie, nachdem Sie „guten Tag" gesagt haben? München.
Bernoulli, D. (1738, 1996). Specimen Theoriae Novae de Mensura Sortis. Comentarii Academiae Scientiaru Imperialis Petropolitanae (1738), S. 172-192. Dt. Übersetzung (1996). Die Betriebswirtschaft, 56, S. 733-742.
Berlyne, D. E. (1974). Konflikt, Erregung, Neugier. Stuttgart.
Bischof-Köhler, D. (1989). Spiegelbild und Empathie. Bern: Huber. (Kap. 16, 17).
Bischof-Köhler, D. (2000). Entwicklungspsychologische Ansätze. In J. Otto, H. A. Euler & H. Mandl (Hrsg.), Emotionspsychologie. Ein Handbuch (165-176). Weinheim: Psychologische Verlags Union.
Blatier, V. (2000). Locus of control, causal attributions and self-esteem: A comparison between prisoners. Interactional Journal of Ofender Therapy and Comparative Crimonology. 44, 97-110.
Bleuler, M. (1987). Schizophrenie als besondere Entwicklung. In: K. Dörner (Hg.), Neue Praxis braucht neue Theorie. Ökologische und andere Denkansätze für gemeindepsychiatrisches Handeln (S. 18-25). Gütersloh.
Bohleber, W. (1997). Zur Bedeutung der neueren Säuglingsforschung für die psychoanalytische Theorie der Identität. In: H. Keupp & R. Höfer (Hg.), Identitätsarbeit heute (S. 93-119). Frankfurt/M.
Boninger, D. S.; Gleicher, F. & Strahtman A. (1994). Counterfactual thinking: From what might have been to what may be. Journal of Personality and Social Psychology, 67, 297-307.
Bourdieu, P. (1992). Die verborgenen Mechanismen der Macht. Schriften zu Politik & Kultur 1. Hamburg.
Bower, G. H. (1981). Mood and memory. American Psychologist , 36, 129-148.
Bösel, R. (1987). Physiologische Psychologie. Berlin.
Brandstädter, J. & Greve, W. (1999). Intentionale und nichtintentionale Aspekte des Handelns. In J. Straub & H. Werbik (Hrsg.), Handlungstheorie. Begriff und Erklärung des Handelns im interdisziplinären Diskurs (S. 185-212). Campus Verlag.
Brandstädter, J. (2001). Entwicklung. Intentionalität. Handeln. Stuttgart: Kohlhammer.
Branscombe, N. R.; Owen, S.; Garstka, T. A. & Coleman, J. (1996). Rape and accident counterfactuals: Who might have done otherwise and would it have changed the outcome? Journal of Applied Social Psychology, 26, 1042-1067.

Branscombe, N. R.; N'gbala, A.; Kobrynowicz, D. & Wann, D. L. (1997). Self and group protection concerns influence attributions but they are not determinants of counterfactual mutation focus. British Journal of Social Psychology, 36, 387-404.

Breland, K. & Breland M. (1966). Animal behavior. New York.

Brewer, W. F. C. (1974). There is no convincing evidence for operant or classical conditioning in humans. In: W. B. Weimer & D. S. Palermo (Hg.), Cognition and the symbolic process (1-42). Hillsdale, N. J.

Brickmann, P. & Campbell, D. T. (1971). Hedonic relativism and planning the good. In M. H. Appley (Ed.), Adaptation-level theory. New York: Academic Press.

Brockner, J. & Chen, Y.-R. (1996). The moderating roles of self-esteem and self-construal in reaction to a threat to the self: Evidence from the People's Republic of China and the United States. Journal of Personality and Social Psychology, 71, 603-615.

Brown, C. & Reimer, C. (Hg.). (1995). Psychohygiene im Krankenhaus – Belastungen der Pflegenden und Mediziner. Gießen.

Brown, J. D. (1993). Motivational conflict and the self: The double-bind of low self-esteem. In R. F. Baumeister (Ed.). Self-esteem: The puzzle of low self-regard (117-130). Bew York: Plenum Press.

Brown, J, D.; Collins, R. L. & Schmidt, G. W. (1988). Self-esteem and direct versus indirect forms of self-enhancement. Journal of Personality and Social Psychology, 55, 445-453.

Brown, R. & McNeill, D. (1966). The "tip of the tongue" phenomenon. Journal of Verbal Learning and Verbal Behavior, 5, 325-337.

Bruder, K.-J. (1993). Konditionierung als Metapher. In: H. Zygowski (Hg.), Kritik der Mainstream-Psychologie. Münster. 45-54.

Brunsson, N. (1982). The Irrationality of Action and Action Rationality: Decisions, Ideologies and Organizational Actions. Journal of Management Studies, 19, S. 29-44.

Boulding, K. (1966), Economic Analysis. New York: Harper and Row.

Bouts, P.; Spears, R. & van der Pligt, J. (1992). Counterfactuals and the correspondence between events and outcomes: Normality versus value. European Journal of Social Psychology, 22, 387-396.

Buck, R. (1984). The communication of emotions. New York: The Guilford Press.

Burke, P. (1989/1993). Geschichte als soziales Gedächtnis. In: A. Assam & D. Assmann & D. Harth (Hg.), Mnemosyne (289-304). Frankfurt/M.

Busch, T. (1997). Narzissmus und Selbstentfremdung und leibseelische Wiederbelebung des Selbst. In: Verein für Integrative Biodynamik (Hg.), Narzissmus. Körper-Psychotherapie zwischen Energie und Beziehung (S. 27-49). Berlin.

Bushman, B. J. & Baumeister, R. F. (1998). Threatened egotism, narcissism, self-esteem and direct displaced aggression: Does self-love or self-hate lead to violence? Journal of Personality and Social Psychology, 75, 219-229.

Buss, A. H. & Briggs, S. R. (1984). Drama and self in social interaction. Journal of Personality and Social Psychology, 47, 1310-1324.

Bussmann, K.-D. & Kreissl, R. (Hg.). (1996). Kritische Kriminologie in der Diskussion. Theorien, Analysen, Positionen. Opladen.

Butler, J. (1993). Kontingete Grundlagen. Der Feminismus und die Frage der Postmoderne. In: S. Benhabib (Hg.), Der Streit um die Differenz. Feminismus und Postmoderne in der Gegenwart. Frankfurt/M.

Buunk, B. P.; Collins, R. L.; Taylor, S. E.; VanYperen, N. W. und Dakof, G. A. (1990). The affective consequences of social comparison: Either direction has its ups and downs. Journal of Personality and Social Psychology, 59, 1238-1249.

Bühler, C. & Massarik, F. (Hg.). (1969). Lebenslauf und Lebensziele – Stunden inhumanistisch-psychologischer Sicht. Stuttgart.

Byrne, R. M. J.; Segura, S.; Culhane, R.; Tasso, A. & Berrocal P. (2000). The temporality effect in counterfactual thinking. Memory and Cognition, 28, 264-281.

Byrne, R. M. J. & McEleney, A. (2000). Counterfactual thinkung about actions and failures to act. Journals of Experimental Psychology: Learning, Memory and Cognition, 26, 1318-1331.

Calvin, William, H. (1989) Die Symphonie des Denkens – Wie Bewusstsein entsteht. Deutscher Taschenbuch Verlag GmbH & Co.KG, München, 1989, 46, 233, 260, 264-265.

Calließ, J. (Hg.). (1993). Gewalt in der Geschichte. Beiträge zur Gewaltaufklärung im Dienste des Friedens. Düsseldorf.

Campell, J. D. (1990). Self-esteem and clarity of the self-concept. Journal or Personality and Social Psychology, 59-538-549.

Caplan, G. (1964). Principles of preventive psychiatry. Taristock. London.

Caprara, G.-V. & van Heck, G. L. (1992). Modern Personality Psychology. London.

Castel, R. (1983). Die psychiatrische Ordnung. Das goldene Zeitalter des Irrenwesens. Frankfurt/M.

Cattelani, P. & Milesi, P. (2001). Counterfactuals and roles: Mock victims' and preparators' accounts of judicial cases. European Journal of Social Psychology, 31, 247-264.

Cialdini, R. B. & Richardson, K. D. (1980). Two indirect tactics of image management: Basking and blasting. Journal of Personality and Social Psychology, 39, 406-415.

Cixous, H. (1980). Weiblichkeit der Schrift. Berlin.

Check, J. M. & Hogan, R. (1983). Self-concepts, self-presentations and moral judgments In J. Suls & A. G. Greenwald (Eds.), Psychological perspectives on the self (Vol. 2) (249-273). Hillsdale, N. J.: Erlbaum.

Chia, R. (1994). The Concept of Decision: A Deconstructive Analysis. Journal of Management Studies, 31, 781-806.
Christianson, S. A. (Hg.). (1992). Handbook of emotion and memory. Hillsdale.
Coleman, J. S. (1991f). Grundlagen der Sozialtheorie. 3 Bde. München.
Collins, A. F.; Gathercole, S. E.; Conway, M. A. & Morris, P. E. (Hg.). (1993). Theories of memory. Hillsdale.
Collins, A. M. & Quillian, M. R. (1969). Retrieval time from semantic memory. Journal of Verbal Learning and Verbal Behavior, 8, 240-247.
Colvin, R. C.; Block, J. & Funder, D. C. (1995). Overly positive self-evaluations and personality: Negative implications for mental health. Journal of Personality and Social Psychology, 68, 1152-1162.
Conway, M. A. (Rubin, D. C.; Spinnler, H. & Wagenaar, W. A. (1992). Theoretical perspectives on autobiographical memory. Dordrecht.
Craig, F. I. & Lockhart, R. S. (1972). Levels of processing: A framework for memory research. Journal of Verbal Learning and Verbal Behavior, 11, 671-684.
Cronbach, L. J.; Gleser, G. C. (1965). Psychological Tests and Personnel Decisions. Urbana.
Crott, H. (1979). Soziale Interaktion und Gruppenprozesse. Stuttgart.
Czapiewski, W. (1975). Verlust des Subjekts. Kevelaer.
Czuma, H. (1988). Menschenbilder. Wien.
Dahrendorf, R. (1974). Homo Sociologicus. Köln/Opladen.
Davis, C. G.; Lehmann, D. R.; Wortman, C. B.; Silver, R. C. & Thompson, S. C. (1995). The undoing of traumatic events. Personality and Social Psychology Bulletin, 21, 109-124.
Davis, C. G.; Lehmann, D. R.; Silver, R. C.; Wortman, C. B. & Ellard, J. H. (1996). Self-blame following a traumatic event: The role of perceived avoidability. Personality and Social Psychology Bullettin, 22, 557-567.
Deaux, K.; Dane, F. C. & Wrightman, L. S. (1993). Social Psychology in the 90's (6th edition). Pacific Grove: Brooks/Coleman Publishing Company.
Deci, E. L. (1975). Intrinsic motivation and self-determination in human behavior. New York: Plenum. (Kap. 16, 42).
Deci, E. L. & Ryan, R. M. (1985). Intrinsic motivation and self-determination in human behavior. New York: Plenum. (Kap. 16).
DGVT (Hg.). (1986). Verhaltenstherapie. Theorien und Methoden. Forum für Verhaltenstherapie und psychosoziale Praxis, Bd. 11. Tübingen.
Dilling, H.; Mombour, W. & Schmidt, M. H. (1991). Internationale Klassifikation psychischer Störungen. ICD-10, Kapitel V (F). Bern.
Dilthey, W. (1974). Der Aufbau der gesellschaftlichen Welt in den Geisteswissenschaften. Frankfurt/M.
Dlugosch, G. E. (1994). Modell in der Gesundheitspsychologie. In: P. Schwenkmezger & L. R. Schmidt, Lehrbuch der Gesundheitspsychologie (S. 101-117). Stuttgart.
Dorsch, F. (Hg). (1987). Psychologisches Wörterbuch. Bern/Stuttgart/Toronto.

Dörner, D. (1989). Die Logik des Missbilligens: strategisches Denken in komplexen Situationen. Reinbek.
Dörner, D. & Selg, H. (Hg.). (1996). Psychologie. Eine Einführung in ihre Grundlagen und Anwendungsfelder. Berlin.
Duerr, H. P. (1978). Traumzeit. Frankfurt/M.
Dunning, D. & Parpal, M. (1989). Mental addition versus substraction in counterfactual thinking: On assessing the impact of personal actions and life events. Journal of Personality and Social Psychology, 57, 5-15.
Dutton, K. A. & Brown, J. D. (1977). Global self-esteem and specific self-views as determinants of people's reactions to success and failure. Journal for Personality and Social Psychology, 73, 139-148.
Dux, G. (1989). Die Zeit in der Geschichte. Frankfurt/M.
Eagle, M. N. (1994). Neuere Entwicklungen in der Psychoanalyse. Eine kritische Würdigung. Stuttgart.
Eagleton, T. (1993). Ideologie. Eine Einführung. Stuttgart/Weimar.
Ebbinghaus, H. (1885/1992). Über das Gedächtnis. Darmstadt.
Eck, J. C. & Kite, M. E. (1997). Are there individual differences in counterfactual thinking? An analysis of self-esteem and locus of control. Representative Research in social Psychology, 21, 33-47.
Edwards, D. & Potter, J. (1995). Remembering. In: R. Harré & P. Stearns, Discursive psychology in practice (9-36). London.
Eisenberg, U. (1991). Kriminologie, Jugendstrafrecht, Strafvollzug. Fälle und Lösungen zu Grundproblemen. Köln.
Eisenführ, F.; Weber, M. (1994). Rationales Entscheiden. 2. Aufl. Berlin.
Ekman, P.; Friesen, W. V. (1982). Felt, false and miserablee smiles. Nonverbal Behave 6:238-252.
Ekman, P. (1984). Expression and the nature of emotion. In K. R. Scherer & P. Ekman (Eds.), Approaches to emotions (pp. 195-205). Hillsdale, NJ.: Erlbaum.
Ekmann, P. (1985). Telling lies: Clues to deceit in marketplace, politics and marriage. New York: Norton.
Elias, N. (1980). Über den Prozess der Zivilisation. 2 Bde. Frankfurt/M.
Erikson, E. H. (1964). Einsicht und Verantwortung. Stuttgart.
Erikson, E. H. (1966). Identität und Lebenszyklus. Frankfurt/M.
Farwell, L. & Wohlwend-Lloyd, R. (1998). Narcissistic processes: Optimistic expectations, favorable self-evaluations and self-enhancing attributions. Journal of Personlity, 66, 65-83.
Ferster, C. S. & Skinner, B. F. (1957). Schedules of Reinforcement. New York.
Feshbach, S.; Feshbach, N. D.; Cohen, R. & Hoffmann, M. (1984). The antecedents of anger: A developmental approach. In R. M. Kaplan, V. J. Konecni & R. W. Novaco (Eds.). Aggression in children and youth (162-174). The Hague: Martinus Nijhoff Publ.
Festinger, L. (1957). A theory of cognitive dissonance. Stanford University Press.

Festinger, L. & Carlsmith, J. M. (1959). Cognitive consequences of forced compliance. Journal of Abnormal and Social Psychology, 58, 203-210.
Fiechtner, C. (2000). Zum Einfluss ausgewählter Persönlichkeitsmerkmale auf das Kontrafaktische Denken. Unveröffentlichte Diplomarbeit, Innsbruck.
Filipp, S.-H. & Aymanns, P. (1987). Die Bedeutung sozialer und personaler Ressourcen in der Auseinandersetzung mit kritischen Lebensereignissen. Zeitschrift für Klinische Psychologie, 26, 383-396.
Fischer, M. (1992). Umwelt und Gesundheit – Beispiel zur ökologischen Perspektive in der Gesundheitspsychologie. ZfKlinPsychol 21 (1), S. 88-96.
Fischer, M. (1994). Gesundheitspsychologie: Die ökopsychologische Perspektive. In: Hörmann, G. (1988). Gesundheit – ein Gegenstand der Beratung und Bildung. In: A. Leuteritz & C. R. Weisbach (Hg.), Konkrete Pädagogik (S. 89-101). Tübingen.
Fleming, S. & Robinson, P. (2001). Grief and cognitive-behavioral therapy: The reconstruction of meaning. In M. S. Stroebe, R. O. Hansson, W. Stroebe & H. Schut (Eds.), Handbook of bereavement research: Consequenses, coping and care (647-669). Washington: American Psychological Association.
Flick, U. (1991). Alltagswissen über Gesundheit und Krankheit. In: U. Flick (Hg.), Alltagswissen über Gesundheit und Krankheit. Subjektive Theorien und soziale Repräsentationen (9-27). Heidelberg.
Fliegel, S. et al. (1989). Verhaltenstherapeutische Standardmethoden. München.
Fontana, D. (1991). Mit dem Stress leben. Bern.
Foucault, M. (1987). Wahnsinn und Gesellschaft. Eine Geschichte des Wahns im Zeitalter der Vernunft (zuerst 1961). Frankfurt/M.
Franzen, W. (1992). Totgesagte leben länger. Beyon Realism and Anti-Realism: Realism. In: Forum für Philosophie Bad Homburg (Hg.), Realismus und Antirealismus. Frankfurt/M. 20-65.
Freud, S. (1899/1852). Über Deckerinnerungen. In Gesammelte Werke, Bd. 1, 531-554.
Freud, S. (1911/43). Die zukünftigen Chancen der psychoanalytischen Therapie. In: GW Bd. VIII, 103-115, London.
Freud, A. (1964). Das Ich und die Abwehrmechanismen. München.
Freud, S. (1969). Die Libidotheorie des Narzissmus (Vorlesungen zur Einführung in die Psychoanalyse). Studienausgabe Bd. 1./Frankfurt/M.
Freud, S. (1970). Gesammelte Werke Bd. 4. Frankfurt/Main.
Freud, S. (1975). Psychologie des Unbewussten. Studienausgabe, Bd. 3. Frankfurt/M.
Freud, S. (1975). Zur Einführung des Narzissmus. Studienausgabe Bd. 3. Frankfurt/M.
Frijda, N. H. (1986). The emotions. Camebridge: Camebridge University Press.
Frey, D. & Benning, E. (1983). Das Selbstwertgefühl. In H. Mandl & G. L. Huber (Hrsg.). Emotion und Kognition (148-182). München: Urban und Schwarzberg.

Frey, D.; Dauenheimer, D.; Parge, O. und Haisch, J. (1993). Die Theorie der sozialen Vergleichsprozesse. In D. Frey & M. Irle (Hrsg.). Theorien der Sozialpsychologie. Band I: Kognitive Theorien (2. Auflage) (81-121) Bern: Hans Huber.

Friedman, M. (1953). „The Methodology of Positive Economics". In: Essays in Positive Economics, Chicago: University of Chicago Press.

Fromm, E. (1966). Die Furcht vor der Freiheit. Frankfurt/M.

Furth, P. (1991). Soziale Rolle, Institution und Freiheit. In: H. Kerber & A. Schmieder (Hg.), Soziologie. Ein Grundkurs. Reinbek.

Gadamer, H. G. (1990). Wahrheit und Methode. Tübingen, 361.

Gavanski, I. & Wells, G. L. (1989). Counterfactual processing of normal and exceptional events. Journal of experimental Social Psychology, 25, 314-325.

Galinsky, A. D. & Moskowitz, G. B. (2000). Counterfactuals as behavioral primes: Priming the simulation heuristic and consideration of alternatives. Journal of Experimental Social Psychology, 36, 384-409.

Galinsky, A. D., Moskowitz, G. B. & Skurnik, I. (2000). Counterfactuals as self-generated primes: The effect of priorcounterfactual activation on person perception judgments. Social Cognition, 18, 252-280.

Galtung, J. (1975). Strukturelle Gewalt. Reinbek.

Gibbson, J. I. (1982). Wahrnehmung und Umwelt. München.

Gibbson, F. X. & McCoy, S. B. (1991). Self-esteem, similarity, and reactions to active versus passive downward comparison. Journal of Personality and Social Psychology, 60, 414-424.

Girotto, V.; Legrenzi, P. & Rizzo, A. (1991). Event controllability in counterfactual thinking. Acta Psychologica, 78, 111-133.

Geulen, D. (1977). Das vergesellschaftete Subjekt. Zur Grundlegung der Sozialisationtheorie. Frankfurt/M.

Gleicher, F.; Kost, K. A.; Baker, S. M.; Strathman, A. J.; Richman, S. A. & Sherman, S. J. (1990). The role of counterfactual thinking in judgment of affect. Personality and Social Psychology Bulletin, 16, 284-295.

Gibbson, F. X. & McCoy, S. B. (1991). Self-esteem, similarity and reactions to active versus passive downward comparison. Journal of Personality and Social Psychology, 60, 414-424.

Goffman, E. (1967). Stigma. Über Techniken der Bewältigung beschädigter Identität.

Goodman, N. (1990). Weisen der Welterzeugung. Frankfurt/M.

Goodstein, L.; MacKenzie, D. L. & Shotland, R. L. (1984). Personal control and inmate adjustment to prison. Criminology, 22, 343-369.

Göppinger, H. (1997). Kriminologie. München.

Graumann, C. F. (1977). Motivation. In: Einführung in die Psychologie, Bd. 1. Wiesbaden.

Greenberg, J.; Pyszczynski, T.; Burling, H.; Simon L.; Solomon, S.; Rosenblatt, A.; Lyon, D. & Pinel, E. (1992). Why do people need self-esteem? Converging evidence that self-esteem serves an anxiety-buffering function. Journal of Personality and Social Psychology, 63, 913-922.

Greenwald, A. G.; Banji, M. R.; Rudman, L. A., Farnham, S. D.; Nosek, B. A. & Rosier, M. (2000). Prologue to a unified theroy of attitudes, sterotypes and self concept. In J. P. Forgas (Ed.). Feeling and thinking. The rule of affect in social cognition (308-330). Cambridge: Cambridge University Press.

Greenwood, J. D. (1994). Realism, identity and emotion. Reclaiming social psychology. London.

Groeben, N. & Scheele, B. (1988). Forschungsprogramm Subjektive Theorien. Tübingen.

Grossmann, M. (1972). The Demand for Health: A Theoretical and Empirical Investigation. New York: Columbia University Press for the National Bureau of Economic Research.

Grubitzsch, S. & Weber, K. (1998). Psychologische Grundbegriffe. Ein Handbuch. Rowohlt

Habermas, J. (1973). Stichworte zur Theorie der Sozialisation. In: J. Habermas, Kultur und Kritik. Frankfurt/M.

Habermas, J. (1984). Vorstudien und Ergänzungen zur Theorie des kommunikativen Handelns. Frankfurt/M.

Habermas, J. (1994). Erkenntnis und Interesse. Frankfurt/M., 11.

Habermas, J. (1995). Theorie des kommunikativen Handelns. 2 Bde. Frankfurt/M., 561.

Hacker, W. (1986). Arbeitspsychologie. Berlin.

Hagehülsmann, H. (1985). Begriff und Funktion von Menschenbildern in der Psychologie und Psychotherapie: Wissenschaftstheoretische Überlegungen am Beispiel der humanistischen Psychologie. In: H. Petzold (Hg.), Wege zum Menschen. Methoden und Persönlichkeiten moderner Therapien. Ein Handbuch. Bd. 1 (S. 9-44). Paderborn.

Haisch, J. & Zeitler, H.-P. (Hg.). (1991). Gesundheitspsychologie. Heidelberg.

Haken, H. (1993). Synergetik – oder: Wer steuert den Steuermann? In G. Schiepek & H. Spörkel (Hg.), Verhaltensmedizin als angewandte Systemwissenschaft. Bergheim bei Salzburg, 21-35.

Halbwachs, M. (1925/1985). Das Gedächtnis und seine sozialen Beziehungen. Frankfurt/M.

Hanft, A. (1991). Identifikation als Einstellung zur Oganisation: Eine kritische Analyse aus interaktionistischer Perspektive. München.

Harper, F. V. und James, F. (1956). The Law of Torts. Bd. 2. Boston: Little, Brown & Co.

Hartmann, D. & Janich, P. (1996). (Hg.). Methodischer Kulturalismus. Zwischen Naturalismus und Postmoderne. Frankfurt/M.

Haug, W. F. (1993). Elemente einer Theorie des Ideologischen. Hamburg.

Haußer, K. (1995). Identitätspsychologie. Berlin Heidelberg: Springer.

Hawkins, S. A. & Hastie, R. (1990). Hindsight: Judgments of past events after the outcomes are known. Psychological Bulletin, 107, 311-327 [zit. nach Williams et al.]

Heckhausen, J. (2000). Wo hängen die süssen Trauben? Entwicklungs- und Motivationspsychologische Überlegungen zur Funktionalität des Bereuens. Psychologische Rundschau, 51, 123-134.

Heider, F. (1977). Psychologie der interpersonalen Beziehungen. Stuttgart: Klett. (Original erschienen 1958: The psychology of interpersonal relations), 267.

Heintel, P. (1983). Beschleunigte und verzögerte Zeit. In: P. Heintel & U. Arnold (Hg.), Zeit und Identität (S. 11-40). Wien.

Heintel, P. & Macho, T. (1985). Zeit und Arbeit. Wien.

Hegel, G. W. F. (1967). Phänomenologie des Geistes. Berlin (Ost.).

Hegel, G. W. F. (1986). Werke Bde 3, 5, 6 und 8. Frankfurt/M.

Heller, A. (1976). Theorie der Bedürfnisse bei Marx. Berlin.

Heller, K.; Swindle, R. W. jr. & Dusenbury, L. (1986). Component social support processes: Comments and integration. Journal of Consulting and Clinical Psychology, 54 (4), S. 466-470.

Hellgart, H. (1989). Grundbegriffe des individualpsychologischen Menschenbildes. In: R. Schmidt (Hg.), Die Individualpsychologie Alfred Adlers. Ein Lehrbuch (S. 59-110). Frankfurt/M.

Hering, E. (1870/1969). Über das Gedächtnis als allgemeine Funktion der organisierten Materie. In: E. Hering, Vier Reden (S. 5-31). Amsterdam.

Herriger, N. (1987). Verwahrlosung. Weinheim/München.

Herzog, L. (1984). Modell und Theorie in der Psychologie. Göttingen/ Toronto/Zürich.

Herzog, L. (1982). Die wissenschaftstheoretische Problematik der Integration psychotherapeutischer Methoden. In: H. Petzold (Hg.), Methodenintegration in der Psychotherapie (9-29). Paderborn.

Hetts, J. J.; Boninger, D. S.; Amor, D. A.; Gleicher, F. & Nathanson, A. (2000). The influence of anticipated counterfactual regret on behavior. Psychology and Marketing, 17, 345, 368.

Hoffmann, S. O. (1994). Angststörungen. Eine Übersicht zum „Zeitcharakter“ von Ängsten und zu ihrer Therapie. Psychotherapeut 39, 25-32.

Hoffmann, S. O. (1994). Psychotherapeut, Springer-Verlag, 39, 25-32.

Holzkamp, K. (1972). Kritische Psychologie. Vorbereitende Arbeiten. Frankfurt/M.

Holzkamp, K. (1983). Grundlegung der Psychologie. Frankfurt/M.

Holzkamp, K. (1986). Handeln. In: G. Rexilius & S. Grubitzsch (Hg.), Psychologie. Theorien – Methoden – Arbeitsfelder. Ein Grundkurs. Reinbek. 381-402.

Holzkamp, K. (1993). Lernen. Subjektwissenschaftliche Grundlegung. Frankfurt/M.

Holzkamp, K. (1973). Sinnliche Erkenntnis. Frankfurt/M.

Holzkamp-Osterkamp, U. (1976). Grundlagen der psychologischen Motivationsforschung. Besonderheit der menschlichen Bedürfnisse – Problematik und Erkenntisgehalt der Psychoanalyse. Frankfurt/M.
Horkheimer, M. & Adorno, T. W. (1988). Dialektik der Aufklärung. Frankfurt/M.
Horn, K. (1990). Subjektivität, Demokratie und Gesellschaft. Frankfurt/M.
Hornung, R. & Gutscher, H. (1994). Gesundheitspsychologie: Die sozialpsychologische Perspektive. In: P. Schwenkmezger & L. R. Schmidt, Lehrbuch der Gesundheitspsychologie (S. 65-87). Stuttgart.
Hovland, C. I.; Janis, I. L. & Kelley, H. H. (1953). Communication and persuasion: Psychological studie of opinion chane. New Haven, CT: Yale University Press.
Hügli, A. & Lübcke, P. (1997). Philosophielexikon. Reinbek, 180, 181.
Husserl, E. (1950). Ideen zu einer Phänomenologie und phänomenologischen Philosophie. Den Haag.
Irle, M. (1978). Kursus der Sozialpsychologie. Teil I. Darmstadt/Neuwied.
Informationszentrum Sozialwissenschaften (1993). Gewalt in der Gesellschaft. Eine Dokumentation zum Stand der sozialwissenschaftlichen Forschung seit 1985. Bonn.
Jacoby, M. (1985). Individuation und Narzissmus. München.
Janich, P. (1996). Was ist Wahrheit? Eine philosophische Einführung. München.
Jervis, G. (1978). Welche Bedürfnisse? Psychologie und Gesellschaft 5, S. 10 ff
John, O. P. & Robins, R. W. (1994). Accuracy and bias in self-perception: Individual differences in self-enhancement and the role of narcissism. Journal of Personality and Social Psychology, 66, 206-219.
Johnson, S. (1988). Der narzisstische Persönlichkeitsstil. Köln.
Johnson, M. K. & Sherman, S. J. (1990). Constructing and reconstructing the past and the future in the present. In E.T. Higgins & M. Sorrentino (Eds.), Handbook of motivation and cognition: Foundation of social behavior, Vol. 2 (482-526). New York: Guilford Press.
Jones, E. E. & Berglas, S. (1978). Control of attributions about the self through self-handicapping strategies: The appeal of alcohol and the role of underachievement. Personality and Social Psychology Bulletin, 4, 200-206.
Jung, C. G. (1951). Grundfragen der Psychotherapie. GW. Bd. 16. Olten.
Kahnemann, D. & Tversky, A. (1982). The simulation heuristic. In D. Kahnemann, P. Slovic & A. Tversky (Eds.), Judgment under uncertainity: Heuristics and biases (201-208). New York: Cambridge University Press.
Kahnemann, D. (1995). Varieties of counterfactual thinking. In N. J. Roese & J. M. Olson (Eds.), What might have been: The social psychology of counterfactual thinking (375-396). Mahwah: Lawrence Erlbaum Associates.
Kahnemann, D. & Miller, D. T. (1986). Norm theory: Comparing reality to its alternatives. Psychological Review, 93. 163-153.

Kahnemann, D. & Varey, C. A. (1990), Propensities and counterfactuals: The loser that almost won. Journal of Personality and Social Psychology, 59, 1101-1110.
Kambartel, F. (1972). Erfahrung. In: J. Ritter (Hg.), Historisches Wörterbuch der Philosophie, Bd. 2. Frankfurt/M. 611, 616.
Kammeier, H. (Hg.). (1995). Maßregelvollzugsrecht. Berlin.
Kamper, D. (Hg.). (1986). Macht und Ohmnacht der Phantasie. Darmstadt/ Neuwied.
Kanfer, F. H. & Philipps, J. S. (1970). Learning foundations of behaviour therapy. New York.
Kanfer, F.H.; Reinecker, H. & Schmelzer, D. (1996). Selbstmanagement-Thera pie, Berlin, 33.
Kant, I. (1965). Werke. Darmstadt.
Kant, I. (1974). Kritik der reinen Vernunft. Frankfurt/M.
Kasimatis, M. & Wells, G. L. (1995). Individual differences in counterfactual thinking. In N. J. Roese & J. M. Olson (Eds.), What might have been: The social psychology of counterfactual thinking (81-101). Mahwah: Lawrence Erlbaum Associates.
Keller, H. & Voss, H.-G. (1976). Neugier und Exploration. Stuttgart.
Kerber, H. (1991). Erkenntnistheorie. In: H. Kerber & A. Schmieder (Hg.), Handbuch Soziologie, Reinbek, 119-131.
Kernis, M. H. Grannemann, B. D. & Barclay, L. C. (1989). Stability and level of self-esteem as predictors of anger arousal and hostility. Journal of Personality and Social Psychology, 56, 1012-1022.
Kernis, M. H.; Cornell, D. P.; Sun, C.-R.; Berry, A. & Harlow, T. (1993). There's more to self-esteem than whether it is high or low: The importance of stability of self-esteem. Journal of Personality and Social Psychology, 65, 1190-1204.
Kernis, M. H. (1993). The roles of stability and level of self-esteem in psychological functioning. In R. F. Baumeister (Ed.). Selfesteem: The puzzle of low self-regard (167-182). New York: Plenum Press.
Keupp, H. (1982a). Sozialepidemiologie. In: H. Keupp & D. Rerrich (Hg.), Psychosoziale Praxis (S.23-32). München/Wien/Baltimore.
Keupp, H. (1982b). Soziale Netzwerke. In: H. Keupp & D. Rerich (Hg.), Psychosoziale Praxis (S. 43-53). München/Wien/Baltimore.
Keupp, H. (1986). Normalität und Abweichung. In: G. Rexilius & S. Grubitzsch (Hg.), Psychologie. Theorien, Methoden, Arbeitsfelder – ein Grundkurs (S. 424-452). Reinbek.
Keupp, H. (1993). Zugänge zum Subjekt. Perspektiven einer reflexiven Sozialpsychologie. Frankfurt/M.
Keupp, H. (1993). Die (Wieder-)gewinnung von Handlungskompetenz: Empowerment in der psychosozialen Praxis. Verhaltenstherapie und psychosoziale Praxis, Jg. 25, S. 194-208.
Kette, G. (1987). Rechtspsychologie. Wien.

Kirchgässner, G. (1991). Homo oeconomicus. Tübingen.
Kilian, H. (1971). Das enteignete Bewusstsein. Neuwied/Berlin.
Kirchler, E. M. (1995). Wirtschaftspsychologie. Grundlagen und Anwendungsfelder der Ökonomischen Psychologie. Göttingen.
Klauer, K. C. & Migulla, G. (1995). Spontanes kontrafaktisches Denken. Zeitschrift für Sozialpsychologie, 26, 34-42.
Klauer, K. C.; Jacobsen, T. & Migulla, G. (1995). Counterfactual processing: Test of an hierarchical correspondence model. European Journal of Social Psychology, 25, 577-595.
Klimesch, W. (1988). Struktur und Aktivierung des Gedächtnisses. Bern.
Knight, R. T. & Grabowecky, M. (1995). Escape from linear time. Prefrontal cortex and conscious experience. In M. S. Cazzangia (Ed.), The cognitive neuro-sciences (1357-1371). Cambridge: Massachusetts Institute of Technology Press.
Kohut, H. (1976). Narzissmus und Frankfurt/M.
Köller, O. & Möller, J. (1995). Kontrafaktisches Denken nach schulischen Erfolgen und Misserfolgen, Zeitschrift für Pädagogische Psychologie, 9, 105-110.
Krampen, G. (1979). Differenzierungen des Konstrukts der Kontrollüberzeugung.
Deutsche Bearbeitung und Anwendung der IPC-Skalen. Zeitschrift für experimentelle und angewandte Psychologie, 26, 573-795.
Krampen, G. (1982). Differentialpsychologie der Kontrollüberzeugungen („Locus of control") Göttingen: Hogrefe, 10.
Krampen, G. (1991). Fragebogen zu Kompetenz- und Kontrollüberzeugungen (FKK). Handanweisung. Göttingen: Hogrefe.
Krampen, G. (1995). Kontrollüberzeugungen. In W. Sarges (Hrsg.), Management-Diagnostik (2. Auflage) (295-302). Göttingen: Hogrefe.
Krampen, G. (2000). Handlungstheoretische Persönlichkeitspsychologie (2. Auflage). Göttingen: Hogrefe, 111.
Krainz, E. E. (1995). Steuern von Gruppen. In: B. Voss (Hg.). Kommunikations- und Verhaltenstraining. Göttingen, 20-220.
Krappmann, L. (1972). Soziologische Dimensionen der Identität. Stuttgart.
Krippendorff, E. (1985). Staat und Krieg. Die historische Logik politischer Unvernunft. Frankfurt/M.
Kuhl, J. & Heckhausen, H. (Hg.). (1996). Motivation, Volition und Handlung. Göttingen/Bern/Toronto/Seattle.
Kühn, H. (1993). Healthismus. Berlin.
Kunz, K.-L. (1994). Kriminologie: eine Grundlegung. Bern.
Kürzinger, J. (1996). Kriminologie. Eine Einführung in die Lehre des Verbrechens. Stuttgart.
Kuiken, D. (Hg.). (1991). Mood and memory. London.
Lackner, C. (1995). Zeit und Organisation im Psychiatrischen Krankenhaus der Stadt Wien. Gruppendynamik, 2, S. 223-235.

Langer, S. K. (1965). Philosophie auf neuem Wege. Das Symbol im Denken, im Ritus und in der Kunst. Frankfurt/M.
Laplanche, J. & Pontalis, J.-B (1992). Urphantasie über den Ursprung, Ursprünge der Phantasie. Frankfurt/M.
Laucken, U. & Mees, U. (1987). Logographie alltäglichen Lebens. Leid, Schuld und Recht in Beschwerdebriefen über Lärm. Oldenburg: Holzberg. (zit. nach Mees, 1991).
Laucken, U. & Mees, U. (1996). Motivationspsychologisches Umgangswissen als kulturell tradiertes Ordnungsangebot. In J. Kuhl und H. Heckhausen; (Hrsg.), Enzyklopädie der Psychologie: Motivation, Volition und Handlung (3-69). (Serie Motivation und Emotion, Bd. 4) Göttingen: Hogrefe., 16, 55-58, 63 ff, 129.
Laux, L. (1986). A self-presentational view of coping with stress. In M. H. Appley & R. Trumbull (Eds.), Dynamics of stress (233-253). New York:
Lazarus, R. & Launier, R. (1981). Stressbezogene Transaktionen zwischen Person und Umwelt. In: J. Nitsch (Hg.), Stress. Bern.
Lazarus, R. S. (1983). The costs and benefits of denial. In S. Breznitz (Ed.), The denial of stress (pp. 1-30). New York: International Universities Press. Plenum
Lempert, J. & Oelemann, B. (1995). "...dann habe ich zugeschlagen". Hamburg.
Lempert, J. & Oelemann, B. (1996). „Das Leiden mit den Leitbildern Leitbilder aus der Perspektive der verstehenden Jungenarbeit". In B. Sturzenhecker (Hg.), Leitbild Männlichkeit (S. 68-84). Münster.
Lenin, W. I. (1973). Materialismus und Empiriokritizismus. Peking.
Lenzen, D. (1991). Krankheit als Erfüllung. Medizinische Eingriffe in die Kultur. Frankfurt/M.
Lewin, K. (1926). Vorsatz, Wille und Bedürfnis. Berlin.
Lewis, M. & Brooks, J. (1979). Auf der Suche nach den Ursprüngen des Selbst: Implikationen für das Sozialverhalten und für pädagogische Intervention. In Montada, L. (Hrsg.). Brennpunkte der Entwicklungspsychologie (S. 157-172. Stuttgart: Kohlhammer. (Kap. 16).
Lepper, M. R. & Greene, D. (1978). The hidden costs of reward. Hillsdale, NJ: Erlbaum. (Kap. 16).
Lewis, H. B. (ed). (1987). The role of shame in symptom formation. Lawrence Erlbaum, Hillsdale.
Lewis, M. (1992). Shame: the exposed self. The Free Press, New York.
Lewis, M. (1999). The role of the Self in Cognition and Emotion. In T. Dagleish & M.J. Power (eds.), Handbook of Cognition and Emotion (125-141). Chichester: John Wiley & Sons.
Lipe, M. G. (1991). Counterfactual reasoning as a framework for attribution theories. Psychological Bulletin, 3, 456-471.
Lippa, R. (1976). Expressive control and the leakage of dispositional introversion-extraversion during role-playing teaching. Journal of Personality, 44, 541-559.

Lorenz, K. (1978). Vergleichende Verhaltensforschung. Wien.
Lorenzer, A. (1970). Kritik des psychoanalytischen Symbolbegriffs. Frankfurt/M.
Lorenzer, A. (1981). Das Konzil der Buchhalter. Die Zerstörung der Sinnlichkeit. Frankfurt/M.
Luhmann, N. (1984). Soziologische Aspekte des Entscheidungsverhaltens. Die Betriebswirtschaft, 44, 591-603.
Luhmann, N. (1995). Die Kunst der Gesellschaft. Frankfurt/M.
Lückert, H.-R. & Lückert, I. (1994). Einführung in die kognitive Verhaltenstherapie. Allgemeine Grundlagen. München/Basel.
Macrea, C. (1992). A tale of two curries: Counterfactual thinking and accident – related judgments. Personality and Social Psychology Bulletin, 18, 625-630.
Macrea, C. N. & Milne, A. B. (1992). A curry for your thoughts. Empathic effects on counterfactual thinking. Personality and Social Psychology Bulletin, 18, 625-630.
Macrea, C. N.; Milne, A. B. & Griffiths, R. J. (1993). Counterfactual thinking and the perception of criminal behaviour. British Journal of Psychology, 84, 221-226.
Maiers, W. (1996). Der Subjektbegriff der Kritischen Psychologie. In: M. Heinze & S. Priebe (Hg.), Störenfried „Subjektivität und Objektivität als Begriffe psychiatrischen Denkens (167-221). Würzburg.
Mandl, H. & Spada, H. (1988). Wissenspsychologie. München/Weinheim.
Mandel, D. R. & Lehman, D. R. (1996). Counterfactual thinking and ascription of cause and preventability. Journal of Personality and Social Psychology, 71, 450-463.
Mandler, G. (1980). Cognitive psychology. Hillsdale.
March, J. G. & Olson, J. P. (1975). The Uncertainity of the Past. Organizational Learning under Ambiguity. European Journal of Political Research, 3, 147-171
March, J. G. (1990). Beschränkte Rationalität, Ungewissheit und die Technik der Auswahl. In: J. G. March (Hg.), Entscheidung und Organisation, Wiesbaden, 297-328.
Marcuse, H. (1978). Der eindimensionale Mensch. Neuwied.
Markard, M. (1984). Einstellung – Kritik eines sozialpsychologischen Grundkonzepts. Frankfurt/M.
Markman, K. D.; Gavanski, I.; Sherman, S. J. & McMullen, M. N. (1993). The mental simulation of better and worse possible worlds. Journal of Experimental Social Psychology, 29, 87-109.
Markman, K. D.; Gavanski, I.; Sherman, S. J. & McMullen, M. N. (1995). The impact of percieved control on the imagination of better and worse possible worlds. Personality and Social Psychology Bulletin, 21, 588-595.

Markman, K. D. & Tetlock, P. E. (2000). „I couldn't have known“: Accountability, foreseeability and counterfactual denials of responsibility. British Journal of Social Psychology, 39, 313-325.
Markman, K. D. & Weary, G. (1996). The influence of chronic control concerns on counterfactual thought. Social Cognition, 14, 292-326.
Marr, D. (1982). Vision. San Francisco.
Marsh, H. W. (1993). Academic self-concept: Theory, measurement and research. In J. Suls (Ed.), Psychological perspectives on the self. Vol. 4. The self in social perspective (59-98). Hillsdale: Lawrence Erlbaum Associates.
Marsh, H. W. (1996). Positive und negative global self-esteem: A substantively meaningful distinction or artifactors? Journal of Personaliy and Social Psychology, 70, 810-819.
Marx, K. & Engels, F. (1969). Werke. Bd. 3. Berlin.
Maslow, A. H. (1973). Psychologie des Seins. München.
Maslow, A. H. (1978). Motivation und Persönlichkeit. Olten.
McCann, J. T. & Biaggio, M. K. (1989). Narcissistic personality features and self-reported anger. Psychological Reports, 64, 55-58.
McCloy, R. & Byrne, R. M. J. (2000). Counterfactual thinking about controllable events. Memory and Cognition, 28, 1071-1078.
McConnell, A. R.; Niedermeier, K. E.; Leibold, J. M.; El-Alayli, A. G.; Chin, P. P. & Kuiper, N. M. (2000). What if I find it cheaper someplace else? Role of prefactual thinking and anticipated regret in consumer behavior. Psychology and Marketing, 17, 281-298.
McGill, A. L. (2000). Counterfactual reasoning in causal judgments: Implications for marketing. Psychology and Marketing, 17, 323-343.
McGill, A. L. & Klein, J. G. (1993). Contrastive and counterfactual reasoning in causal judgment. Journal of Personality and Social Psychology, 64, 897-905.
McMullen, M. N. & Markman, K. D. & Gavanski, I. (1995). Living in either the best nor worst of all possible worlds. Antecedents and consequences of upward and downward counterfactual thinking. In N. J. Roese & J. M. Olson (Eds.). What might have been: The social psychology of counterfactual thinking (133-167). Mahwah: Lawrence Erlbaum Associates.
McMullen, M. N. (1997). Affective contrast and assimilation in counterfactuals and motivation: The wake-up call and the Pangloss effect. Personality and Social Psychology Bulletin, 33, 77-100.
McMullen, M. N. & Markman, K. D. (2000). Downward counterfactuals and motivation: The wake-up call and the Pangloss effect. Personality and Social Psychology Bulletin, 26, 575-584.
McMullen, M. N. & Markmann, K. D. (2002). Affective impact of close counterfactuals: Implications of possible futures for possible pasts. Journal of Experimental Social Psychology, 38, 63-70.

Mead, G. H. (1934). Mind, self and society. From the standpoint of a social behaviorist. Chicago: University Press. (Kap. 1, 17, 18, 31).
Mead, G. H. (1968). Geist, Identität und Gesellschaft aus der Sicht des Sozialbehaviorismus. Frankfurt/M.
Medvec, V. H.; Madey, S. F. & Gilovich, T. (1995). When less is more: Counterfactual thinking and satisfaction among olympic medialists. Journal of Personality and Social Psychology, 69, 603-610.
Medvec, V. H, & Savitsky, K. (1997). When doing better means feeling worse: The effects of categorial cutoff points on counterfactual thinking and satisfaction. Journal of Personality and Social Psychology, 72, 1284-1296.
Meier-Kroll, A. (1995). Chronobiologie. Zeitstrukturen des Lebens. München.
Meermann, R. & Vandereycken, W. (1996). Verhaltenstherapeutische Psychosomatik. Stuttgart/New York.
Mees, U. (1991). Die Struktur der Emotionen. Göttingen: Hogrefe, 61-67, 86-120.
Merleau-Ponty, M. (1974). Die Abenteuer der Dialektik. Frankfurt/M.
Merton, R. K. (1968). Social Theory and Social Structure. New York: Free Press.
Metcalfe, J. & Shimamura, A. P. (Hg.). (1994). Metacognition. Knowing about knowing. Cambridge, Mass.
Metzger, W. (1975). Gesetze des Sehens. Frankfurt/M.
Michael, R. T. (1972). The Effect Education of Efficiency in Consumtion. National Bureau of Economic Research.
Mierke, K. (1958). Interesse und Begabung. Schule und Psychologie, 5, 353-359. (Kap. 16).
Miller, A. (1976). Das Drama des begabten Kindes und die Suche nach dem wahren Selbst. München.
Miller, G. A. (1956). The magical number seven, plus or minus two: Some limits on our capacity for processing information. Psychological Review, 63, 81-97.
Miller, G. A.; Galanter, E. & Pribram, K.H. (1973). Strategien des Handelns. Stuttgart.
Miller, D. T. & McFarland, C. (1986). Counterfactual thinking and victim compensation: A test of norm theory. Personality and Social Psychology Bulletin, 12, 513-519.
Miller, D. T. & Gunasegaram, S. (1990). Temporal order and the perceived mutability of events. Journal of Personality and Social Psychology, 59, 111-118.
Miller, D. T.; Turnbull, W. & McFarland, C. (1990). Counterfactual thinking and social perception: Thinking about what might have been. In M. P. Zanna (Ed.), Advances in experimental social psychology, Vol. 23 (305-331). New York: Academie Press.
Montada, L. (1993). Moralische Gefühle. In W. Edelstein, G. Nummer-Winkler & G. Noam (Hrsg.). Moral and Person. Frankfurt: Suhrkamp, 259-277.

Möller, J.; Schulz-Hardt, S.; Napiersky, U. & Frey, D. (1998). „Was hätte anders sein müssen, damit..." – Kontrafaktisches Denken von Führungskräften. Zeitschrift für Arbeits- und Organisationspsychologie, 72, 125-133.
Möller, J. & Strauß, B. (1997). Bedingungen kontrafaktischen und attributionalen Denkens. Sprache und Kognition, 16, 110-117.
Morin, E. (1991). La méthode. Bd. IV. Les idées. Leur habitat, leur vie, leur moeurs, leur organisation. Paris.
Morris, M. W. & Peng, K. (1994). Culture and cause. American and Chinese attributions for social and physical events. Journal of Personality and Social Psychology, 67, 949-971.
Morris, M. W. & Moore, P. C. (2000). The lessons we (don't) learn: Counterfactual thinking and organizational accountability after a close call. Administrative Science Quarterly, 45, 737-765.
Mruk, C. J. (1995). Self-esteem. Research, theory and practice. New York: Springer.
Mummendey, A. (1979). Zum gegenwärtigen Stand der Erforschung der Einstellungs-Verhaltens-Konsistenz. In: H.-D. Mummendey (Hg.), Einstellung und Verhalten (S. 13-30). Bern.
Mummendey, A. & Simon, B. (1997). Selbst, Identität und Gruppe: Eine sozialpsychologische Analyse des Verhältnisses von Individuum und Gruppe. In A. Mummendey & B. Simon (Hrsg.), Identität und Verschiedenheit. Bern: Huber. (zit. nach Mielke, 2000).
Mruk, C. J. (1995). Self-esteem. Research, theory and practice. New York: Springer.
Myschker, N. (1993). Verhaltenstörungen bei Kindern und Jugendlichen. Stuttgart.
Nasco, S. A. & Marsh, K. L. (1999). Gaining control through counterfactual thinking. Personality and Social Psychology Bulletin, 25, 556-568.
Neudendorff (1973). Der Begriff des Interesses – eine Studie zu den Gesellschaftstheorien von Hobbes, Smith und Marx. Frankfurt: Suhrkamp. (Kap. 16).
Neumann, J. v & Morgenstern, O. (1947). Theory of Games and Economic Behavior. Princeton.
N'gbala, A. Branscombe, N. R. (1995). Mental simulation and causal attribution: When simulating an event does not affect fault assignment. Journal of Experimental Social Psychology, 31, 139-162.
N'gbala, A. Branscombe, N. R. (1997). When does action elicit more regret than inaction and is counterfactual mutation focus the mediator of this effect? Journal of Experimental Social Psychology, 33, 324-343.
Nietzsche, F. (1887-1906). Zur Genealogie der Moral. Werke Bd. VIII. Leipzig.
Nietzsche, F. (1979). Werke. Bde. I-IV. Stuttgart.

Nini, M.; Bentheim, A.; Firle, M.; Nolte I. & Schnebel, A. (1994). Abbau von Beziehungsgewalt als Konfliktlösungsmuster, Forschungsprojekt: Abschlussbericht, Bd. 102. Schriftenreihe des Bundesministeriums für Familie, Senioren, Frauen und Jugend. Stuttgart.

Nolting, H.-P. & Paulus, P. (1990). Psychologie lernen. Eine Einführung und Anleitung. München.

Northoff, R. (1996). Rechtspsychologie. Anwendungsorientierte Grundlagen der Arbeits- und Konfliktbewältigung für Rechtswesen, Sozialwesen, Polizeiwesen, Bonn.

Nowotny, H. (1993). Eigenzeit. Frankfurt/M.

Oerter, R. (1970). Struktur und Wandel von Werthaltungen. München: Oldenbourg Verlag (Kap. 18).

Oerter, R. (Hrsg.). (1985). Lebensbewältigung im Jugendalter. Weinheim: Edition Psychologie.

Oerter, R. & Montada, L. (1998). Entwicklungspsychologie. Verlagsunion, Weinheim

Olbrich, E. (1985). Konstruktive Auseinandersetzung im Jugendalter: Entwicklung, Förderung und Verhaltenseffekte. In R. Oerter (Hrsg.)., Lebensbewältigung im Jugendalter (7-29). Weinheim: Edition Psychologie.

Ortony, A.; Clore, G. L. & Collins, A. (1988). The cognitive structure of emotions. Cambridge: Cambridge University Press, 45.

Osterkamp, U. (1975). Grundlagen der psychologischen Motivationsforschung 1. Frankfurt/M.

Osterkamp, U. (1976). Grundlagen der psychologischen Motivationsforschung 2. Die Besonderheit menschlicher Bedürfnisse – Problematik und Erkenntnisgehalt der Psychoanalyse. Frankfurt/M.

Oyserman, D. & Markus, H. R. (1993). The sociocultural self. In J. Suls (Ed.), Psychological perspectives on the self. Vol. 4. The self in social perspective (187-220). Hillsdale: Lawrence Erlbaum Associates.

Parke, R. D. (1974). Rules, roles and resistance to deviation: Recent advances in punishment, discipline, and self-control. In A. E. Pick (Ed.), Minnesota Symposia on Child Psychology, 8, 111-149 (Kap. 1, 18).

Parker, I. (1997). Discursive Psychology. In: D. Fox & I. Prilleltnsky (Hg.), Critical Psychology. An Introduction. London/Thousand Oaks/New Delhi.

Parkin, A. J. (1993/1996). Gedächtnis. Weinheim.

Parsons, T. (1937). The structure of Social Action. New York.

Parsons, T. (1968). Sozialstruktur und Persönlichkeit. Frankfurt/M.

Pawlow, I. P. (1955). Ausgewählte Werke. Berlin (DDR).

Peukert, D. & Münchmeier, R. (1990). Historische Entwicklungsstrukturen und Grundprobleme der deutschen Jugendhilfe. In: Sachverständigenkommission 8. Jugendbericht (Hg.), Materialien zum 8. Jugendbericht, Bd. 1, München, 1-49.

Peters, H. (1995). Devianz und soziale Kontrolle . Eine Einführung in die Soziologie abweichenden Verhaltens. Weinheim.

Petrovic, G. (1985). In: W. Schmied-Kowarzik (Hg.), Die gegenwärtige Bedeutung des Marxschen Denkens. Bochum.
Piaget, J. (1954). Das moralische Urteil beim Kinde (2. Aufl.). Zürich: Rascher. (Original erschienen 1932).
Piaget, J. & Inhelder, B. (1968/1974). Gedächtnis und Intelligenz. Olten.
Pongratz, L. J. (1977). Geschichte, Gegenstand und Grundlagen der Klinischen Psychologie. Bd. 8: Klinische Psychologie, 1. Halbband (1-37). Göttingen/ Toronto/Zürich.
Popper, K. R. (1994). Logik der Forschung, Tübingen.
Posner, M. I. (Hg.). (1989). Foundations in cognitive science. London.
Puntel, L. B. (1993). Wahrheitstheorien in der neueren Philosophie. Darmstadt.
Putnam, H. (1982). Vernunft, Wahrheit und Geschichte. Frankfurt/M.
Raab, S. (1996). Gesundheit im Griff. München.
Raskin, R.; Novacek, J. & Hogan, R. (1991a). Narcissism, self-esteem and defensive self-enhancement. Journal of Personality, 59, 19-38.
Raskin, R.; Novacek, J. & Hogan, R. (1991b). Narcissistic self-esteem management. Journal of Personality and Social Psychology, 60, 911-918.
Reich, W. (1989). Charakteranalyse. Köln.
Reicherts, M. (1988). Diagnostik der Belastungsverarbeitung. Bern.
Reiss, D. (2001). Counterfactuals and inquiries after homicide. Journal of Forensic Psychiatry, 1, 169-181.
Remschmidt, H. & Walter, R. (1990). Psychische Auffälligkeiten bei Schulkindern. Göttingen.
Reschner, N. (1987). Wahrheit als ideale Kohärenz. In: L. B. Puntel (Hg.). Der Wahrheitsbegriff. Neue Erklärungsversuche. Darmstadt. 284-297.
Ritov, I. & Baron, J. (1992). Status-quo and omission biases. Journal of Risk and Uncertainity, 5, 49-61.
Röhrle, B. (1992). Prävention. Marburg.
Roese, N. J. (1994). The functional basis of counterfactual thinking. Journal of Personality and Social Psychology, 66, 805-818.
Roese, N. J. (1997). Counterfactual thinking. Psychological Bulletin, 121-133-148.
Roese, N. J. (2000). Counterfactual thinking and marketing: Introduction to the special issue. Psychology and Marketing, 17, 227-280.
Roese, N. J. & Olson, J. M. (1993a). Self-esteem and counterfactual thinking. Journal of Personality and social Psychology, 65, 199-206.
Roese, N. J. & Olson, J. M. (1993b). The structure of counterfactual thought. Personality and Social Psychology Bulletin, 19, 312-319.
Roese, N. J. & Olson, J. M. (1995a). Counterfactual thinking: A critical overview. In N. J. Roese & J. M. Olson (Eds.). What might have been: The social psychology of counterfactual thinking (1-55). Mahwah: Lawrence Erlbaum Associates.

Roese, N. J. & Olson, J. M. (1995b). Functions of counterfactual thinking. In N. J. Roese & J. M. Olson (Eds.). What might have been: The social psychology of counterfactual thinking (169-197). Mahwah: Lawrence Erlbaum Associates.

Roese, N. J. & Olson, J. M. (1995c). Outcome controllability and counterfactual thinking. Personality and Social Psychology Bulletin, 21, 620-628.

Roese, N. J. & Olson, J. M. (1996). Counterfactuals, causal attributions, and the hindsight bias: A conceptual integration. Journal of Experimental Social Psychology, 32, 197-227.

Roese, N. J. & Olson, J. M. (1997), Counterfactual thinking: The intersection of affect and function. In M. P. Zanna (Ed.). Advances in experimental social psychology, Vol. 29 (1-59). San Diego: Academic Press.

Roese, N. J.; Hur, T. & Pennington, G. L. (1999). Counterfactual thinking and regulatory focus: Implications for action versus inaction and sufficiency versus necessity. Journal of Personality and Social Psychology, 77, 1109-1120.

Roese, N. J. & Hur, T. (1997). Affective determinants of counterfactual thinking. Social Cognition, 15, 274-290.

Rorty, R. (1994). Hoffnung statt Erkenntnis. Eine Einführung in die pragmatische Philosophie. Wien.

Roth, G. (1994). Das Gehirn und seine Wirklichkeit. Frankfurt/M.

Rotter, J. B. (1966). Generalized expectancies for internal versus external control of reinforcement. Psychological Monographs (1, Whole No. 609), 80.

Rubin, D. C. (Hg.). (1986). Autobiographical memory. Cambridge.

Rubin, D. C. (1995). Memory in oral traditions. The cognitive psychology of epic, ballads and counting-out rhymes. Oxford.

Rubinstein, S. L. (1977). Grundlagen der allgemeinen Psychologie. Berlin.

Rumelhart, D. E.; McClelland, J. L. & PDP Research Group (1986). Parallel Distributed Processing. Bd. 1: Foundations. Cambridge, Mass.

Runge, B. & Vilmar, F. (1993). Was Soziale Selbsthilfe ist. Vielgestalt und wachsende Bedeutung. In: C. W. Müller (Hg.). Selbsthilfe (S. 41-62). Weinheim/Basel.

Sack, F. (1972). Definition von Krminalität als politisches Handeln: Der labeling approach. Kriminologisches Journal, 4, 3-31 (Kap. 8).

Sack, F. (1990). Das Elend der Kriminologie und Überlegungen zu einer Überwindung, ein erweitertes Vorwort. In: P. Robert (Hg.), Strafe, Strafrecht Kriminologie. Eine soziologische Kritik (s. 15-55). Frankfurt/M.

Sack, F. (1995). Einige Notizen über das Verhältnis der Kriminologie zu Foucault. Ein Vorwort. In: M. Althoff & M. Leppel (Hg.). "Kriminalität" – eine diskursive Praxis. Foucaults Anstöße für eine Kritische Kriminologie (S. 4-11). Münster.

Sanna, L. J. (1996). Defensive pessimism, optimism, and simulating alternatives: Some ups and downs if prefactual and counterfactual thinking. Journal of Personality and Social Psychology, 71, 1020-1036.

Sanna, L. J. & Turley, K. J. (1996) Antecedents to spontaneous counterfactual thinking: Effects of expectancy violation and outcome valence. Personality and Social Psychology Bulletin, 22, 906-919.
Sanna, L. J. (1997). Self-efficacy and counterfactual thinking: Up a creek with and without a paddle. Personality and Social Psychology Bulletin, 23, 654-666.
Sanna, L. J.; Meier, S. & Turley-Ames, K. J. (1998). Mood, self-esteem, and counterfactuals: Externally attributed moods limit self-enhancement strategies. Social Cognition, 16, 267-286.
Sanna, L. J.; Turley-Ames, K. J. & Meier, S. (1999). Mood, self-esteem, and simulated alternatives: Thought-provoking affective influences on counterfactual direction. Journal of Personality and Social Psychology, 76, 543-558.
Sanna, L. J. & Meier, S. (2000). Looking for clouds in a silver lining: Self-esteem, mental simulations and temporal confidence changes. Journal of Research in Personality, 34, 236-251.
Sanna, L. J.; Chang, E. C. & Meier, S. (2001). Counterfactual thinking and self-motives. Personality and Social Psychology Bulletin, 27, 1023-1034.
Sanna, L. J.; Meier, S. & Wegner, E. A. (2001). Counterfactuals and motivation: Mood as input to affective enjoyment and preparation. British Journal of Social Psychology, 40, 235-256
Sanna, L. J. & Turley-Ames, K. J. (2000). Counterfactual intensity. European Journal of Social Psychology, 30, 273-296.
Sarte, J.-P. (1986). Drei Essays. Frankfurt/M.
Sartre, J.-P. (1995). Das Sein und das Nichts. Versuch einer phänomenologischen Ontologie. Reinbek.
Schachter, D. L. (1987). Implicit memory: history and current status. Journal of Experimental Psychology: learning, memory and cognition, 13, 501-518.
Schank, R. & Abelson, R. P. (1977). Scripts, plans, goals and understanding. Hillsdale.
Schantz, R. (1996). Wahrheit, Referenz und Realismus. Eine Studie zur Sprachphilosophie und Metaphysik. Berlin/New York.
Scherer, K. R. & Wallbott, H. G. (Hrsg.). (1984). Nonverbale Kommunikation. Weinheim: Beltz.
Scheurer, H.; Kröber, H.-L.; Schramm, J & Richter, P. (1995). Persönlichkeitsmerkmale straffälliger Frauen und Männer – Ein Vergleich mit Selbstbeurteilungsfragebogen. Zeitschrift für Differentielle und Diagnostische Psychologie, 16, 94-102.
Schlenker, B. R. (1980). Impression management: The self-concept, social identity and interpersonal relations. Monterey, CA: Brooks/Cole.
Schlenker, B. R. & Leary, M. R. (1982). Social anxiety and self-presentation: A conceptualization and model. Psychological Bulletin, 92, 641-669.
Schmidt, S. J. (1987). Der Diskurs des Radikalen Konstruktivismus. Frankfurt/M.
Schönke, A. & Schröder, H. (1991). Strafgesetzbuch: Kommentar. München.

Schulze, G. (1992). Die Erlebnisgesellschaft. Frankfurt/M.
Schülein, J. A. (1986). Selbstbetroffenheit. Über Aneignung und Vermittlung sozialwissenschaftlicher Kompetenz. Gießen.
Schütz, A. (1998). Coping with threats to self-esteem: The differing patterns of subjects with high versus low trait self-esteem in first person accounts. European Journal of Personality, 12, 169-186.
Schütz, A. (2000). Das Selbstwertgefühl als soziales Konstrukt: Befunde und Wege der Erfassung. In W. Greve (Hrsg.), Psychologie des Selbst (S. 189-207). Weinheim: Psychologie Verlags Union.
Schütz, A. (2000a). Psychologie des Selbstwertgefühls. Von Selbstakzeptanz bis Arroganz. Stuttgart Berlin Köln: Kohlhammer.
Schütz, A. (2000b). Das Selbstwertgefühl als soziales Konstrukt: Befunde und Wege der Erfassung. In W. Greve (Hrsg.), Psychologie des Selbst (189-207). Weinheim: Psychologie Verlags Union.
Schwarz, M. (1993). Psychohygienische Verhaltensgebote für schwangere Frauen in medizinischen Ratgeberbüchern. Frankfurt/M.
Schwarzer, R. (1997). Gesundheitspsychologie. Göttingen.
Schwenkmezger, P. & Schmidt, L. R. (1994). Lehrbuch der Gesundheitspsychologie. Stuttgart.
Schwingel, M. (1993). Analytik der Kämpfe. Hamburg.
Seelau, E. P.; Seelau, S. M.; Wells, G. L. & Windschitl, P. D. (1995). Counterfactual constraints. In N. J. Roese & J. M. Olson (Eds.), What might have been: The social psychology of counterfactual thinking (pp. 57-79). Mahwah: Lawrence Erlbaum Associates.
Seiffge-Krenke, I. (1994). Gesundheitspsychologie. Die entwicklungspsychologische Perspektive. In: P. Schwenkmezger & L. R. Schmidt, Lehrbuch der Gesundheitspsychologie (S.9-28). Stuttgart.
Selye, H. (1974). Stress. München.
Selz, O. (1913). Über die Gesetze des geordneten Denkverlaufs. Stuttgart.
Semon, R. (1904/1911). Die Mneme. Leipzig.
Sherman, S. J. & McConnell, A. R. (1995). Dysfunctional implications of counterfactual thinking: When alternatives to reality fail us. In N. J. Roese & J. M. Olson (Eds.), What might have been: The social psychology of counterfactual thinking (199-231). Mahwah: Lawrence Erlbaum Associates.
Sherman, S. J. & McConnell, A. R. (1996). The role of counterfactual thinking in reasoning. Applied Cognitive Psychology, 10, 113-124.
Sim, D. L. H. & Morris, M. W. (1998). Represenativeness and counterfactual thinking in reasoning. Applied Cognitive Psychology, 10, 113-124.
Simon, H. A. (1995). A Behavioral Model of Rational choice. Quarterly Journal of Economics, 69, 99-118.
Simsa, R. (1995). Wem gehört die Zeit? Frankfurt/New York.
Singer, M. G. (1975). Verallgemeinerung der Ethik. Zur Logik des moralischen Argumentierens. Frankfurt/M.: Suhrkamp. (Kap. 18).

Skinner, B. F. (1938). The behaviour of organisms: An experimental analysis. Englewood Cliffs, N. J.
Skinner, B. F. (1953). Science and human behavior: New York.
Skinner, B. F. (1970). Futurum II. Hamburg.
Snyder, C. R.; Higgins, R. I. & Stucky, R. J. (1983). Excuses, Masquerades in search of grace. New York: Wiley.
Snyder, M. (1987). Public appearances/private realities. The psychology of self-monitoring. New York: Freeman and Company.
Sonntag, M. (1993). Maßlos normal. Zur gesellschaftlichen Genese und Funktion von Psychologie. In: H. Zygowski (Hg.), Kritik der Mainstream-Psychologie. Münster. 13-29.
Spellmann, B. A. (1997). Crediting causality. Journal of Experimental Social Psychology: General, 126, 323-348.
Spellman, B. A. & Mandel, D. R. (1999). When possibility informs reality: Counterfactual thinking as a cue to causality. Current Directions in Psychological Science, 8, 120-123.
Spencer, J. S., Josephs, R. A. & Steele, C. M. (1993). Low self-esteem: The uphill struggle for self-integrity. In R. F. Baumeister (Ed.). Self-esteem: The puzzle of low self-regard (21-36). New York: Plenum Press
Sperling, G. (1960). The information available in brief visual presentations. Psychological Monographs: general and applied, 74, 1-29.
Spranca, M.; Minsk, E. & Baron, J. (1991). Omission and commission in judgment and choice. Journal of Experimental Social Psychology, 27, 76-105.
Stark, W. (1996). Empowerment. Neue Handlungskompetenzen in der psychosozialen Praxis.
Stark, W. (1996). Empowerment. Neue Handlungskompetenzen in der psychosozialen Praxis. Freiburg.
Staub, E. (1979). Positive social behavior and morality. Vol. 2: Socialization and development. New York: Academic Press. (Kap. 18).
Staudinger, U. M. & Greve, W. (1997). Das Selbst im Lebenslauf: Brückenschlag und Perspektivenwechsel zwischen entwicklungs- und sozialpsychologischen Zugängen. Zeitschrift für Sozialpsychologie, 28, 3-18.
Stäuble, I. (1984). Entstehen der Psychologie als Wissenschaft. In: H. E. Lück; R. Miller & W. Rechtien (Hg.). Geschichte der Psychologie. Ein Handbuch in Schlüsselbegriffen (10-16). München/Wien/Baltimore.
Steiner, J. (1970). Perceived freedom. In: L. Berkowitz (Hg.). Advances in Experimental Social Psychology, Bd. 5, New York, 187-248.
Steller, M. & Stürmer, M. (1986). Haftdauereinflüsse auf Kontrollüberzeugungen. Zeitschrift für Differentielle und Diagnostische Psychologie, 7, 233-242.
Stroebe, W.; Jonas, K. & Hewstone, M. (2002) Sozialpsychologie. Springer-Verlag Berlin Heidelberg New York; 4. Auflage, 103, 165-212, 229, 242, 267, 279, 292, 294, 356-357, 489.

Taylor, S. E. & Schneider, S. K. (1989). Coping and the simulation of events. Social Cognition, 7, 174-194.
Tedeschi, J. T. & Norman, N. (1985). Social power, self-presentation and the self. In B. T. Schlenker (Ed.). The self and social life (pp. 293-322). New York: McGraw-Hill.
Tetlock, R. E. & Visser, P. S. (2000). Thinking about Russia: Plausible pasts and probable futures. British Journal of Social Psychology, 39, 173-196.
Thoits, P. A. (1985a). Self-labelling process in mental illness: The role of emotional deviance. American Journal of Sociology, 92, 221-249.
Thoits, P. A. (1985b). Social support and psychological well-being: Theoretical possibilities. In I. G. Sarason & B. R. Sarason (Eds.), Social support: Theory, research and applications (pp. 51-72). Dordrecht: Nijhoff.
Thomae, H. (Hg.). (1965). Handbuch der Psychologie. Allgemeine Psychologie II: Motivation. Göttingen.
Thomae, H. (1968). Das Individuum und seine Welt. Göttingen: Hogrefe.
Thomae, H. (Hg.). (1975). Die Motivation menschlichen Handelns. Köln.
Thomae, H. (1977). Psychologie in der modernen Gesellschaft Hamburg.
Thompson, W. I. (1985). Der Fall in die Zeit. Stuttgart.
Thorndike, E. L. (1913). Educational psychology: The psychology of learning. New York.
Thorndike, E. L. (1932). The fundamentals of learning. New York.
Tice, D. M. (1991). Esteem protection or enhancement? Self-handicapping motives and attributions differ by trait self-esteem. Journal of Personality and Social Psychology, 60, 711-725.
Tschacher, W.; Schiepek, G. & Brunner, E. J. (Hg.). (1992). Self-Organization and Clinical Psychology.
Tulving, E. (1972). Episodic and semantic Memory. In: E. Tulving & W. Donaldson (Hg.). Organization of memory (381-403). New York.
Tulving, E. (1983). Elements of episodic memory. Oxford.
Tykocinski, O. E. (2001). I never had a chance: Using hindsight tactics to mitigate disappointment. Personality and Social Psychology Bulletin, 27, 376-382.
Ulich, E.(1994). Arbeitspsychologie. Stuttgart 1994.
Vollmer, G. (1994). Evolutionäre Erkenntnistheorie. Stuttgart.
Wallace, J. R., Cunningham, T. F. & Del Monte, V. (1984). Changes in the relationship between self-esteem and locus of control. Journal of Social Psychology, 124, 261-262.
Watson, J. B. (1919). Psychology from the standpoint of a behaviorist. Philadelphia.
Watzlawick, P.; Beavin, H. J. & Jackson, D. D. (1985). Menschliche Kommunikation. Formen, Störungen, Paradoxien. Bern/Stutgart/Wien.
Weber, M. (1976). Wirtschaft und Gesellschaft. Tübingen.
Wehner, E. G. (Hg.). (1990). Geschichte der Psychologie. Eine Einführung. Darmstadt.

Wells, G. L., Taylor, B. R. & Turtle, J. W. (1987). The undoing of scenarios. Journal of Personality and Social Psychology, 53, 421-430.
Wells, G. L. & Gavanski, J. (1989). Mental simulation of causality. Journal of Personality and Social Psychology, 56, 161-169.
Welsch, W. (1995). Die zeitgenössische Vernunftkritik und das Konzept der transversalen Vernunft. Frankfurt/M., S. 260.
Williams, C. W., Lees-Haley, P. R. & Price, J. R. (1996). The role of counterfactual thinking and causal attribution in accident-related judgments. Journal of Applied Social Psychology, 26, 2100-2112.
Wolff, S. (1976). Der rhetorische Charkater sozialer Ordnung. Berlin. Wood, J. V., Giordano-Beech, M. Taylor, K. L., Michaela, J. L. & Gaus, V. (1994). Strategies of social comparison among people with low self-esteem: Self-protection and self-enhancement. Journal and Social Psychology, 67, 713-731. Wörterbuch des Marxismus. Bd. 2 (S. 727-743). Hamburg.
Zimbardo, P. G. (1983). Psychologie. Berlin.
Zimbardo, P. G. (1988). Psychologie. Berlin.
Zimbardo, P. G. & Gerrig, R. J. (1996). Psychologie. Berlin.
Zisler, D. (2006). Thinking has an Influence on Emotions…Über den richtigen Umgang mit negativen Emotionen und deren Bewältigung. Frankfurt/M.
Zoll, R. (Hg.). (1988). Zerstörung und Wiederaneignung von Zeit. Frankfurt/M.
Zygowski, H. (1993). Kritik der Mainstream-Psychologie. Beiträge der 1. Frühjahrsakademie für Kritische Psychologie vom 18.-21. Juni 1992 in Bielefeld. Münster.

Peter Lang · Internationaler Verlag der Wissenschaften

Diana Christina Zisler

Aspekte der Verhaltensökonomie

Frankfurt am Main, Berlin, Bern, Bruxelles, New York, Oxford, Wien, 2008.
572 S.
ISBN 978-3-631-57766-0 · br. € 65.–*

Nach anfänglich großteils abstrakten Fragen beschäftigt sich die Forschung des kontrafaktischen Denkens seit einigen Jahren vermehrt mit anwendungsorientierten Themen, wie beispielsweise dem Einfluss von Kontrafakten auf Verantwortungszuschreibungen bei Unfällen und Straftatbeständen, dem Einfluss kontrafaktischer Gedanken auf politische Prozesse und auf wirtschaftliche Themen wie Marketing, Entscheidungsprozesse und Unternehmensgründung. Einen ganz neuen und vielversprechenden Ansatz stellt die Beeinflussung von kontrafaktischen Gedanken und deren alternativen Auswirkungen durch gezielte therapeutische Intervention dar, der in diesem Buch vorgestellt wird.

Aus dem Inhalt: Emotion · Sekundäre Emotionen und „Lebenswelt, Geisteswelt und Körperwelt" · Umgangswissen, Alltagssprache und Psychologische Konzepte · Ereignisfundierte Emotionen · Intensitätsindikatoren der Gefühle · Bedauern, Neid und Ärger · Peinlichkeit, Scham und Schuld · Angst · Verhalten · Das Selbst · Intentionalität · Kontrollüberzeugungen · Kontrafaktisches Denken und Emotion · Kategorien kontrafaktischer Gedanken · Deprivation und Depression · Psychodynamik der Depression · Bewältigung von Emotionen · Bewältigung von verschiedenen negativen Emotionen

Frankfurt am Main · Berlin · Bern · Bruxelles · New York · Oxford · Wien
Auslieferung: Verlag Peter Lang AG
Moosstr. 1, CH-2542 Pieterlen
Telefax 00 41 (0) 32 / 376 17 27

*inklusive der in Deutschland gültigen Mehrwertsteuer
Preisänderungen vorbehalten

Homepage http://www.peterlang.de

FSC
www.fsc.org
MIX
Papier | Fördert
gute Waldnutzung
FSC® C083411

Kolibri 360 GmbH
Ferdinand-Jühlke-Straße 7
99095 Erfurt, Deutschland
produktsicherheit@kolibri360.de